Das Buch

Reymer Klüver, Korrespondent der *Süddeutschen Zeitung*, lebt mit seiner Familie in der amerikanischen Hauptstadt Washington. Dort möchte er unbedingt Barack Obama treffen. Doch das ist gar nicht so einfach. Erst mal entdecken die Klüvers und ihr Hund Dakota ihre neue Heimat. Sie staunen über Barbecue-Grills im Kleinwagenformat, über Baseball, Slurpees und andere sonderbare Leidenschaften der Amerikaner – und bekommen unversehens Besuch vom FBI. Und dann ist Mr. President beim jährlichen *Correspondents-Dinner* endlich in greifbarer Nähe. Die lustigen Abenteuer einer deutschen Familie im Land der großen Freiheit.

Der Autor

Reymer Klüver ist Politik-Korrespondent der *Süddeutschen Zeitung* in Washington, DC. Davor war er für dieselbe Zeitung in Berlin, Hamburg und München tätig. Er ist verheiratet und hat zwei Töchter im Teenageralter, einen jüngeren Sohn und einen Hund namens Dakota.

REYMER KLÜVER

Allein unter Doppel-Whoppern

UNSER JAHR IN AMERIKA

Ullstein

Besuchen Sie uns im Internet:
www.ullstein-taschenbuch.de

Mix
Produktgruppe aus vorbildlich bewirtschafteten
Wäldern und anderen kontrollierten Herkünften
www.fsc.org Zert.-Nr. GFA-COC-001278
© 1996 Forest Stewardship Council

Dieses Taschenbuch wurde auf FSC-zertifiziertem Papier gedruckt.
FSC (Forest Stewardship Council) ist eine nichtstaatliche, gemeinnützige
Organisation, die sich für eine ökologische und sozialverantwortliche
Nutzung der Wälder unserer Erde einsetzt.

Originalausgabe im Ullstein Taschenbuch
1. Auflage Januar 2011
© Ullstein Buchverlage GmbH, Berlin 2011
Umschlaggestaltung und Gestaltung des
Vor- und Nachsatzes: Sabine Wimmer, Berlin
Titelabbildung: © Jakob Werth
Satz: LVD GmbH, Berlin
Gesetzt aus der Excelsior
Papier: Munken Print Cream
von Arctic Paper Mochenwangen GmbH
Druck und Bindearbeiten: CPI – Ebner & Spiegel, Ulm
Printed in Germany
ISBN 978-3-548-28169-8

Unseren amerikanischen Freunden

Inhaltsverzeichnis

1.

Waiting on the World to Change

Es ist zwei Uhr nachmittags. *Eastern Time*. Sechs Zeitzonen trennen uns nun von Deutschland. Und ich schwitze. Ich schwitze wie der Teufel.

Eben haben wir den Zoll passiert. Den Beamten bestätigt, dass wir kein Obst und kein Gemüse, keine Insekten, Schnecken, keine Zellkulturen oder andere lebende Tiere im Gepäck mitführen – und den ersten Fuß auf amerikanischen Boden gesetzt.

Martina boxt mich erleichtert in die Seite.

»Juhu«, ruft sie freudestrahlend. »wir haben es geschafft! Ich glaub es nicht! Hey, Kinder, *welcome to the United States*!«

Wir haben es tatsächlich geschafft. Endlich sind wir da, wo wir schon so lange hinwollten. Wir sind in Amerika! Nun also brechen wir auf in unser neues Leben: vor unserer Nase zwei Gepäckwagen mit gefährlich schwankenden Koffertürmen und drei händchenhaltende Kinder im Schlepptau.

Scheppernd gleitet die gläserne Schiebetür der Ankunftshalle des Washingtoner Flughafens vor uns auf und – wumm. Wir laufen in eine Wand aus tropischer Luft.

»Wow, ganz schön heiß hier!« Martina schnappt nach Luft. Mit einer Hand versucht sie sich fächelnd Kühlung zu verschaffen. Gerade sind wir noch im

Terminal auf Eisschrank-Temperaturen herunter-gekühlt worden, und nun stehen wir unvermittelt in grellem Sonnenschein. Meine Frau sagt erst einmal nichts weiter, was durchaus ungewöhnlich ist. Schweigen ist ansonsten nicht ihre Art. Im Gegensatz zu mir fällt ihr in der Regel immer ein Kommentar zum Stand der Dinge ein. Jetzt aber kommt nichts mehr. Stille.

»Kinder«, werfe ich da mit bemüht heiterer Stimme ein, »ist es nicht herrlich hier? Die Sonne scheint. Es ist endlich warm. Was wollen wir mehr?«

Die drei schauen mich nur entgeistert an. Anna, ganz die Große, macht es wie ihre Mutter und sagt kein Wort. Katherina und Christopher entziehen sich ebenfalls jeglicher familiärer Kommunikation, ho-cken sich nur stöhnend in den spärlichen Schatten neben den überladenen Kofferkulis und blähen die Wangen. Ich blicke mich hilfesuchend um.

An so vieles habe ich im Vorhinein gedacht, nur an die Hitze nicht, die uns in unserer neuen Heimat un-weigerlich um diese Jahreszeit erwarten würde. Aber hinterher ist man bekanntlich immer schlauer. Selbst ich.

Doch das will ich jetzt natürlich um keinen Preis zugeben. Vielleicht hätte ich einfach mal auf die Landkarte gucken sollen, bei all den Großplanungen für unseren Treck über den Atlantik. Ein kurzer Blick nur. *Vor* der Abreise. Mit dem Finger wäre ich von Washington aus einmal schnell quer über den großen Teich gewischt – und wäre dann erst wieder in der Straße von Gibraltar auf Land gestoßen, in der Nähe von Tanger, oder ein Stückchen weiter östlich, auf der Höhe von Algier. In Nordafrika. So ungefähr jeden-falls.

Dieses winzige Detail allerdings habe ich schlicht vergessen. Oder erfolgreich verdrängt, wie Martina es vielleicht etwas präziser formulieren würde. Die letzten Wochen und Monate waren in der Tat hektisch. Punkt für Punkt hakte ich meine Liste ab. Schleppte die Familie ins amerikanische Generalkonsulat nach Berlin, wo wir alle fünf vor dem Schalter der Visastelle brav anstanden. Schwor, dass wir keine Terroristen sind und auch nicht HIV-positiv. Letzteres muss man heute zum Glück nicht mehr, wenn man ein Visum für die USA bekommen will. Besorgte die Flugtickets, verkaufte unseren alten Volvo und bestellte die Umzugsfirma.

Aber den Atlas aufzuschlagen hielt ich nicht für nötig. Weiß doch jeder, wo Washington liegt. Oder?

Dabei hätte ein einziger Blick auf Christophers blauen Spielzeug-Globus gereicht! Amerikas Hauptstadt befindet sich nicht etwa auf der Höhe von London und Paris – oder gar auf dem Breitengrad von Hamburg, wo wir heute Morgen aufgebrochen sind. Washington liegt vielmehr ein gutes Stück südlicher. Mehr als zweitausend Kilometer, um genau zu sein. Bald anderthalbmal die Strecke Hamburg–Rom. Das ist in ungefähr so, wie vom nasskalten Elbsand unvermittelt in die glühenden Saharadünen zu treten.

Verloren wie in der heißen Wüste steht unsere Familie nun da, auf dem flirrenden Asphalt vor dem Flughafen, wo die Minibusse für die Mietwagenfirmen ihre Kunden einsammeln. Und, wie kann es anders sein, ständig kommen Busse der anderen Mietwagenfirmen. Nur von unserer nicht. Fünf endlose Minuten vergehen. Mir ist auch nicht mehr zum Reden zumute.

Als Martina und ich vor fast drei Monaten zum ersten Mal hier waren, um nach einer Bleibe für uns zu suchen, herrschte Frühling. Angenehme Temperaturen, um die zwanzig Grad, und eine leichte Brise ging. Die Kirschen blühten. Wer hätte da an die subtropische Lage von Washington denken sollen? Achtunddreißig Grad, dreiundfünfzig Minuten nördlicher Breite?

In Hamburg, Berlin oder München ist es jetzt längst Abend. *Tagesschau*-Zeit. Hier jedoch ist es noch mitten am Tag. Eigentlich müssten wir alle fünf todmüde sein und völlig geschafft. Aber selbst die Kinder haben den ersten Hitzeschock überwunden und sind aufgedreht. Das liegt entweder an der herrlichen Kühle in unserem Mietwagenbus, der dann doch irgendwann herangeruckelt kam. Oder vielleicht auch an den Unmengen Coke, die die drei während des achtstündigen Transatlantik-Flugs munter in sich hineingeschüttet haben. Irgendwann habe ich den Überblick darüber verloren. Was soll's. *Take it easy*. Schließlich ist heute kein ganz gewöhnlicher Tag.

Fünfzehn Stunden zuvor sind wir bei Nieselregen in Hamburg – es ist schließlich Juli – ins Großraumtaxi und dann in den Flieger nach Paris gestiegen. Sind mit fünf Handkoffern, vier Rucksäcken und zwei Computertaschen durch die langen Korridore von Charles-de-Gaulle gehetzt. Haben den Anschluss nach Washington gerade noch erwischt. Um Haaresbreite. Wir waren die letzten Passagiere, die an Bord gingen. Nicht alle Mitreisenden schauten uns nach der kleinen Verzögerung, an der wir zweifellos Schuld waren, so freundlich an. Auch Martina hasst es, wenn wir spät dran sind. Und das sind wir oft.

»Können wir nicht ein einziges Mal pünktlich sein? Immer diese Hetzerei«, fragt sie mich regelmäßig, wenn ich mit hängender Zunge zu einer gemeinsamen Verabredung komme oder wir fünf Minuten vor Konzertbeginn unsere hinterlegten Karten abholen – ganz entspannt, versteht sich. Doch diesmal konnte ich wirklich nichts dafür. Ehrenwort.

»Geschafft!«, verkündete ich nur und ließ mich in den Sitz fallen, nachdem wir alle Handkoffer und Rucksäcke in die Gepäckfächer gequetscht und unsere Kinder auf ihre Sitze verfrachtet hatten – Christopher natürlich auf den Fensterplatz, er ist schließlich der Jüngste, was Katherina, gerade mal zwei Jahre älter, nur widerwillig einsehen will. Eltern sind schon manchmal ungerecht. Das kann ja heiter werden, dachte ich mir.

Doch kaum waren wir in der Luft, stand auch schon Champagner vor uns. In durchsichtigen Plastikbechern, aber immerhin. Martina und ich sahen uns an.

»*Santé*«, sagte Martina.

»*Cheers*«, sagte ich erleichtert.

»Prost«, tönte es vom Fensterplatz.

Acht Stunden und etliche Filme und Softdrinks später kam unsere Maschine auf dem Dulles International Airport an, vierzig Kilometer westlich von Washington. Für Christopher mit seinen sechs Jahren hätte es genauso gut der Mars sein können, auf dem wir gelandet waren. Oder bei Familie Feuerstein. Vor Staunen bekam er jedenfalls den Mund nicht zu.

Wir bestiegen ein merkwürdiges, weiß-graues Ungetüm, das aussah wie ein monströses Amphibienfahrzeug. Washingtoner Flughafenbusse sind keine gewöhnlichen Busse. Nein, wie ein Aufzug fahren sie auf und nieder und bringen die Passagiere laut brummend und heftig ruckelnd zur Passkontrolle.

»Ist das Barnie?«, fragte Christopher unvermittelt

und eindeutig zu laut, als er den Fahrer in der Steuerkabine erblickte. Wir hatten kurz zuvor eine DVD der Familie Feuerstein erstanden. Gott sei Dank kann er noch kein Englisch, und Deutsch verstand der Fahrer offenkundig nicht. Aber er sah schon ein bisschen wie Barnie Geröllheimer aus.

Amerikaner, das merken wir rasch, sind die freundlichsten Menschen auf der Welt. Na ja, bis auf die *immigration officers* bei der Passkontrolle. »Willkommen«, stand aufmunternd in vielleicht einem Dutzend Sprachen auf der Längsseite des Abfertigungsraumes in Washington. Unser Grenzer aber vermittelte einen etwas anderen Eindruck. Sein barscher Ton erinnerte eher an Guantánamo als an das Gelobte Land.

»Sie wollen hier arbeiten?«, bellte er. Und es klang, als hätte er mich auf frischer Tat beim illegalen Grenzübertritt erwischt. Hatte ich etwas falsch gemacht?

»*Yes*«, antwortete ich schnell, ohne noch viel zu überlegen, ob das die richtige Antwort war, und fügte wie aus der Pistole geschossen ein »*Sir*« hinzu. Das war gut. »*Yessir*«. Offenbar war er zufrieden.

Doch zu früh gefreut. »Für wen wollen Sie arbeiten?«, fragte er nun streng. Als stünde nicht ohnehin alles in dem Visum in meinem Pass, der vor ihm lag. Ausdrücklich war da die *Sueddeutsche Zeitung* vermerkt. Ich fühlte, wie Schweiß meine Nackenhaare feucht werden ließ. Stimmte etwas nicht mit dem Visum? Irgendwo hatte ich gelesen, bei der Vorbereitung auf den neuen Job, dass die amerikanischen Grenzer seit 9/11 darauf geschult werden, die Reisenden genau zu beobachten bei der Kontrolle. Ob sie bei Fragen wegschauen. Ob sie plötzlich übermäßig zu schwitzen beginnen.

Ich schwitzte noch stärker.

»*Süddeutsche Zeitung*«, sagte ich hastig, »ich bin als US-Korrespondent hier, *Sir*.« Kracks machte es da. Der Stempel mit dem Einreisedatum sauste in meinen Pass. Viermal noch Kracks – dann hatten wir es alle geschafft. Was kann jetzt noch passieren?, dachte ich. Da hatte ich von Washingtons Keulenschlag-Hitze noch keine Ahnung.

Irgendwann erreichen wir mit dem Bus die Mietwagen-Station.

»Puh«, kräht Chris, als wir ein paar Minuten später in unseren Wagen steigen, und wedelt mit der Hand vor seinem Gesicht, ganz so, wie er es bei seiner Mama gesehen hat.

»Ich hab so 'nen Durst«, jammert Katherina, mit acht Jahren die Mittlere, und schließt effektheischend die Augen. Sie schlägt ein bisschen ins Theatralische. Anna, ihre zwei Jahre ältere Schwester, schnallt sich wortlos an. Sie gibt die Vernünftige. Martina dreht sich um und fächelt ihnen mit den Unterlagen für den Autoverleih heiße Luft zu. Langsam setzt nun doch die Erschöpfung nach der langen Reise ein.

Keiner sagt mehr etwas. Anna starrt wortlos auf die flache Hügellandschaft links und rechts der zwölfspurigen Autobahn vom Flughafen in Richtung Washington, auf die grünen Wäldchen, die an uns vorbeiziehen, und auf die grauen oder braunen Bürokomplexe. Selbst dicke Trucks und lange schwarze Limousinen begeistern Chris nicht mehr. Wie seine Schwester Katherina nickt er ein. Ich schleiche mit exakt fünfundfünfzig Meilen dahin, knapp neunzig Stundenkilometern, das ist hier die Höchstgeschwindigkeit. Daran werde ich mich erst noch gewöhnen müssen. Aber ein Strafzettel gleich am ersten Tag muss ja nicht sein.

Im Autoradio säuselt John Mayer. *Waiting on the World to Change*. Martina strahlt wieder. Sie mag John Mayer.

Dann kommt die Meldung, dass in Washington *heat alert* ausgelöst wurde – Hitzealarm. Auf einhundertzwei Grad Fahrenheit soll das Thermometer morgen klettern.

Einhundertzwei Grad! *Oops*, wie war das noch mal mit Fahrenheit und Celsius? Mathe ist nicht unbedingt meine Stärke. Mir geht es für einen Moment wie dem kleinen Jungen in einer Story von Hemingway, die ich vor ewig langer Zeit einmal gelesen und nie vergessen habe. Der arme Kerl hatte einhundertzwei Grad Fieber und glaubte felsenfest, sterben zu müssen. Wie der kleine Fieberpatient habe ich Schwierigkeiten, Fahrenheit und Celsius auseinanderzuhalten – und erst recht, °F in °C umzurechnen.

Später lerne ich, wie das geht – einhundertzwei Grad Fahrenheit sind neununddreißig Grad Celsius. Später werde ich auch erfahren, dass die Briten in ihren besseren Zeiten Washington offiziell zur Tropenkapitale erklärt haben, zumindest im Sommer. Was den Diplomaten erlaubte, auch im Dienst kurze Khakihosen zu ihren akkurat hochgezogenen Socken zu tragen – ganz so wie die Offiziere Seiner Majestät in Hinterindien oder Hongkong. Jetzt aber kapiere ich nur, dass es morgen höllisch heiß sein wird.

»Ist doch super«, frohlockt Martina, als hätte ihr die Radiomeldung neue Energie eingeimpft. »Kinder, das ist Flip-Flops-Wetter. Endlich!«

Von hinten kommt keine Reaktion. Alle schlafen.

Zu Martina hinübergebeugt flüstere ich grinsend: »Du hast recht. Sieht ganz so aus, als ob wir die Windjacken einmotten könnten. Nicht schlecht, oder?« Meine Frau hat sich ohnehin nie mit dem Schmuddelwetter in der norddeutschen Tiefebene anfreunden können. Washington wird sie entschädigen. Da bin ich mir ziemlich sicher.

Gedankenverloren schaue ich auf die großen grünen Hinweistafeln entlang der Autobahn. Nach Washington geht es immer geradeaus. Martina träumt vor sich hin; sicher täuscht es nur, dass ihr Kopf ein bisschen zur Seite kippt. Während der Rest der Familie schlafend die Grenze des District of Columbia passiert, reift in mir ein kühner Plan. Nun sind wir also angekommen im Land der Freiheit. Und wenn es für den Anfang nur die Beinfreiheit ist. Morgen, so beschließe ich, wenn wir ausgeschlafen haben, werde ich mir sofort eine kurze Hose kaufen. Die erste seit der Lederhose zu meinem sechsten Geburtstag.

2.
What a Wonderful World

Manchmal wirken *bacon & eggs* Wunder. Bei unseren Kindern auf alle Fälle. Dazu *hash browns* und *pancakes* mit Sirup, kleine Frühstückswürstchen und Cornflakes und Frosties in Miniaturpackungen. Bei allen dreien quillt der Teller über. Und sie strahlen. Amerika hat den ersten Test bestanden – beim Frühstücksbuffet in unserem Hotel. Von Jetlag ist bei den Kleinen an unserem ersten Morgen in der Neuen Welt keine Spur, sie sind putzmunter – im Gegensatz zu ihren Eltern, denen der amerikanische Hotelkaffee nicht so recht auf die Sprünge hilft.

»Können wir jetzt endlich unser neues Haus sehen?«, drängt Katherina ungeduldig. Sie freut sich, dass sie ein eigenes Zimmer bekommt. In unserer Hamburger Altbauwohnung musste sie das Zimmer mit ihrem kleinen, nervigen Bruder im Stockbett unter ihr teilen. In Amerika aber, so hatten wir ihr den Umzug schmackhaft gemacht, sind die Häuser groß genug, dass wir die Stockbetten auseinanderbauen können und jeder ein eigenes Reich beziehen kann. Katherina drängt zum Aufbruch. Unverzüglich.

Also gondeln wir fünf wenig später im Glitzerlicht der Vormittagssonne die baumbestandene Massachusetts Avenue hoch. Ein Bilderbuchtag. Die Mass Avenue ist eine dreißig Kilometer lange, ziemlich gerade und ziemlich breite Straße, die quer durch DC führt, vom bitterarmen schwarzen Südosten der Stadt hinauf in den wohlhabenden, fast nur von Weißen bewohnten Nordwesten. Dort säumen vornehme Botschaftsbauten die Straße; die National Cathedral ist nicht weit, mächtig wie die alten gotischen Kathedralen im einstigen britischen Mutterland. *»DiCi«* – so wird Washington in Amerika oft genannt, um die Stadt vom Bundesstaat Washington im Fernen Westen zu unterscheiden.

Noch ist die Zimmerfrage nicht restlos geklärt. »Ich will aber das größte Zimmer«, krakeelt natürlich der Kleinste auf der Rückbank.

Martina neben mir spielt am Autoradio herum.

»Oh, Mama, lass das, das ist gut«, ruft Katherina, die Mittlere, in dem Moment von hinten, als hätte sie ihren Bruder nicht gehört. Martina hat gerade einen neuen Sender im Suchdurchlauf gefunden. 99.5 FM. »Hot 99.5«, genauer gesagt, wie der Moderator zwischen den Werbeblocks verkündet. Oder fürs spanischsprachige Publikum: »*Caliente noventanuevepuntocinco*«. Das werde ich mir noch merken müssen, auch wenn ich es noch nicht weiß in diesem Moment. Aber dies ist der Beginn einer neuen Ära. Fortan werden die Kinder bestimmen, welche Musik gespielt wird im Auto.

Neue, mir bis dahin völlig unbekannte Namen werden in mein Leben treten. Avril Lavigne oder Jay-Z. Von Chris Brown hatte ich ehrlich gesagt auch noch nie etwas gehört. Und wenn ich Jordan Sparks mal wieder mit Rihanna verwechsle, stöhnen meine Mädchen nur auf ob der Ignoranz ihres Vaters. Ein bisschen werde ich verstehen, warum meine Mutter es nie richtig für nötig hielt, sich zu merken, dass es

»die Stones« heißt und nicht »die Rollings«. Bald werde ich sogar wissen, wer der Rapper FloRida ist, und wir werden alle im Auto »Low, *low, low*« singen und mit der Stimme immer tiefer, tiefer, tiefer gehen, und ich muss aufpassen, dass ich nicht im Rapper-Rhythmus das Bremspedal drücke.

Doch jetzt fahren wir erst einmal beschwingt in die grünen Hügel vor die Tore Washingtons. Dort befindet sich Bethesda, unser neuer Wohnort. Es ist, als würden wir durch den Englischen Garten in München oder auf der Elbchaussee in Hamburg kutschieren: mitten durch einen grünen Park mit ein paar Villen drin. Je weiter wir kommen, desto grüner wird es. So sattgrün, wie eben nur Unmengen von Dünger und Wasser den Rasen halten können. Überall stecken patriotisch korrekt kleine Sternenbanner neben den Garageneinfahrten.

»So viel Flaggen auf einem Haufen hab ich ja noch nie gesehen«, sagt Martina staunend, als wir in unser künftiges Stadtviertel einbiegen. »Stell dir das mal in Deutschland vor!«

Sie hat recht. Bei uns käme keiner auf die Idee, am 3. Oktober Plastikfähnchen in alle Vorgärten zu stecken. Hier aber scheint das gang und gäbe zu sein.

Ausgerechnet den 4. Juli haben wir uns ausgesucht, den Tag der Unabhängigkeitserklärung der Vereinten Staaten, *Independence Day*. Das ist einer der ganz großen Feiertage im amerikanischen Jahr.

Erst sehr viel später werden wir herausfinden, dass die Mini-Flaggen nicht im Mindesten Ausdruck spontanen Patriotismus sind, sondern eine ungefragte Demonstration vaterländischer Gesinnung eines kleinen Maklerbüros in Bethesda. Worüber sich manche Anwohner aufregen die lieber selbst entscheiden wollen, wann und wie sie ihr Fähnchen in den Wind hängen.

»Ob das so eine gute Idee ist mit der Wohnungsübergabe am vierten Juli?«, frage ich mich auf dem Weg. Schließlich wollen Makler auch einmal freihaben. Doch die Sorgen muss ich mir hier nicht machen. Das werde ich ebenfalls bald herausfinden. Wenn es sein muss und dem Kapitalismus im Allgemeinen sowie dem eigenen Einkommen im Besonderen dient, arbeiten Makler auch an Weihnachten oder an Silvester um Mitternacht oder eben am *Independence Day.*

Unser Haus ist gar nicht so schwer zu finden. Auf der Karte. Die Mass Avenue einfach nur ganz runter bis ans Ende, dann rechts, die nächste links, dann wieder rechts. Gut, dass wir ein bisschen Zeit eingeplant haben, denn natürlich verfahren wird uns. Nach der kurzen Hose kaufe ich mir als Zweites ein Navigationssystem, schwöre ich mir.

Doch schließlich stehen wir vor unserer Villa auf dem grünen Hügel. Ein rotes Backstein-Einfamilienhaus ist es, mit einer Veranda und einem Erker im Dach, und einem Vorgartenrasen, der leicht zur Straße hin abfällt. In Deutschland müssten wir für so einen Schuppen bestimmt Millionärssteuer zahlen. Hier gilt das Haus mit vier Toiletten, drei Badezimmern und nur *einer* Garage als eher bescheiden. Mit Baujahr 1962 rückt es zudem schon verdächtig nahe an die Haltbarkeitsgrenze, auf die Neubauten heutzutage in den USA konzipiert werden – ein halbes Jahrhundert, zwei Generationen. Was mich an anderen Tagen in eine Sinnkrise gestürzt hätte: Schließlich liegt mein Jahrgang schon jenseits dieser Grenze, sozusagen kurz vorm Abriss. Aber nicht heute. Heute bestimmt nicht!

Die Schlüsselübergabe klappt reibungslos. Nach zehn Minuten ist die Maklerin wieder fort. Da stehen wir also in der Diele unseres neuen Zuhauses. Alles scheint bestens in Schuss zu sein. Die Wände sind frisch geweißelt, wie versprochen – was offenbar keine Selbstverständlichkeit ist, wenn man in Amerika eine Wohnung bezieht. Gas und Strom funktionieren. Was darauf schließen lässt, dass unsere Vormieter ihre Rechnungen pünktlich bezahlt haben.

»Waren also doch alles nur Schauergeschichten, die mir die Kollegen am Telefon erzählt haben«, sage ich erleichtert. Vor Fenstern, die sich nicht öffnen lassen, haben sie mich gewarnt, oder, wenn doch, dass sie sich dann nicht wieder schließen lassen. Von stinkenden Teppichböden haben sie erzählt und schimmelnden Kellern und lebensgefährlichen Steckdosen.

Alles Unfug!

»Mir ist soo heiß«, sagt Chris in diesem Moment. Er sagt damit nichts als die reine Wahrheit. Obwohl es noch einigermaßen früh am Tag ist, wird es schon fast unerträglich stickig in dem leeren Haus, in dem bei jedem Schritt die Holzfußböden knarzen – und es, ich merke es erst jetzt, etwas hölzern ungelüftet riecht.

Wir schieben im Wohnzimmer die Fenster hoch – lässig, so wie wir es aus den amerikanischen Filmen kennen, den schwarz-weißen. Die Fenster funktionieren sogar, keines klemmt, aber die Luft, die nun durch die feinen Fliegengitter hereinströmt, bringt nicht wirklich Linderung. Draußen ist es inzwischen genauso heiß und stickig wie drinnen! Bald werden wir auch verstehen, warum vor jedem Fenster ein Drahtgeflecht hängt: Da draußen sind Myriaden von Mücken unterwegs, die nur auf ein Menschenopfer warten.

»Mir ist soo heiß.« Herrje, irgendwo muss doch der Schalter für die Klimaanlage sein!

Jetzt wird auch mir heiß. Ich laufe die Treppe hoch in den ersten Stock. Schaue in jedes der vier Schlafzimmer, ins Eltern- und ins Kinderbad. Nichts. Ich laufe die Treppe hinunter ins *basement*, das ausgebaute Kellergeschoss. Nichts. Wie angenehm kühl es hier unten ist. Da werde ich meinen Schreibtisch aufbauen und den Laptop, dazu einen Fernseher, ein paar Regale für Zeitungen und Zeitschriften und Bücher, das Fax und ein Telefon, kurz: das Büro der *Süddeutschen Zeitung* in Washington.

Hinter einer weißen Schiebetür ist der Heizungsraum. Mehrere graue Kästen stehen darin. Sehen aus wie Heizungskessel. Ist das die Klimaanlage? Ich weiß, dass in den USA viele Häuser eine zentrale Anlage haben, die im Winter warme, im Sommer kalte Luft in die Räume fächelt. Aber so eine kombinierte Heiz- und Klimaanlage habe ich noch nie gesehen. Jedenfalls habe ich nicht darauf geachtet, wie eine aussieht. Ich kenne nur die Kühlapparate, die in Hotels und Motels vor den Fenstern hängen und fürchterlich brummen. Hier aber hängt nichts vor den Fenstern. Komplizierte neue Welt!

Warum habe ich bloß die Maklerin nicht nach der Klimaanlage gefragt?, schießt es mir durch den Kopf. Ich kann die Frau doch nicht gleich wieder anrufen. Außerdem, führe ich innerlich zu meiner Verteidigung an, in Hamburg braucht man wirklich keine Klimaanlagen. Da kann man solch eine Frage schon einmal vergessen.

Ich laufe wieder hoch. Suche noch einmal das Erdgeschoss von vorn bis hinten ab. Klappe endlich die Flügeltür im Wohnzimmer zur Seite. Dahinter ist ein

Kästchen an der Wand. Das schönste Kästchen im ganzen Land. »*Cool. Off. Heat*«, steht neben dem Schalter – Kühlung, Aus, Heizung. Der Schalter für die Klimaanlage und die Heizung. Der Schalter steht auf »*off*«. Ich schiebe ihn wortlos nach links, auf »*cool*«. Augenblicklich geht ein Raunen durch die Wohnung, ein Luftzug streicht durchs Zimmer. Sie läuft!

So, denke ich und atme erleichtert auf, auch das ist geritzt. Ich schaue Martina an.

»War doch gar nicht so schwer«, neckt sie mich, während ich mir den Schweiß auf der Stirn trockne.

Jetzt also sind wir in unserem Sehnsuchtsland. Nach Amerika als Korrespondent zu gehen, das hat mir schon lange vorgeschwebt. Und hat Martina seit Teenager-Zeiten nicht gar an einer Art Heimweh gelitten? Zumindest hat sie einst einen langen, wohl sehr schönen Sommer in New York verlebt. Jahre später haben wir beide dann eine ausgedehnte Tour quer durch die USA unternommen, nachdem sie mich gefragt hatte: »Könntest du dir vorstellen, mal nach Amerika zu gehen?« Ich konnte.

Damals waren wir mit *backpack* und Schlafsack unterwegs. Heute wuchte ich schwere Koffer aus dem Auto – und packe wieder die Schlafsäcke aus, dazu unsere zwei alten Isomatten. Mehr haben wir jetzt nicht. Unsere Möbel sind noch nicht da. Kein Bett, keine Couch, kein Schreibtisch, nicht einmal ein simpler Stuhl.

Was wir besitzen, steckt in einem einzigen rostroten Vierzig-Fuß-Container. Alles hat hineingepasst: Bücher, Klavier, Geschirr, Schaukelstuhl, zum Schluss sogar die Fahrräder. Unser ganzes bisheriges Leben. Das ist nun seit sechs Wochen unterwegs auf dem großen Wasser, von Hamburg nach Baltimore. Eigentlich müssten die Sachen schon da sein. Jedenfalls hat uns das die Spedition versichert. Deshalb haben wir die Möbelpacker schließlich bereits Mitte Mai bestellt und seither aus dem Koffer gelebt, damit wir uns gleich in der neuen Bleibe einrichten können.

»Kommt, das machen wir später«, rufe ich, als die Kinder ihre Schlafsäcke ausrollen und anfangen über die zwei Isomatten zu streiten. Dabei waren die eigentlich für die Eltern vorgesehen. Die Zimmerfrage haben sie inzwischen wundersamerweise ohne unser Zutun gelöst: Anna als die Älteste durfte das größte haben. Katherina bekam das hellste. Und Christopher, na klar, das beste. So waren sie alle zufrieden. Bis die Isomatten auftauchen.

»Kinder, das könnt ihr nachher klären«, rufe ich also, um die Situation zu entspannen, »wir fahren jetzt zur Parade.«

Martina hat am Morgen in der Hotellobby eine *Washington Post* besorgt, die Hauptstadtzeitung, und im Lokalteil gelesen, dass über Mittag ein Umzug zum *Independence Day* stattfindet. Und zwar im feinen Stadtteil Palisades, gleich unten am Potomac, dem breiten Fluss, der keine Meile vom Weißen Haus entfernt durch Washington strömt.

Palisades liegt nicht weit von unserem neuen Zuhause entfernt – das verspricht uns jedenfalls die Karte. »Zehn Minuten höchstens«, sage ich, als wir uns anschnallen. Nach einer halben Stunde sind wir da. Noch einmal so lange brauchen wir bei brüllender Hitze, Christopher auf meinen Schultern, um von unserem Parkplatz hinunter zum MacArthur Boulevard zu gelangen, dorthin, wo der Umzug stattfindet. Alle Straßen sind kilometerlang vollgeparkt. Wir sind offensichtlich nicht die Einzigen, die zur Parade wollen.

Kein Wunder. Eine Riesenparty ist hier in Gang. Ein bisschen ist es wie beim Karneval in Rio, jedenfalls was die Temperaturen angeht. Wenn auch die Frauen in Palisades deutlich mehr Kleider anhaben als ihre Geschlechtsgenossinnen an der Copacabana. Bunt ist's aber allemal: Die D. C. Different Drummers Marching Band, ein schwuler Spielmannszug, trommelt hinter der Abordnung der katholischen Kirche her. Republikaner folgen einträchtig Kandidaten der Demokraten. Stinkende Oldtimer knattern vorbei. Schottische Dudelsackspieler marschieren, und bolivianische Folkloretänzer schwirren über den Asphalt. Bei allen läuft der Schweiß in Strömen. Schließlich rollt, laut hupend, die riesige Engine 29 der Feuerwehr von DC heran. Christopher kriegt den Mund vor Staunen nicht mehr zu. Alle schwenken kleine US-Fähnchen, Tänzer, Musiker, Feuerwehrleute. Sie werfen Bonbons und goldene Schokoladentaler und grüne Perlenketten in die Luft. Anna und Katherina und Christopher stürzen wie alle Kinder auf den heißen Asphalt, um sich die Beute zu sichern.

»Das nächste Mal müssen wir unbedingt auch Plastiktüten mitnehmen«, ruft Anna begeistert. Alle anderen Kids haben nämlich Taschen dabei, um die Süßigkeiten zu sammeln.

»Wir werden daran denken«, verspreche ich. »Bestimmt!« Und schon haben wir den ersten Programmpunkt für den *Independence Day* im nächsten Jahr.

Am Ende schließen wir uns der Menge an, die zu einem großen weißen Festzelt strömt, auf einer Wiese direkt neben dem Potomac. Es ist ein Giga-Picknick. Anna, Katherina und Chris greifen sich einen der roten Plastikbecher mit Zitronenlimonade und essen dicke Scheiben riesiger Wassermelonen, die weißhaarige Damen im Akkord aufschneiden. In einer langen Schlange stehen die Kinder für Hot Dogs an, als würden sie längst dazugehören an ihrem ersten Tag in ihrer neuen Heimat. Der Bürgerverein gibt alles kostenlos aus. Schließlich ist es Amerikas *birthday party*.

Eine Band spielt die Kracher vergangener Tage. Ein bisschen Country, ein bisschen Rock'n'Roll, und irgendwann singen sie auch »*What a wonderful world*«. Ein paar Unentwegte tanzen nun sogar in der Affenhitze.

Abends sitzen wir dann zum ersten Mal auf unserer *porch*, der Veranda, vor der Haustür. Glücklich und müde und erschöpft. Die Kinder schlafen längst – *auf* ihren Schlafsäcken. Zudecken muss man sich hier wirklich nicht. Martina und ich schauen versonnen über die Baumkronen, wo es hin und wieder dumpf wummert und ein bunter Raketenstern vom *Independence-Day*-Feuerwerk aufgeht.

»Wow, was für ein Tag«, flüstere ich und setze hinzu, Romantiker, der ich bin: »*What a wonderful world.*«

»Haben wir eigentlich Autan dabei?«, flüstert Martina ebenso romantisch zurück und klatscht sich zum hundertsten Mal auf die Arme. Sie hat einen Sinn fürs Praktische im Leben. Zweifellos.

Morgen werde ich als Erstes Mückenspray kaufen. Die Shorts und das Navigationsgerät müssen warten.

3.
Good Vibrations

Am nächsten Morgen steht Besuch vor unserer Tür. Eine forsche Person von vielleicht sechzig Jahren in einem pinkfarbenen T-Shirt und Khaki-Shorts, mit blondem Kurzhaarschnitt und einem Gesicht wie ein wandelndes Fragezeichen: große, weit aufgerissene, kullerrunde tiefbraune Augen unter gewölbten, schwarz geschminkten Brauen und ein wie staunend leicht geöffneter Mund. Es ist Laureen, unsere Nachbarin.

Unwillkürlich muss ich an Katherine Hepburn denken – wenn irgendjemand noch etwas damit anfangen kann –, wie sie in dem Hollywood-Klassiker *African Queen* dem alten Schluckspecht Humphrey Bogart den Whisky abknöpft und die Flasche, zu allem entschlossen, bis zum letzten Tropfen in den Kongo leert. Auch mit dieser Frau ist nicht zu spaßen, sagt mir mein siebter Sinn.

Ihr an den Rändern zerfledderter Strohhut, so einer, wie ihn Pablo Picasso in Südfrankreich getragen hat, ist ein weiteres, unmissverständliches Signal. Laureen, das werden wir bald erfahren, ist Künstlerin und weiß Gott nicht stromlinienförmig.

»I was just wondering«, beginnt sie – »Ich hab mich nur gefragt ...« Das sagt sie eigentlich immer, egal ob sie eine ihrer wundersamen Eingebungen hat oder ei-

nen ihrer verrückten Vorschläge machen will. Oder auch einfach nur, wenn sie ein paar Worte mit uns wechseln möchte.

Laureen wird uns durch unser neues amerikanisches Leben führen. Und immer ist es dasselbe: Sie taucht unangemeldet auf, redet nicht lange um den heißen Brei herum und hat stets ein paar gute Tipps für die Greenhorns aus Deutschland parat.

Aber das alles wissen wir da noch nicht. Obwohl, ahnen könnten wir es eigentlich schon.

»Hi«, sagt sie nun, »ich bin Laureen. Ich wohne nebenan, im Haus an der Ecke. Wir kennen uns schon.« Große Anstrengungen, sich umständlich bekannt zu machen, unternimmt sie nicht. Sie stellt sich gleich mit dem Vornamen vor, wie die meisten Amerikaner das tun. Wenn es nicht gerade eine offizielle Angelegenheit ist im Büro oder in einer Amtsstube oder beim Einkaufen, wo der Kunde stets »*Sir*« ist und die Kundin immer »*Ma'am*«, haben die Amerikaner wenig Sinn für Förmlichkeit. Und Laureen hasst Steifheit sowieso.

Tatsächlich haben wir uns bereits kennengelernt. Das stimmt. Kurz, aber immerhin. Vor einem Vierteljahr, als ich mit der Maklerin vor dem Haus letzte Details besprach und im Vorgarten stand, da kam eine Person mit einem zotteligen sandfarbenen Hund an der Leine auf uns zu. Ihr Ascot-reifer, wagenradgroßer rosafarbener Hut ist mir gut in Erinnerung geblieben. Stimmt, auch die Bemerkung, die sie mir, dem völlig Unbekannten, wie im Vertrauen zugeraunt hat: »Ihre Vorgänger habe ich nie so richtig kennengelernt.«

Das war Ausdruck ihrer strengsten Missbilligung der armen Menschen, die vorher in diesem Haus gewohnt haben, wie mir jetzt aufgeht. Offenbar habe ich damals, ohne auch nur die leiseste Ahnung zu haben, Laureens erste Prüfung bestanden. Da hatte ich den Mietvertrag noch gar nicht unterzeichnet.

»Hi«, erwidere ich an der Tür und vergesse prompt, unseren ersten Gast ins Haus zu bitten. Das macht aber ohnehin keinen großen Unterschied. In der kleinen Eingangsdiele ist es ja genauso leer wie draußen auf der *porch*, unserer Veranda vor der Tür, die von zwei verschnörkelten cremeweiß lackierten Ziergittern gerahmt ist, was dem roten Backsteinhaus einen Hauch von Südstaaten-Flair verleiht.

»Ich heiße Reymer«, füge ich rasch hinzu.

Laureen klappt kurz die Augenlider runter, als wolle sie mir sagen, ich müsse keine Zeit verschwenden. Einen Namen könne sie gerade noch behalten. So alt sei sie auch nicht.

Das bewundere ich an den Amerikanern ohnehin uneingeschränkt. Sie können sich wirklich Namen merken. Wenn man ihnen vorgestellt wird, zum Beispiel auf einer Party oder einem Empfang, erinnern sie sich auch noch eine halbe Stunde später mühelos daran. Selbst nach zwei Monaten, wenn man ihnen zufällig wieder über den Weg läuft, begrüßen sie einen mit der größten Selbstverständlichkeit. »Hi Reymer«, sagen sie, während ich fieberhaft und meist vergebens in meinem Gedächtnis nach ihrem Namen krame und verlegen stammelnd nur ein armseliges »Hi« hervorbringe.

»Das sind Anna, Katherina und Chris«, sage ich und verweise auf das Pyjama-Knäuel, das sich an die Flügeltür zum Wohnzimmer kuschelt und kein Wort hervorbringt.

»Und das ist meine Frau Martina«, füge ich hinzu,

als sie in dem Moment aus den Tiefen unserer neuen und leeren Bleibe auftaucht. »Martina, das ist Laureen, unsere Nachbarin.«

»*Pleased to meet you* – sehr angenehm, *how are you, Laureen?*«, sagt Martina und legt ihr bestes Doris-Day-Was-für-ein-herrlicher-Tag-Lächeln auf. Sie jedenfalls weiß, was man bei solchen Gelegenheiten tut.

»Ich hab mich nur gefragt«, hebt Laureen also an und mustert kurz den kleinen Haufen der Neuankömmlinge, »ob ihr morgen Abend nicht Lust hättet, zum *BBQ* zu uns zu kommen. Um sechs.« BBQ – *Barbecue*, das ist nichts als die amerikanische Variante eines Grillabends. Irgendwo haben wir gelesen, dass es eine alte Tradition ungezwungener Gastfreundschaft in den USA ist. Schon George Washington, der erste Präsident, ist zum Barbecue eingeladen worden. Und nun also auch wir.

Martina und ich gucken uns an. »Klar«, sage ich, »wir kommen gerne.«

Am nächsten Abend macht Ron uns allen fünf die Tür auf. Ron ist ein grauhaariger, gut aussehender älterer Herr. Martina findet, er ist eine Mischung aus James Stewart und George Clooney, nur zwanzig Jahre älter. Ich sage dazu gar nichts. Haben James Stewart und Katherine Hepburn eigentlich auch mal gemeinsam in einem Film mitgespielt?

In jedem Fall hat Ron die tiefe, sonore Stimme eines Hollywood-Stars, der sich in jeder Situation zurechtzufinden weiß. Ron ist, so erfahren wir bald, von Beruf Onkologe. Dafür muss man sicher ein gelassener Mensch sein. Sonst stünde man wohl die seelische Anspannung im Behandlungszimmer nicht durch. Ron unterhält eine Privatpraxis in Washington.

Dass Laureen wirklich Künstlerin ist, bemerken wir schon in ihrem Vorgarten. Dort steht eine metallene, knallrot lackierte Skulptur, die an ein Stabile von Calder erinnert. Ron schickt uns ungezwungen gleich weiter in die Küche. Auf dem Weg sehen wir an den Wänden im Wohnzimmer gewaltige Blumenbilder von Laureen. Expressionistisch, ohne Zweifel.

Für die Deutschen haben die beiden natürlich Bier kalt gestellt. Was auch sonst? Schließlich haben sie – wie die meisten Amerikaner – vom Oktoberfest gehört und davon, dass der gemeine Deutsche dort gleich literweise Bier in sich hineinschüttet. Die Verwunderung ist dementsprechend groß, dass die neuen Nachbarn – nach dem Anstandsbier – lieber kalifornischen Chardonnay trinken. Eiskalt gekühlt, so wie Laureen und Ron es lieben.

Eigentlich wissen die Amerikaner nicht wirklich viel über die Deutschen, außer eben dass sie Bier in Unmengen vertragen, im Zweifel fiese Nazis sind und super Autos bauen. Ron fährt selbst einen deutschen Sportwagen, einen silbergrauen Audi. Den hat er geleast, allerdings gesteht er mir noch an diesem Abend fast schuldbewusst, als hielte ich persönlich ein dickes Portefeuille an Audi-Aktien, dass er nun zu einem silbergrauen Japaner wechseln will, weil die Leasing-Kosten deutlich niedriger lägen.

Laureen nimmt es jedenfalls aufmerksam zur Kenntnis, dass ich nach dem Bier ein Glas Wein trinke. Damit haben wir, ich merke es wohl, ohne es zu wollen, eine weitere Prüfung bestanden.

Ehrlich gesagt, ertappe ich mich in dem Moment dabei, dass ich unsere ersten amerikanischen Gastgeber ebenfalls einer Prüfung unterziehe.

Ron geleitet mich nach draußen. »Ihr seid bestimmt

hungrig«, sagt er – ein unmissverständliches Zeichen, dass es nun losgehen soll mit dem *dinner*. BBQ ist Männersache, in Amerika genauso wie in Deutschland. Wir legen *chicken* auf den Grill. Bei Ron und Laureen gibt es immer Hühnchen. Aber das wissen wir an dem Abend noch genauso wenig wie das Geheimnis der wunderbaren Grillsauce, die Ron gerade umgerührt hat und mit der er nun das Fleisch bestreicht. Es nimmt eine köstlich bernsteinfarbene Bräune an und bekommt einen leicht süßlich-rauchigen Geschmack, obwohl es auf einem Gasgrill zubereitet ist, ohne einen Hauch von Rauch. All das ist neu für uns.

Ein solches Gerät habe ich noch nie gesehen. Es ist kein runder Holzkohlegrill, wie ich ihn aus Deutschland kenne, den man über Stunden befächeln muss, ehe man die Kohle zum Glühen gebracht hat, und der, wenn es eine besonders luxuriöse Variante ist, mit einem kuppelförmigen Deckel ausgestattet ist. In Rons Garten steht vielmehr ein silberfarbenes Monsterteil, so breit, dass ein Mann die Enden kaum berührt, wenn er die Arme zur Seite ausstreckt. Mit einem chromglänzenden Klappdeckel über der Grillfläche, auf der ein halbes Wildschwein Platz fände. Das Beste an dem Ding ist der Zünder, den man kurz betätigt, und klickerdiklick brennt die Gasflamme unter dem Grillrost.

»Da brauchst du nicht zu blasen und zu wedeln«, sagt Ron mit der Stimme eines Mannes, der weiß, wovon er redet. »Du drückst einfach auf den Knopf – *and here you go*.« Schon läuft's.

Das ist Amerika. *Big and easy*. Klotzen statt kleckern. Nicht schlecht, denke ich mir.

Auch das Essen sieht lecker aus. Wer sagt, die Amerikaner verstünden nichts vom Kochen? Nur Fast Food und Tiefkühl-Einerlei? Nicht bei unseren Nachbarn! Da wird noch selbst gekocht. Auf dem Grill garen Hühner in hausgemachter Sauce. In der Küche, das habe ich vorhin gesehen, rösten Rosmarin-Kartoffeln im Ofen, und auf dem Herd habe ich einen Topf mit Ratatouille erspäht.

Natürlich ist dies das Land des *processed food*, der vollendet vorbereiteten Speisen, in zwei Minuten aus der Mikrowelle fix und fertig auf den Tisch. Und alles gibt es im Großpack. *Chicken wings*, marinierte Hühnerteile zum Beispiel, die man nur noch auf den Grill legen muss. Für Hamburger kauft man kein Hack ein und formt daraus mühselig flache Fleischklöpse. Warum auch? Jeder Supermarkt führt vorgestanzte *paddies*, bierdeckelgroße, platte Fleischkreise, die man ebenfalls nur noch auf den Grill werfen muss (wo sie so zusammenschnurren, dass sie mühelos in die *buns* passen, die absolut geschmacksneutralen, flauschig weichen Hamburger-Brötchen).

Nur die Hälfte aller Amerikaner plagt sich noch in der eigenen Küche ab, Tendenz weiter fallend. Jahr um Jahr belegen das Studien über die Essgewohnheiten der US-Bürger. Die andere Hälfte geht essen oder deckt sich mit Fertiggerichten für die Mikrowelle ein. Sogar von denjenigen, die sich noch selbst in die Küche stellen, glaubt ein Großteil, dass es genauso gesund sei, vorgekochte Tiefkühlkost oder vorgewaschene Salatmischungen zu verwenden, als alles in Eigenregie zu garen oder den Salat eigenhändig zu zupfen. Schneller ist es allemal.

Bei Laureen aber ist das anders. Da habe ich keinen Zweifel.

»*It's delicious*«, schwärmt Martina, als wir zum

Essen draußen auf der Terrasse sitzen und uns verstohlen hin und wieder auf die Knöchel oder die bloßen Arme klatschen. Die Mücken fallen auch in Nachbars Garten über uns her!

»Sag, Ron«, fährt Martina fort, »wie hast du nur diese Sauce hinbekommen, scharf und süß zugleich?« Das sagt sie nicht nur so dahin. Martina kocht für ihr Leben gern. Sie liebt Kochbücher und ständig ist sie auf der Suche nach neuen Rezepten.

Laureens Augen blitzen. »Das ist Rons Geheimrezept«, sagt sie. »Vielleicht willst du es Martina und Reymer ja verraten, *honey*?«

Ron ist ein Typ, der nicht gerne widerspricht, zumindest nicht seiner Frau.

»*Well*«, sagt Ron, »ganz einfach. Ihr geht in den Supermarkt, kauft euch eine Kansas-City-BBQ-Sauce, irgendeine, ist wirklich egal welche, und dann rührt ihr ein bisschen flüssigen Honig drunter, im Verhältnis eins zu drei. Das ergibt den Geschmack.«

Einen kurzen Moment müssen wir ein wenig komisch dreingeschaut haben. Das also ist Rons Spezialrezept? Nun, Kansas City ist schon mal ein guter Hinweis. Kansas City ist die BBQ-Kapitale Amerikas. Mehr als einhundert Grill-Restaurants werden im städtischen Gourmet-Register geführt. Der *American Royal* ist der größte Grill-Wettkampf des Landes. Da wundert es nicht wirklich, dass die Kansas-City-BBQ-Sauce im ganzen Land Berühmtheit erlangt hat. Zumal, wenn man berücksichtigt, was alles in diese tomatig-süßliche, mit Cayenne-Pfeffer angeschärfte Tunke hineingehört. Martha Stewart, Amerikas geschäftstüchtige Kochpäpstin, listet elf Zutaten auf, die auf dem Herd langsam garend zu der unverwechselbaren Geschmackskombination verko-

chen müssen. So eine langwierige Prozedur spart
sich Ron.

»Oh«, sagt Laureen und strahlt. »Ihr müsst unbe-
dingt noch Platz lassen für das Dessert. Es ist eine
Crème brûlée. Ich hoffe, ihr mögt das.« Was für eine
Frage!

Martina und ich blicken uns an. Crème brûlée lieben wir, seitdem Martina zum Studium in Paris war.
Und so etwas als Nachtisch bei Amerikanern? Paris
in Washington. Französische Lebensart in Toquevil-
les Amerika! Nicht einfach nur Eiscreme oder dicken, dunklen, süßen, schweren *fudge*. Sondern klassisch elegante Cuisine. Laureen hat sich die Mühe
gemacht, für uns Crème brûlée zuzubereiten! Wer
das schon einmal versucht hat, weiß, wie aufwendig
es ist.

Ich spreche da aus Erfahrung. Nur ungern erin-
nere ich mich an unser letztes Familien-Weihnachts-
essen in Hamburg, als es bei uns Crème brûlée zum
Nachtisch geben sollte. Martina hat mich extra losge-
schickt, um einen Bunsenbrenner im Baumarkt zu
besorgen. Den braucht man, um den Zucker auf der
mit Liebe und im Wasserbad zubereiteten Vanille-
creme zu karamellisieren. Letzteres ist mir dann so
gut gelungen, dass der Zucker völlig verbrannt und
schwarz war und Martina mich zur Tankstelle in der
Hegestraße geschickt hat, um das Festtagsmenü mit
Eiscreme zu retten.

»Die Crème brûlée ist wirklich ausgezeichnet«,
fährt Laureen vollkommen unbefangen fort. »Ich hab
sie von Balducci's geholt. Die Kartoffeln und das Gemüse auch. Da kriegt man alles. Fertig gekocht. Wozu
so viel Zeit am Herd verschwenden, nicht wahr?«
Balducci's ist ein in Bethesda hochbeliebter Fein-

schmecker-Markt und Party-Service, wie wir bald herausfinden werden.

Ich glaube, ich habe meine Miene diesmal unter Kontrolle. Es ist ein wirklich netter Abend. Das Essen und der Wein sind köstlich. Laureen und Ron sind wunderbare Gastgeber – und Balducci's ist wirklich empfehlenswert.

Am nächsten Tag schickt mich Martina gleich los. Nach einem Gasgrill soll ich gucken. »Der ist schon bequem«, sagt sie. »Da können wir alles draußen im Garten machen: Steaks, Fisch, Gemüse. Im Haus stinkt es dann auch nicht so.« Außerdem, so fährt sie fort, müsse ich das Grillen übernehmen, dann würde sie nicht dauernd am Herd stehen, und das sei auch nicht schlecht.

»Vielleicht muss der Grill ja nicht ganz so groß sein wie der von Ron.«

Mit diesem Auftrag fahre ich also los. Zu Home Depot. Das ist eine Baumarkt-Kette. In den Filialen sieht es ganz genauso aus wie in Deutschland bei den Bauhaus-Heimwerkermärkten. Dasselbe rot-weiße Design des Namenszugs. Dieselbe Anordnung der Gänge: erst die Werkzeuge, dann der Malereibedarf, ganz hinten die Gartenartikel. Da fühlt man sich gleich wie zu Hause. Nur ein bisschen größer ist alles noch. Dort hinten, kurz vor der Gartenabteilung, stehen auch die Gasgrills. Die hab ich in Deutschland nie gesehen. Na ja, Platz hätten wir dafür ohnehin nicht gehabt auf unserem Zwei-Quadratmeter-Balkon in Hamburg-Eppendorf.

Spielend werde ich also bei Home Depot fündig. Seither steht nun auch bei uns im Garten einer dieser silberfarbenen Riesengrills. Marke Charmglow, klingt

doch wirklich charmant, oder? Es ist ein chromblit-
zendes Ungetüm mit den Frontmaßen eines Chevys.
Übrigens der kleinste Grill, den ich erstehen konnte.
Ich schwöre es.

4.

Stayin' Alive

Immerhin, die Zeitungen kommen nun schon nach ein paar Tagen. Früh am Morgen werden sie ausgefahren. Mit dem Auto. So zwischen vier und fünf. Das hab ich herausgefunden, weil ich mich noch immer nicht an die neue Zeit gewöhnt habe und in aller Herrgottsfrühe von meinem Schlafsack zum Fenster schleiche. Vielleicht macht mich auch nur die innere Unruhe wach, die Aufregung darüber, dass alles so lange braucht, viel länger, als ich dachte, und dass ich das Büro gerade einmal notdürftig eingerichtet habe – von der Wohnung ganz zu schweigen.

Wie der Holzboden unter jedem Schritt ächzt und knackt. Aber alle schlafen weiter – wälzen sich auf unserem Schlafsack-Gemeinschaftslager hin und her. Denn es ist heiß im Haus. Drückend heiß, obwohl ich doch den Knopf der Klimaanlage auf »Cool« gestellt habe. Das will mir nicht in den Kopf. Irgendetwas stimmt da nicht.

Erst einmal nimmt mich aber wieder das Schauspiel der Zeitungsanlieferung gefangen. Ich studiere alles ganz genau. Die Autos der Austräger, alte Klapperkisten, rollen langsam aus dem Dunkel der Nacht mit heruntergelassenen Scheiben heran, ganz so, wie in Gangsterfilmen die schwarzen Limousinen vorfahren. Nur dass nicht gleich die Maschinenpistolen

Feuer speien. Vielmehr landen die Zeitungen, handlich in ein Plastiksäckchen verpackt und vom Fahrer in einem geschickten Bogen durchs offene Fenster herausgeschleudert, präzise bei uns im Vorgarten. Blau ist die Hülle der *New York Times*, gelb die der *Washington Post* und grau die des *Wall Street Journal*. Weil es an diesem Morgen zum ersten Mal regnet, stecken die Zeitungen noch in einem zweiten Plastiküberzieher, damit sie ja nicht nass werden.

Das alles erzähle ich, vielleicht etwas zu betont putzmunter, kurz darauf beim Frühstück in der Küche – wo wir auf dem Holzfußboden kauern. Denn unsere Möbel sind immer noch nicht da. Gut eine Woche nach unserer Ankunft. Geschirr haben wir auch noch keins. Die Kids löffeln ihre Froot Loops, klebrig-zuckrige Cornflakes-Ringe in allen Neonfarben des Regenbogens, aus roten Einweg-Plastikschüsseln mit weißen Einweg-Plastiklöffeln. Martina und ich schmieren uns den *Cream Cheese* mit Plastikmesserchen auf die Bagels. Und den Kaffee habe ich wie bisher jeden Morgen schnell mit dem Auto bei Starbuck's geholt. Einen *grande latte* für Martina, den *regular coffee*, den normalen Bohnenkaffee, ebenfalls die mittlere Größe, für mich. Die kann man problemlos transportieren. In der Mittelkonsole des Autos sind nämlich zwei Becherhalter eingelassen. Das haben die Autos hier serienmäßig.

Die Zeitungen interessieren keinen. Christopher hat gerade beschlossen, dass er sich auf den Küchenboden legen will, und zwar so, dass seine Füße sich in die Rippen seiner Schwester Katherina bohren.

Sie quietscht. »Lass das, du Dummie«, und boxt zurück.

Ich brülle: »Passt auf – die Schüssel«, und hechte

nach vorn, um die rote Plastikschale voller Milch und Froot Loops vor dem zur Seite rollenden Chris zu retten.

Christopher greint: »Katherina haut mich.«

Dabei müssen mir irgendwie die beiden senkrechten Furchen entgangen sein, die sich nun deutlich auf Martinas Stirn aufwärts ziehen. Jedenfalls die Froot Loops habe ich gerettet. Just in dem Moment, als ich mich zufrieden wieder an die Kühlschranktür lehne, sagt sie: »Da stimmt was nicht. Die Hitze im Haus ist wirklich nicht normal.«

Recht hat sie. Sie spricht nur aus, was ich auch längst festgestellt hatte, mir bloß nicht hatte eingestehen wollen: Es ist wirklich stickig hier in der Küche und drückend heiß im ganzen Haus. Obwohl die Klimaanlage läuft, zeigt der Thermostat hinter der weißen Flügeltür im Wohnzimmer mittlerweile sechsundachtzig Grad Fahrenheit an, also dreißig Grad Celsius. Und seitdem es in der Nacht gegossen hat, ist es noch schwüler. Gestern ist die Anzeige leicht gefallen, und ich habe schon gesagt: »Guck mal, ich glaub, sie funktioniert doch.« Das war jedoch Augenwischerei. Ich hab es gewusst, Martina hat es gewusst. Aber da hat sie noch nichts gesagt. Nun dagegen ist es genug.

»Du glaubst doch selbst nicht, dass unsere Klimaanlage richtig funktioniert. Im Supermarkt frieren die Kinder, so kalt ist es da. Und hier ist es wie in der Sauna. Da müssen wir was machen.«

Ich springe auf. Wir, das heißt: ich. Im Heizungskeller habe ich auf einem der grauen Kästen einen Aufkleber gesehen. Repairmax 240–472–4856.

»Die rufe ich sofort an«, sage ich, als kündigte ich eine Großtat an. Obwohl, es ist schon etwas Besonderes, nach unseren ersten Erfahrungen mit dem amerikanischen Handwerk.

Denn seit gestern ist nicht mehr nur das Handy, das ich von meinem Vorgänger übernommen habe, unsere einzige Verbindung zur Außenwelt. Wir haben inzwischen auch zwei Telefonleitungen und eine Faxverbindung. Wir haben außerdem Kabelanschluss für die beiden Fernseher, die wir uns gekauft haben. Einen kleinen für mich unten im *basement*-Büro, einen größeren für den Rest der Familie. Denn die deutschen Elektrogeräte, das haben wir schon vorher gewusst, funktionieren hier nicht. Andere Spannung, andere Hertz-Zahl. Keine Chance. Das kann man vergessen.

Einen Internetanschluss, *high speed*, extra schnell, haben wir nun auch.

Aber so einfach, wie es klingt, war das alles nicht, als ich mich noch am Morgen nach dem Independence Day darum gekümmert habe. Denn wer in Amerika mit der Welt vernetzt sein will, muss warten können. Geduldig warten. Ganz geduldig warten.

Bei Comcast, einem der Telekom-Riesen, die mit ihren angeblich immer schneller werdenden Verbindungen werben, bin ich daher erst einmal in der Warteschleife gelandet.

»*For English press one, para Español oprima el número dos*«, lautete die Ansage, und dann lief das Endlosband: »Zur Qualitätskontrolle können einzelne Gespräche mitgehört werden. Alle Kundenbetreuer sind derzeit im Gespräch. Wir verbinden Sie mit dem nächsten frei werdenden Platz.«

Das kann dauern, dachte ich, jedenfalls, wenn man die Nummer Eins für Englisch wählt. Die Nummer Zwei traute ich mich nicht zu drücken. Ich kann kein

Spanisch. Also musste ich warten. Und dann brach die Verbindung zu meinem Handy ab.

»So ein Unfug«, fluchte ich. Das Ganze also noch einmal.

Wiederholungstaste gedrückt. Nummer Eins für Englisch. Irgendwann hatte ich wirklich den vermutlich einzigen Kundenbetreuer an der Strippe, der an diesem Morgen bei Comcast in ganz Amerika Dienst schob. Allerdings verstand ich den guten Mann kaum. Was nicht an der Qualität der Verbindung lag. Unglaublich undeutlich sprach er, verschluckte Silben und Endungen und gab sich auch dann nicht die geringste Mühe, als er meinen eindeutig fremdländischen Akzent hörte und ich ihn bat, alles, was er gerade gesagt hatte, noch einmal zu wiederholen. Das freute ihn spürbar.

Aber immerhin, so viel bedeutete mir der Nuscheler nach einigen Rückfragen, fast eine Woche werde es dauern, ehe ein Techniker den Weg zu uns nach Bethesda finden werde.

»Geht es nicht ein bisschen schneller?«, wagte ich, vom Mut der Verzweiflung getrieben, zu fragen.

Keine Antwort, stattdessen leierte er mit seiner Nuschelstimme, als hätte ich überhaupt nichts gesagt: »Zwischen neun Uhr morgens und zwölf Uhr mittags wird der Techniker bei Ihnen sein.«

»Können wir nicht eine feste Uhrzeit vereinbaren?«, fragte ich zögernd und fügte aufmunternd ein »Sir« hinzu. Doch das nützte gar nichts. Die Frage bewies nur, dass ich mit den Usancen des amerikanischen Dienstleistungswesens noch nicht so ganz vertraut war.

Die Stimme tat wieder so, als hätte sie mich gar nicht gehört. »Zwischen neun und zwölf Uhr«, ratterte der Telefonist weiter einen offenbar auswendig gelernten Text herunter, »muss ein mindestens Achtzehnjähriger in der Wohnung sein und den Techniker hereinlassen.«

So ist es in den USA immer: Handwerker kündigen sich nur für einen Zeitraum an, nie für eine bestimmte Uhrzeit.

»Sollte der Techniker erst nach zwölf Uhr eintreffen oder gar nicht erscheinen, haben Sie Anrecht auf eine Gutschrift von zwanzig Dollar«, sagte der Nuscheler weiter.

O Gott, dachte ich, wenn der Comcast-Typ am Ende gar nicht kommt, dauert alles noch einmal so lange. Was sollte ich mit zwanzig Dollar? Dann müsste ich mich erneut in die Endloswarteschlange einreihen.

»Kann ich noch etwas für Sie tun?«, flötete die Stimme nun.

Nein, lieber nicht, dachte ich und bedankte mich artig. Ich will nur meinen Internetanschluss.

»Ihnen noch einen schönen Tag und vielen Dank, dass Sie Comcast angerufen haben.« Damit brach die Verbindung ab.

Gestern ist der Techniker tatsächlich gekommen. Um fünf Minuten vor zwölf klingelte er. Aber immerhin, er war da. Ein Dreihundert-Pfund-Typ, der sich mühsam unsere Fünf-Meter-Auffahrt hochkämpfte. Schnaufend stand er vor der Tür. Das kann ja heiter werden, dachte ich mir.

Und tatsächlich: Er brauchte den Rest des Tages, fünf Stunden, um unseren Anschluss zu legen. Ein Kabel zog er vom Telegrafenmasten draußen an der Straße. Alle Leitungen hängen daran. Strom, Fernsehen, Telefon. Er hängte einfach noch eins dazu, für unsere Computer.

»Wir haben doch schon eine Internetleitung«, warf ich zaghaft ein, während er im Zeitlupentempo seine rastlose Geschäftigkeit entfaltete.

Der Techniker runzelte nur missbilligend die Stirn.

»Die ist von Verizon. Die benutzen wir nicht«, brummte er, und wenn mich nicht alles täuschte, hörte ich echte Verachtung in seiner Stimme. »Comcast benutzt nur Comcast-Kabel.«

Verizon und Comcast sind zwei der großen amerikanischen Kabel- und Internetunternehmen, die sich erbittert Konkurrenz liefern.

Damit drehte er sich um und bohrte ein neues Loch durch die Hauswand, vielleicht einen halben Meter von der Stelle entfernt, wo irgendwann einmal ein Verizon-Techniker die Wand perforiert hatte. Schließlich verband er das neue Comcast-Kabel mit den im Haus verlegten Leitungen für das Telefon, die Fernseher und das Internet. Einmal pro Stunde, mindestens, ging er dazwischen aufs Klo. Und blieb stets eine ganze Weile dort.

Martina schwört Stein und Bein, dass er dort gekokst hat. Ich dagegen glaube an das Gute in den Menschen im Allgemeinen und in unserem übergewichtigen Comcast-Engel im Besonderen und plädiere dafür, dass er nur ein oder zwei Nickerchen gehalten hat. Sozusagen die ihm tariflich zustehenden Ruhepausen auf dem Örtchen zugebracht hat. Als wir ihm eine Dose Coca-Cola hingestellt haben, hat er mich nur angeguckt und nichts gesagt. Er hat sie nicht angerührt.

Immerhin hat er uns an die Welt angeschlossen. Dafür bin ich ihm für alle Zeit dankbar. Zumal alles funktioniert! Das Internet klappt. Das Telefon geht. Und das Fernsehen. Das hat uns gerettet. Fürs Erste.

Die Mädchen sind ganz fasziniert von *Hannah Montana*. Das ist eine Teenie-Serie, die jeden Tag läuft. Sie verstehen kein Wort, aber das macht offenbar gar nichts. Sie lachen trotzdem. Chris hat heute Morgen vorm Frühstück schon *Bob der Baumeister* geguckt. Auf Spanisch. Das macht ihm ebenfalls nichts aus. Englisch versteht er ja auch nicht.

Was, wenn das mit der Klimaanlage genauso lange dauert, fährt es mir nun durch den Kopf. Endlosschleife und ein Handwerker, der erst irgendwann in der kommenden Woche kann? Ich will mir das gar nicht weiter ausmalen. Lieber nicht.

Lieber wähle ich 240–472–4856.

Eine freundliche Frauenstimme meldet sich. Was, die *air condition* funktioniert nicht? Bei diesen Temperaturen? »Sie Ärmster!«, zirpt sie. Kinder hätten wir auch? Ich glaube, sie fühlt wirklich mit uns.

Kein Problem. Zwischen ein und vier Uhr heute Nachmittag habe sie einen Termin frei. Das sei doch selbstverständlich. Schließlich halte das keiner aus. Ich hätte sie glatt umarmen können.

»Einen schönen Tag noch!«

»*Same to you*«, sage ich erleichtert, »Ihnen auch und vielen, vielen Dank.«

Tatsächlich kommt der Mann von Repairmax vorbei. Um zwei Uhr ist er da.

»Roberto«, sagt er, streckt die Hand aus und fügt hinzu, dass er die Anlage kenne. Er habe sie schon früher gewartet. Deshalb auch der Repairmax-Aufkleber. Nach einer Viertelstunde ist er so weit. Ein Schaltkreis ist defekt. Das Teil hat er draußen im Auto. Hundertachtzig Dollar, kein Problem, er nehme auch Kreditkarten.

An diesem Abend bin ich klaglos glücklich. Die Wohnung ist zum ersten Mal luftig kühl. Wir haben Internet, und die Kinder sitzen kichernd vorm Fernseher. Zur Feier des Tages haben sie einen Softdrink spendiert bekommen. Jeder durfte sich eine Dose Mountain Dew nehmen, eine hochgiftig ausschauende, schrecklich süße Zitronenlimonade. Dazu haben sie Eiswürfel in ihre Plastikbecher plumpsen lassen. Seit dem Einzug gibt es bei uns Eiswürfel satt. Schließlich haben wir einen Eiswürfel-Automaten im Kühlschrank – sozusagen unser einziges Möbelstück.

Und was für eins! Es ist kein Kühlschränkchen, wie man es in deutschen Küchenzeilen findet, sondern ein schneeweißes Riesen-Mega-Monsterteil. Zwei Meter hoch und bestimmt anderthalb Meter breit. Wie unser Wohnzimmer hat es Flügeltüren. Rechts verbirgt sich dahinter der riesige Kühlbereich, in den Gallonen von Milchkanistern passen. Links befinden sich die Tiefkühlfächer. Dort in die Tür eingelassen ist auch dieses Automaten-Wunderwerk, ein Eiswürfel-Perpetuum-Mobile sozusagen. Man muss nur den Becher drunterhalten, den Knopf drücken, und schon spuckt es Eiswürfel um Eiswürfel aus. Schier unerschöpflich ist es, produziert ständig nach. Dann rumpeln die Eiswürfel nur so in einen Auffangbehälter im Tiefkühlfach und warten dort darauf, herausgelassen zu werden. Manchmal wache ich nachts noch auf von dem Kullern in der Küche, dem Rappeln der frisch produzierten Eiswürfel im Bauch unseres Kühlschrankmonsters.

Die Kinder können gar nicht genug davon bekommen. Ich auch nicht. Für die Erwachsenen habe ich nun ebenfalls ein paar Eiswürfel herausgelassen, einen Gin Tonic darübergerührt und mich entspannt auf dem Küchenfußboden niedergelassen.

Martina setzt sich auch, trinkt genüsslich einen Schluck und sagt: »Jetzt fehlen uns nur noch ein paar Möbel. *Cheers*!« Daran hätte sie mich besser nicht erinnern sollen. Mir ist schon wieder heiß. Trotz *aircon*.

5.

You Can't Always Get What You Want

Handwerk hat trügerischen Boden in den USA. Man weiß nie, an wen man gerät. Einen echten Könner, der genau weiß, was er tut. Oder an einen armen Stümper, der heillos überfordert ist, weil er nie wirklich gelernt hat, was er tun soll. Aber damit kann man sich arrangieren. Wenn's gar nicht geht, ruft man eben einen anderen *handyman*. Bei Amerikas Bürokratie indes weiß man genau, woran man ist: Man gerät immer an den Falschen.

An diesem Morgen rufe ich wieder mal die Möbelspedition an, genauer gesagt, den amerikanischen Ableger unserer Spedition, der irgendwo in New Jersey beheimatet ist. Sie kennen mich da schon. Und sie sind auch wirklich sehr nett.

Eigentlich hätte der Container mit unserer gesamten Habe bei unserer Ankunft praktisch vor der Tür stehen sollen. So hatte uns das der freundliche Herr von der Spedition in Deutschland in Aussicht gestellt. Ungefähr jedenfalls. Ein Anruf, sobald wir da seien, und am nächsten Tag sei dann der Container zu uns unterwegs. Eine, höchstens anderthalb Stunden brauche der Truck vom Hafen in Baltimore, wo der Container angelandet werde, nach Washington.

»Das ist ein Klacks«, hat er damals gesagt. »Das schaffen die im Handumdrehen.«

Nichts ist ein Klacks. Nichts geht im Handumdrehen. Das zu hoffen, war natürlich naiv. Er hat es wahrscheinlich gewusst, ich habe es geahnt, wollte es aber nicht wahrhaben. Denn zwischen uns und unserem rostroten Container befindet sich die Hafenbehörde von Baltimore. Oder der amerikanische Zoll. Oder das Heimatschutzministerium. Vermutlich aber alle drei.

Ryan, so heißt mein Spediteur in New Jersey, versichert mir aufs Neue, es liege ganz gewiss nicht an ihm, dass wir noch immer keine Betten und Stühle, kein Geschirr und nur die Wäsche haben, die in unsere Koffer passte.

»Mr Kluever«, sagt er – er hat sich mir nur mit Vornamen vorgestellt, nennt mich jedoch immer Mr Kluever –, »ich rufe da gerne wieder an, aber der Container ist noch nicht freigegeben.« Der Container stehe längst im Hafen von Baltimore. Pünktlich sei er eingetroffen.

Hoffentlich, denke ich, stimmt das auch. Mein Vertrauen in Ryan ist ein bisschen erschüttert nach all der Warterei. Immerhin hat der Kollege von einer anderen deutschen Zeitung, der schon seit Jahren hier ist, ein alter Hase sozusagen, neulich erst wissend genickt, als ich ihm mein Leid klagte. Die Ausreden, gab er mir zu verstehen, dürfe man nicht für bare Münze nehmen. Er jedenfalls kenne wieder einen anderen Kollegen, dessen Container anstatt in Baltimore in Bermuda gelandet sei.

»Aber er hatte Glück, dass das Containerschiff dort nicht untergegangen ist«, kalauerte er. Ich lachte mit, wenn auch etwas gequält, ich gebe es zu.

Als ich das beiläufig Martina gegenüber erwähnte, merkte ich noch im selben Moment, dass ich einen Fehler begangen hatte.

»Was?«, rief sie, und ihrer Stimme war die pure Verzweiflung anzuhören, »das ist doch nicht dein Ernst.«

Die Nächte auf dem Holzfußbcden und die Familien-*dinner* im Schneidersitz bekommen ihr nicht wirklich gut. Sagen wir es einmal so: Eine Camping-Fanatikerin war sie noch nie. *Girl-Scout*-Romantik ist ihre Sache nicht. Ein Hotelbett zieht sie allemal einer Nacht unterm Zeltdach vor.

Ich versuchte sofort, sie zu beruhigen.

»Auf so etwas darfst du doch gar nicht hören«, sagte ich begütigend, ohne natürlich zuzugeben, dass die Story auch bei mir eine gewisse Wirkung entfaltet hatte. Schließlich gebe es immer Kollegen, erklärte ich, die Freude daran haben, Schauermärchen zu erzählen. Auf dass sich die Neuen so richtig schön gruseln mögen vor den Unwägbarkeiten eines noch unbekannten Lebens.

Das alles kann ich meinem Freund Ryan in New Jersey ja nicht sagen. Aber durchs Telefon spürt er meinen Unglauben.

»Mr Kluever, das ist so seit dem elften September.« Er meint die schrecklichen Terroranschläge. »Die lassen sich im Hafen viel mehr Zeit. Jeder Container wird durchleuchtet. Manche öffnen sie auch und machen Stichproben.«

Das wiederum hätte Ryan nicht sagen sollen. Da haben wir es, denke ich. Sie haben die Flasche Malt Whisky entdeckt. Und den angebrochenen Grappa, den uns unsere italienischen Freunde geschenkt haben und den ich deshalb nicht habe wegschütten wollen. Obwohl doch auf dem Merkblatt der Spedition gestanden hat, dass die Alkoholeinfuhr in die USA im Container strengstens verboten sei. Ich mache mir

Vorwürfe. Aber das darf ich Martina nicht verraten. Nicht jetzt, nicht nach all der Warterei.

Meine Frau hat indes beschlossen, die Möbelfrage auf ihre Weise zu lösen.

»Weißt du was«, sagt Martina, als ich nach dem Telefonat in die Küche komme. Sie sitzt gerade beim Frühstück auf dem Fußboden. »Mit dem Container können wir letztlich gar nichts machen. Wer weiß, wann der wirklich kommt. Ich fahr heute zu Ikea.« Den schwedischen Möbelriesen gibt es selbstverständlich auch in Washington.

»Was hältst du davon? Die Kinder freuen sich schon auf Köttbullar und Daim-Torte. Außerdem besorge ich uns gleich noch ein paar Liegen. Auf dem Fußboden halte ich es nicht mehr aus.«

Sie ist in Fahrt.

»Vielleicht haben sie ja auch die schwarzen Barhocker, die ich dir in Deutschland im Katalog gezeigt hab. Die brauchen wir sowieso.«

Das stimmt zweifellos.

»Bye, bye«, rufen die vier kurz danach hinunter ins *basement*-Büro der *Süddeutschen*. Ich muss schließlich noch arbeiten. Aber so sind wir zumindest zu Sitzgelegenheiten in der Küche und provisorischen Schlafstätten gekommen.

Mittlerweile habe ich eine gewisse Routine entwickelt. Morgens um kurz nach fünf setze ich mich in mein Souterrain-Reich und lese die Zeitungen – auf dem Fußboden. Zuerst die *New York Times*, dann die *Washington Post*, und danach noch ein erster, flüchtiger Blick aufs *Wall Street Journal*. Seitdem wir den Kabelanschluss haben, kann ich sogar rasch im Internet nachschauen, was in Deutschland passiert. E-Mails kann ich auch empfangen. So teilt mir die

Redaktion in München buchstäblich im Schlaf bereits ihre Wünsche mit – die ersten Konferenzen beginnen dort um halb vier Uhr morgens, Ostküstenzeit. Mal ist ein kleines Profil für die Meinungsseite gefragt. Anderntags ein Nachrichtenkasten für die Seite eins. Dann wieder verabreden wir einen Leitartikel oder auch eine Hintergrundbetrachtung im Politikteil. Die Themen jedenfalls, so ist meine erste Erfahrung, gehen hier nicht aus.

Einen Presseausweis habe ich auch schon. Den habe ich vom *Foreign Press Center* bekommen, wo sie ausgesprochen nett sind und hocherfreut waren, dass ich wohlweislich an den Brief vom *editor* im Original gedacht habe, der, auf Englisch und mit blauem Stempel »*Süddeutsche Zeitung* – Chefredaktion« versehen, dem Leser der Zeilen versichert, dass ich als Korrespondent entsandt sei. Nur hatte ich kein Schreiben von der Botschaft dabei, welches bestätigte, dass mich wirklich die *Süddeutsche* geschickt hat. Obwohl sie im *Foreign Press Center* meinen Vorgänger natürlich kannten und von ihm genau wussten, dass ich kommen würde. Aber ohne den Brief, ich müsse verstehen. Das sei kein Misstrauen. Ich sei ein ganz netter Kerl. Aber sie hätten eben ihre Vorschriften. 9/11 erwähnten sie nicht. Immerhin.

Also hetzte ich in die Pressestelle der Botschaft und stand zwei Stunden später wieder im *Foreign Press Center*. Seither habe ich tatsächlich das kleine Plastikausweiskärtchen an einer silberfarbenen Gliederkette um den Hals hängen. »*PRESS*«, steht da in dicken schwarzen Lettern drauf. So etwas hat jeder in Washington. Ich meine, solch ein Kärtchen. Irgendein Plastikausweis, so scheint mir, gehört hier zur Grundausstattung. Allen baumelt eine Ausweiskarte um den Hals. Manchmal lässig in die Brusttasche vom Hemd gesteckt, manchmal auch am Gürtel befestigt. Die meisten haben sogar mehr als nur ein Kärtchen. Das werde ich bestimmt auch noch schaffen, dachte ich mir, als ich mir meinen neuen Ausweis in die Brusttasche meines Hemdes stopfte, so dass nur das um meinen Hals baumelnde Kettchen zu sehen war.

Ein Statussymbol meiner neuen Welt habe ich damit schon. Das entscheidende Kärtchen aber geht mir ab: eine *Social Security Card*. Was die im amerikanischen Leben bedeutet, wird mir erst allmählich klar. Ohne *Social Security Number* geht im täglichen Leben in den USA nämlich nichts. Nun gut, fast nichts.

Überall fragen sie danach oder zumindest nach den letzten vier Ziffern der Nummer. Im Telefonladen, wo ich mir einen Handy-Vertrag auf meinen Namen kaufen will. Bei der Bank. Beim Autohändler. Der kann mir für unseren neuen Volvo leider nur ein provisorisches Nummernschild besorgen, weil ich noch keine *SSN* habe. Das Schild gilt für drei Wochen und keinen Tag länger. Aber über solche Fristen und ähnliche Kleinigkeiten mache ich mir erst einmal gar keine Gedanken. Warum auch?

Immerhin bin ich, ebenfalls gleich an meinem ersten Arbeitstag nach dem *Independence Day*, zur Washingtoner Außenstelle der *Social Security Administration* geeilt, 2100 M Street, Northwest, mitten in der Innenstadt. Die vergibt die *Social Security Number*, eine neunziffrige Zahlenfolge, die in den USA als Ersatz-Ausweisnummer gilt. Einen einheitlichen Personalausweis gibt es nicht in den Staaten. Aber jeder Amerikaner oder jeder, der länger legal in den USA lebt, bekommt eine solche Nummer.

Innerhalb von zehn bis fünfzehn Arbeitstagen, so haben sie mir in der M Street versichert, werde mir die Nummer zugehen. Kein Problem.

So haben sie gesagt.

Nun also bin ich wieder unterwegs zu 2100 M Street, Northwest. Drei Wochen sind längst vorbei. Die provisorische Zulassung fürs Auto läuft aus. Ohne den Volvo sind wir jedoch aufgeschmissen. Zu Fuß gehen – bei der Bullenhitze? Und wie die tausend Tüten schleppen? Nein, den Wagen brauchen wir.

Der Türwächter am Eingang, mundfaul wie beim letzten Mal, händigt mir eine Nummer aus. Wie beim Metzger im Supermarkt werden über eine rote Digitalanzeige die Nummern aufgerufen. Eine Stunde Wartezeit diesmal. Lächerlich! Einundvierzig. Klick. Zweiundvierzig. Endlich bin ich dran und gehe zum Schalter. Vor mir thront erhöht hinter einem gräulichen Pult mein Sachbearbeiter. Er sitzt. Ich stehe. Trotzdem schaut er noch auf mich herab. Fred, so nehme ich einmal an, heißt er, denn ein Kaffeebecher mit diesem Namenszug steht vor ihm auf dem mit Blättern übersäten Pult. Fred also erläutert mir, dass er nichts machen könne. Manchmal ließen sie sich eben Zeit bei der *immigration* am Flughafen und gäben die Einreisedaten erst nach einer Weile an seine Behörde weiter, an die *Social Security Administration*. Ohne die Daten könne er leider unmöglich eine *Social Security Number* ausgeben Ich müsse mich noch ein bisschen gedulden.

»Aber *Sir*«, wage ich einzuwerfen, »ich brauche die Nummer. Meine provisorische Zulassung fürs Auto läuft aus. Wir können auf das Auto nicht verzichten. Ich muss zur Arbeit fahren. Wir haben drei kleine Kinder.«

Fred nickt wissend, als sei ich nun wirklich nicht der Erste, der solche blödsinnigen Ausflüchte vorträgt, nur um schneller an die *Social Security Number* zu kommen.

Fred will mich nun entschieden loswerden. »Sie müssen gar nicht mehr herkommen«, erklärt er mir sanft und schiebt mir einen orangefarbenen Zettel hin. Ich bräuchte nur anzurufen, diese Telefonnummer hier. Dann würden sie mir sagen, ob meine *SSN* eingetroffen sei. Damit bin ich entlassen.

In ein paar Zeitungsartikeln, die ich in den letzten Tagen gelesen habe, ist mir ein Ausdruck aufgefallen, den ich nicht kannte. Politiker werden gelobt, die Geschick darin beweisen, *red tape*, rotes Band, zu zerschneiden. Damit ist gemeint, dass sie sich über bürokratische Zwänge hinwegsetzten. Denn Amerikas Bürokratie, so steht erläuternd in *Webster's New World Dictionary* unter dem entsprechenden Eintrag, neige zu »inflexibler Routine«.

Ich könnte hier alles zerschneiden, denke ich im Hinausgehen, als ich den orangefarbenen Zettel zerknülle, ihn dann aber vorsichtshalber doch einstecke. Den Zerberus am Eingang würdige ich keines Blickes. Beim letzten Mal habe ich ihn noch aufmerksam gegrüßt. Er hat jedoch nicht reagiert.

Wieder eine Woche ist inzwischen vergangen. Nicht ein offizieller Brief ist bei uns eingetroffen. Aber das FBI war da.

Als ich die Tür öffne, steht ein Mann im dunklen Anzug vor mir und hält seine Dienstmarke hoch. Sofort denke ich an die *Social Security*. Stimmt etwas nicht? Habe ich, ohne es zu ahnen, einen Fehler gemacht?

»*Sir*?«, bekomme ich immerhin mit leicht erstauntem Unterton heraus.

Der *G-Man*, wie ein FBI-Agent hier genannt wird, ist solche Zurschaustellung von prophylaktisch schlechtem Gewissen offenbar gewohnt.

»Keine Sorge«, sagt er, »ich gehe nur herum und ziehe Erkundungen über Ihren Nachbarn von gegenüber ein. Er hat sich um eine sicherheitsrelevante Stelle beworben.«

Wow, denke ich erleichtert, auch das ist Amerika nach 9/11. Sie nehmen Sicherheitsüberprüfungen durchaus ernst.

»Wir sind gerade erst hier eingezogen, wir kennen den Mann überhaupt nicht«, sage ich schnell. Nur keine Unannehmlichkeiten mit dem FBI.

Das beeindruckt den Agenten nicht weiter. Ob mir etwas Verdächtiges aufgefallen sei, fragt er.

»Nein«, sage ich, »nichts.«

Auch das reicht ihm noch nicht.

»Könnte Ihr Nachbar ein Sicherheitsrisiko darstellen?«

Er zeigt mir einen Fragebogen. Eines von fünf Kästchen kann man ankreuzen. Von »wahrscheinlich« über »vielleicht« bis »bestimmt nicht«. »Weiß nicht«, gibt es nicht.

»Keine Ahnung«, sage ich.

Der FBI-Mann kreuzt »vielleicht«, das Kästchen in der Mitte, an.

»Vielen Dank«, sagt er dann und wendet sich zum Gehen. »Ach, übrigens werden wir Ihnen und Ihrem Nachbarn auf Anforderung eine Kopie der Befragung zustellen. Noch einen schönen Tag!«

Martina hat das Gespräch über ihren Laptop gebeugt mitgehört. »Vielleicht ein Sicherheitsrisiko«, ahmt sie den *G-Man* nach, kaum dass er abgezogen ist. »Wenn du dem guten Mann gegenüber jetzt den Job vermasselt hast«, spottet sie weiter, »und er kann das Protokoll anfordern! Solche neuen Nachbarn wünscht man sich.«

Auch das noch! Ja, was hätte ich denn sagen sollen?

Ich verziehe mich in mein provisorisches *basement*-Büro. Eigentlich beschäftigt mich sowieso viel mehr die *Social Security Number*. Sie ist noch immer nicht da Ich hole Freds zerknitterten orangefarbenen Zettel hervor und rufe die angegebene Nummer an. Natürlich hebt niemand ab.

Am nächsten Tag probiere ich es wieder. Ein Band läuft: »Sie rufen außerhalb der Dienstzeiten an. Unsere Dienstzeiten sind …« Ich gucke auf die Uhr. Es ist eindeutig Dienstzeit. Das Band läuft trotzdem.

Inzwischen ist mein provisorisches Nummernschild wirklich und endgültig abgelaufen. Der Autohändler den ich anrufe und um Rat frage, sagt, dass er es nicht noch einmal verlängert bekommt. Die Zulassungsstelle mache nicht mehr mit. Er hat die Verzagtheit in meiner Stimme gehört.

»Lassen Sie das Schild einfach dran«, raunt er tonlos, »und sehen Sie zu, dass Sie nicht von der Polizei kontrolliert werden.« Ich fahre also seither ohne amtliche Zulassung. Zugegeben, wohl ist mir nicht dabei.

In meiner Verzweiflung komme ich auf die Idee, die Pressestelle der *Social Security Administration* anzurufen. Natürlich läuft auch dort der Anrufbeantworter. Entmutigt lege ich auf.

Aber die Pressestelle hat auch eine Faxnummer. Probieren, denke ich, kann man es ja ruhig. Im schlimmsten Fall landet der Brief im Papierkorb. Ich schreibe, dass meine Arbeit als Angehöriger der freien

Presse massiv behindert werde, weil ich nun schon über mehrere Wochen keine *Social Security Number* zugewiesen bekäme. Ohne die könne ich nun einmal keinen *White-House-Press-Pass* beantragen, keine Zugangsberechtigung für die Pressekonferenzen im Weißen Haus. Die bräuchte ich als Korrespondent nun wirklich dringend. Auch wenn das Auto ohne Zulassung mindestens ein genauso drückendes Problem ist. Aber das schreibe ich nicht.

Am Nachmittag ruft Fred an. Fred von der M Street. Persönlich! Er habe mir eine erfreuliche Mitteilung zu machen. »Wir haben eine *Social Security Number* für Sie. Sie werden sie demnächst per Post erhalten. Aber wenn Sie was zu schreiben haben, kann ich sie Ihnen jetzt schon mitteilen.« Und wie ich mitschreiben kann. Neun Ziffern, die die Welt bedeuten.

Seither ist das Leben ein Traum.

»Die vier letzten Ziffern Ihrer *Social Security Number*?«, säuselt das Mädchen bei dem Telefon-Unternehmen für mein neues, eigenes Handy, in den Hörer, als ich den Vertrag telefonisch klarmache.

»Zwei-drei-fünf-zwei«, flöte ich zurück, die Nummer habe ich mir auf einen Zettel notiert und in den Geldbeutel gesteckt, damit ich sie immer griffbereit habe. Ruck, zuck ist das neue Telefon freigeschaltet.

Das ist Amerika. Leichtgemacht.

Ach ja, und die Möbel sind inzwischen auch eingetroffen. Sechs Wochen nach unserer Ankunft. Der Container war nicht geöffnet. Den Malt Whisky habe ich entkorkt. Den Nachbarn haben wir übrigens ebenfalls kennengelernt. Auf der Straße haben wir uns »Hallo« gesagt. Ein netter Kerl. Er hat den Job bekommen.

6.
Walk on the Wild Side

»Ist es nicht herrlich?«, fragt Martina, streckt sich in ihrem türkisfarbenen Bikini auf der Liege aus und schiebt die Ralph-Lauren-Designer-Sonnenbrille auf die Nase, die sie bei eBay für elf Dollar fünfzig plus Porto ersteigert hat.

Das ist ihre neue Leidenschaft. Sie bietet mit bei Handtaschen von Kate Spade. Hat Jacken von North Face für die Mädchen zum Schnäppchenpreis erworben. Ja, und einen edlen, neuen silbernen Salzstreuer haben wir auch. Abends sitzt sie da, wenn die Kinder vom Tag erschöpft im Bett liegen und endlich Ruhe geben, und studiert aufmerksam ihren Laptop. Nach welchen Kategorien sie da sucht, habe ich indes noch nicht durchschaut. Aber ich muss schließlich nicht alles wissen.

Auch ich starre auf meinen Bildschirm. Vorm Schlafengehen eruiere ich im Internet noch einmal die Nachrichtenlage und überlege, welche der unzähligen Geschichten interessant sein könnten für den deutschen Leser. Das Rodeo schwuler Cowboys in Fort Worth? Oder doch eher die selbsternannten Grenzwächter, die in der Wüste von Arizona Jagd auf illegale Einwanderer aus Mexiko machen? Wären die Geisterstädte oben im sonst so prosperierenden North Dakota nicht auch einmal ganz interessant? Aber wahrscheinlich wird mich eher wieder der Irak oder Afghanistan beschäftigen, der Streit um die CIA oder das Hin und Her um Guantánamo. Oder soll ich morgen früh zu Brookings gehen, einem der Dutzenden von *think tanks* in der US-Hauptstadt?

Think tanks übersetze ich mit »Denkfabriken«, wenn ich in meinen Artikeln von einer Veranstaltung dort berichte. Obwohl dieser Ausdruck die Einrichtungen nicht wirklich vollständig umschreibt. Es sind vielmehr politische Stiftungen, sachorientierte Forschungsinstitute, ideologische Brutkästen, Parkstationen für abgewählte Politiker – alles in einem.

Jeden Tag suchen sie die Öffentlichkeit, laden ein zu Vorträgen, Workshops, Diskussionsrunden. Morgens kann man zum Frühstück zu Cato, dann zu einem Streitgespräch bei Carnegie. Mittags zum Council on Foreign Relations – ein »leichter Lunch« wird serviert, so steht es ausdrücklich in der Einladung. Die Sandwiches sind wirklich gut. Den Kaffee kann man dann bei den Neokonservativen im American Enterprise Institute schlürfen. *Cupcakes*, eine US-Spezialität, mit buntem Zuckerguss überzogene Napfküchlein, so richtige Kalorienbomben, gibt es auch dazu. Abends zeigen die linken Demokraten dann im Center for American Progress einen provokanten Dokumentarfilm. Problemlos ließe sich so die Zeit füllen. Man muss nur sehen, wo einem in diesem Jahrmarktstrubel stets wichtigster, stets mit großer Dringlichkeit vorgetragener Meinungen der eigene Kopf steht.

Noch dazu die rapide Abfolge der Ereignisse. Zunächst natürlich in diesem Riesenland selbst. Aber auch sonst in der Welt, überall wo Amerika engagiert ist. Für alles verlangt die Redaktion in München, unersättlich, jeden Morgen aufs Neue Analysen und Erklärungen. Die Politik, so viel ist mir in Washington rasch klargeworden, lässt einen hier niemals wirklich los. Einen ruhigen Tag gibt es selten.

Nicht einmal am Wochenende, so wie heute, wo ich mit einem Stapel Zeitungen und Magazinen zum Pool mitgekommen bin. Bisher ist Martina mit den Kindern allein dort hingegangen. Jetzt aber bin ich gefordert. Arbeit vorschützen zieht nicht mehr.

»Papa, kommst du mit?«, fragen die Mädchen fast im Chor.

Chris ruft: »Ich zeig dir einen *cannon ball.*«

Sie haben schon gelernt, wie es heißt, wenn man vom Ein-Meter-Sprungbrett mit angezogenen Beinen und dem Hinterteil zuerst ins Wasser plumpst. Da kann ich natürlich nicht anders.

»Ist es nicht herrlich?«

Kurz blicke ich von meinem Artikel über die neuen Turbulenzen im Weißen Haus auf. Eine Antwort bezüglich unserer Lebensumstände erwartet Martina auf ihrer Liege nicht wirklich. Trotzdem sage ich: »Ja, es ist wirklich herrlich.«

Das stimmt – gerade an einem heißen Augusttag wie diesem, wo wir an unserem Swimmingpool der Sonnenglut ein Schnippchen schlagen können. Die Liegen am Rand des Schwimmbeckens stehen auf einem Rasenstück im Schatten hoher Bäume. So kann man es gut aushalten. Die Kids, mit Sonnenmilch, Lichtschutzfaktor fünfzig, eingecremt, planschen stundenlang im lichtdurchfluteten türkisblauen Wasser. Was will man mehr?

Gut, es ist nicht unser Pool. Es ist ein Privatpool, und zwar der *Bannockburn Swimclub* oberhalb vom

Potomac gelegen, Washingtons mäanderndem Stadt-
fluss, keine fünf Autominuten von uns entfernt.

Den Tipp haben wir einem alten Kollegen zu ver-
danken.

»Wenn ihr im Hochsommer herkommt, geht ihr ein
ohne einen Pool«, hat er uns bei unserem Besuch im
Frühjahr beschieden. Wir nickten verständig. Aber
an ein Anwesen mit einem Pool im Garten war leider
nicht zu denken.

»Nein, nein«, sagte er, »in Washington sind fast
alle Mitglied in Privatpools. Da zahlt man für die
ganze Saison und kann jederzeit schwimmen gehen.«

Er selbst sei keine große Wasserratte. Doch für uns
mit Kindern sei das bei den mörderischen Sommer-
temperaturen ein Muss.

»Bloß werdet ihr ein bisschen spät dran sein. Die
Plätze sind schnell vergeben.«

Am Rande erwähnte er auch Bannockburn. Martina merkte sich das, und kaum zurück in Deutschland, googelte sie den Schwimmclub und schickte
eine Mail hin. Tatsächlich meldete sich daraufhin
Hans, der Schatzmeister. Alle Plätze, so mailte er uns,
seien vergeben. Da wir allerdings, wie er einst, aus
Deutschland rüberkämen und im März zum offiziellen Anmeldeschluss noch gar nicht da gewesen seien,
wolle er sehen, was sich machen lasse. Wir sollten uns
einfach melden, sobald wir in Washington eingetroffen seien.

So kommt es also, dass wir uns nun auf unseren
Liegen räkeln können. Neben mir stapeln sich die
Zeitungen, dazu das *Atlantic Monthly* und die *New
Republic*. Hin und wieder reiße ich einen Artikel aus,
den ich in mein Handarchiv legen möchte. Ab und zu
werfe ich auch einen Blick in Richtung des Nicht-

schwimmer-Beckens, wo Chris herumtollt und mit anderen Jungs um die Wette taucht, die ich nicht kenne und mit denen er sich, ich weiß nicht in welcher Sprache, verständigt.

Drei Liegen weiter sonnt sich übrigens Rick. Dass er so heißt, weiß ich, seitdem er vor einer halben Stunde auf uns zugekommen ist und sich umstandslos vorgestellt hat. Rick ist bisher eigentlich immer da gewesen, wenn Martina und die Kids in Bannockburn waren. Ein Stammgast. Er ist weit in den Fünfzigern und sieht aus wie Johnny Weissmüllers Sohn, der sein Leben am Pool verplaudert. Dunkelbraun gebrannt, vom zurückgehenden Scheitel bis zur Zehenspitze, und völlig entspannt. Arbeiten muss er wohl nicht mehr. Jedenfalls erweckt er nicht den Eindruck.

»Ihr seid neu hier«, stellte er vorhin das Unübersehbare fest. »Ich heiße Rick. *Nice to meet you.*« So einfach geht die Kontaktaufnahme.

Er habe gesehen, wie ich unseren beiden Mädchen auf dem Sprungbrett den Football zuwerfe. »Du kommst wohl nicht von hier«, sagte er mit einem breiten Grinsen. Recht hatte er.

Ein Amerikaner hätte sich nie die Blöße gegeben und den eiförmigen Plastikball so unglücklich taumelnd und trudelnd durch die Luft geschleudert, wie ich es tat, auf Geheiß von Anna und Katherina. Sie hatten vorher gesehen, dass Rick ein paar Kids den Ball stets elegant und so exakt zuwarf, dass sie ihn mitten im Sprung auf halbem Weg zwischen Brett und Wasser packen konnten. *Splash*. Bei mir und den Mädchen klappte das nie. Und es lag gewiss nicht an den Kleinen.

»Du musst dem Ball einen Dreh geben«, sagte Rick

und legte meine rechte Hand fachmännisch um den Football. »So dass die Spitze nicht hin und her flattert.« Er führte meinen Unterarm nach vorne, der Ball schnellte fort. »Er muss einschlagen wie eine Bombe«, erklärte Rick weiter.

Mein Ball machte eher einen Bauchklatscher. Platsch.

»*Good try*«, sagte er aufmunternd, was mit »guter Versuch« nicht ganz hinreichend übersetzt wäre. Rick wollte mir damit wohl eher sagen, dass noch kein Meister vom Himmel gefallen sei.

An den kleinen Dingen im Leben machen sich oft die großen Unterschiede zwischen Amerikanern und Europäern fest. In den *think tanks* haben sie in letzter Zeit immer wieder die Differenzen im Westen diskutiert. Ob es überhaupt noch so etwas wie eine westliche Wertegemeinschaft gebe – wenn es sie denn jemals gegeben habe. So viel jedenfalls wurde mir schlagartig bewusst, als der herzensgute Rick sich mit mir europäischem Football-Banausen abmühte: Der transatlantische Graben geht mitten durch den Pool des *Bannockburn Swimclub*.

Auch was die Badebekleidung angeht. Vor uns steigen gerade zwei junge *mommies*, vielleicht Ende zwanzig, Anfang dreißig, staksend ins Schwimmbecken, um mit ihren Kids Marco Polo zu spielen, eine Art Blinde Kuh zu Wasser. Beide tragen überaus kleidsame Tankinis, eine Kreuzung aus Bikini und Badeanzug, dessen Hose bis knapp unter den Bauchnabel reicht und dessen Oberteil scharf über dem Nabel abschließt – man könnte ja im Schwimmbad zu viel weiße Haut zeigen.

»Weißt du, dass es in der Frauenumkleide nicht viel besser ist?«, flüstert Martina plötzlich, als hätte sie meine Betrachtungen zur Badekleidung der amerikanischen Frau von heute erahnt. Zumindest wird sie meine Blickrichtung verfolgt haben. Natürlich weiß ich nicht, was in der Damenabteilung von Bannockburn so vor sich geht. Was für eine Frage! Aber natürlich interessiert es mich.

»Viele tragen Breitbandunterhosen und Panzer-BHs. So hautfarbene.«

Ich bin ganz Ohr.

»Alles flächendeckend«, fährt meine Frau fort, und ich hoffe, dass Rick, drei Liegen weiter, kein Deutsch versteht.

Dass die Frauen am Pool, sagen wir einmal, nicht gerade darauf bedacht sind, ihre Reize zur Schau zu stellen, ist mir, ich gebe es zu, sofort aufgefallen: Bannockburn ist nicht St. Tropez. Selbst die Bikinis vom Timmendorfer Strand in den sechziger Jahren des abgelaufenen Jahrhunderts würden hier wohl als ein bisschen verwegen registriert. Bei den Männern herrscht Gleichförmigkeit: Alle tragen sie Bermuda-Shorts, die fast bis zu den Kniekehlen reichen.

Sexy ist man offenbar in der Öffentlichkeit höchstens dann, wenn man ganz jung und ganz unverheiratet ist. Später sind es die Amerikanerinnen allenfalls noch zu Hause im Schlafzimmer. Aber da hab ich auch meine Zweifel, wenn ich die schwüle Wäsche von Victoria's Secret, Amerikas Lingerielieferanten für gewisse Stunden, so sehe – in den Schaufenstern natürlich. Da dominiert ganz eindeutig puffiger rosafarbener Satin mit ganz viel Spitze.

»Stell dir diese Tankini-Frauen mal an der Côte d'Azur vor«, stimme ich ein, »die würden einen Kulturschock erleben. Oder in München am Eisbach!«

Wir hatten erst vor ein paar Tagen mit der Post ein

Probeexemplar der Zeitschrift *Town & Country* bekommen, ein zugegeben eher konservatives Lifestyle-Magazin. Darin war eine Geschichte über *Munich* abgedruckt, und dazu ein Foto vom Eisbach im Englischen Garten. Kein einziger Nackedei war da zu sehen. Und zwar nicht, weil die Aufnahme etwa im Winter gemacht worden war. Es war eindeutig Sommer. Nein, die nackten Tatsachen waren alle bei Fotoshop verschwunden!

Auch das ist, wenn man so will, ein Graben mitten durch die westliche Wertegemeinschaft.

Sogar bei den Männern muss es merkwürdig prüde Allüren geben. Mir ist das selbst zwar noch nicht untergekommen. Aber Christopher zierte sich vorhin so komisch beim Umziehen in Bannockburn. In der Männerumkleide gibt es hölzerne, hellblau lackierte Fächer, in die man seine Kleidung legen kann. Zwei, drei davon sind breiter und höher. In ihnen sind Garderobenstangen befestigt, an die man einen Kleiderbügel für sein Sakko hängen könnte. So elegant kommt heute keiner mehr ins Schwimmbad. Aber Bannockburn wurde in den sechziger Jahren gebaut. Damals hat es der Herr vielleicht noch so gemacht, wenn er abends direkt aus dem Pentagon oder dem State Department zu einer kurzen Abkühlung vorbeikam und den Anzug akkurat deponieren musste.

Vorhin kletterte Christopher in solch ein Fach, und ich musste ihm helfen, sein Badehandtuch über die Garderobenstange zu werfen. Hinter dem Handtuch zog er sich dann aus. Man hätte ja sonst etwas sehen können.

Nackedeis, so werden wir mit der Zeit lernen, gelten ausgerechnet in dem Land, das der Welt den *Playboy* samt Bunnys beschert hat (von anderen *Center-*

fold-Magazinen ganz zu schweigen), als igittigitt. Nackte Haut ist *inappropriate*. Gänzlich unangemessen. Selbst innerhalb der Familie.

Da fällt mir ein, was Anna mit ihrer neuen Freundin Gwen erlebt hat. Die Eltern kommen aus Kalifornien, durchaus fortschrittliche Leute. Linke Demokraten. Sie sind mit ihren Kindern sogar schon mal auf einer Demo in Washington gewesen, um dort für die rechtliche Anerkennung gleichgeschlechtlicher Beziehungen zu demonstrieren. Unsere Anna haben sie mitgenommen. Wir haben das unter politische Bildung verbucht.

Aber Nacktheit? Das überschreitet das Maß an Freizügigkeit dann doch ganz klar. Jedenfalls hat Gwen Anna gestanden, dass sie außer ihrem natürlich vollkommen nichtsnutzigen kleinen Bruder noch nie jemanden nackt gesehen habe. Nicht einmal ihre Eltern. Die achteten stets sorgfältig darauf, die Tür zum Bad abzuschließen, wenn sie unter die Dusche gingen. Aber das sei doch ganz normal, oder?

Hoffentlich hat Anna darauf nichts gesagt.

7.

Crazy

Ein Schwimmbad ist zwar nicht unbedingt die Schule der Nation. Im Pool von Bannockburn kann man aber schon einiges lernen über dieses Land. Zum Beispiel darüber, wie sich Bademeister in das amerikanische Rechtsstaatsprinzip einfügen.

»Bademeister« ist eigentlich das falsche Wort. Es weckt Assoziationen von leicht öligen, lederhäutigen Männern mittleren Alters in blauen Adidas-Latschen und weißen Shorts, die mit schnarrender Stimme jeden abmahnen, der es wagt, sich jenseits der Startblöcke vom Beckenrand ins Wasser plumpsen zu lassen.

In Bannockburn aber springen alle munter kreuz und quer in den Pool. Die Bademeister sind hier *life guards*, ein bisschen so wie bei *Baywatch*. Jedenfalls alles *high school seniors* oder *college kids*, die sich in den drei Monate währenden Sommerferien ein paar Dollar verdienen. Junge, tiefbraun gebrannte durchtrainierte Kerle in lässigen, bis zu den Kniekehlen herunterhängenden Bermuda-Badehosen, die Mädchen in rot-weißen *life-guard*-Bikinis. Völlig entspannt räkeln sie sich auf einer Art Hochstuhl zwei Meter über dem Wasser. Gelegentlich wickeln sie lässig das Band ihrer im Sonnenlicht silbrig blitzenden Trillerpfeife um den Zeigefinger und wieder ab. Selbstverständlich tragen sie alle Sonnenbrillen, wahlweise mit cool reflektierenden oder pechschwarzen Gläsern.

Dennoch darf der Eindruck nicht täuschen. Auch sie führen ein strenges Regiment. Der gellende Pfiff ihrer Trillerpfeife bringt das allgemeine Pool-Gejuchze sofort zum Erliegen. Für fünf Sekunden mindestens lässt es die Kinder erstarren und die Erwachsenen den Kopf zum Hochstuhl wenden – einer unserer lieben Kleinen könnte ja mal wieder das Ziel der Rüge sein.

Anfangs sind wir vollkommen ahnungslos. Natürlich haben wir ebenfalls das Blatt mit den *pool rules* erhalten. Doch wer liest so etwas schon durch? Zu unserem Erstaunen aber müssen wir lernen, dass diese Regeln wirklich eingehalten werden. Alle dreiundzwanzig. So viele Paragraphen stehen auf dem eng bedruckten Blatt.

»Jetzt alle mal herhören«, beginnt Martina die Kids an die wichtigsten Regeln zu erinnern, sobald wir unser Auto in eine der schmalen Parklücken vor dem Schwimmbad zwängen. »Chris – du sollst gehen, nicht rennen!«, mahnt sie.

Leichter gesagt als getan. Aber wer in Bannockburn läuft, wird sofort abgepfiffen. Spitz und schrill. »*WALK!*«, ergeht der einsilbige Befehl. So ist es hier eben geregelt. An den rot-weißen Schwimmbahnmarkierungen hält man sich im Übrigen nicht fest. Pfiff. »*STAY AWAY!*«, heißt es dann.

»Anna, Katherina«, fährt Martina mit ihren Ermahnungen beim Aussteigen fort. »Ihr wisst, wie ihr das macht beim Sprungbrett?«

»Ja, Mama«, rufen die beiden im Chor, »wir warten, bis alles frei ist.«

Das ist noch so eine eiserne *Bannockburn rule:*

Vom Ein-Meter-Brett springt man nicht, solange noch ein anderer Schwimmer im abgetrennten Sprungbereich ist, und sei es auch nur ganz am Rand. Pfiff. »ONE PERSON AT A TIME!« Einer nach dem anderen.

Vor allem aber verschwinden alle Kinder unter fünfzehn schleunigst aus dem Wasser, wenn der lange Pfiff ertönt und bis zur vollen Stunde eine Viertelstunde lang Erwachsenenschwimmen angesagt ist. *A rule is a rule is a rule.* Und Regeln werden eingehalten. Selbst wenn kein Erwachsener Anstalten macht, den von wuselnden Kindern geräumten Pool in Anspruch zu nehmen und die jungen Vertriebenen den Minutenzeiger der großen Uhr auf der Stirnseite der Umkleide genau im Auge haben, auf dass er wieder auf die Zwölf hüpfen möge. Doch auch dann wagt keines der Kids, einfach so ins Wasser zu springen. Sie warten alle, bis der Pfiff erklingt.

Amerika, wird mir in einer dieser Zwangspausen für die Kleinen schlagartig klar, hält der Glaube an Regeln zusammen. Regeln, die für alle ohne Abstriche gleich gelten. Da gibt es keine britisch-aristokratische Großzügigkeit, keine deutsch-beamtischen Ermessensspielräume, kein mediterranes Gefeilsche.

Nur so kann dieses Riesenland funktionieren, indem alle sich an die Spielregeln halten. Wer sich nicht danach richtet, ist ein *outlaw*. So war das schon im Wilden Westen. Da wurden die *outlaws* einfach abgeknallt. In Bannockburn werden sie abgepfiffen.

Eine Regel ist eine Regel ist eine Regel, egal wie lapidar der Regelverstoß auch sein mag.

Heute ist in der *Washington Post* zu lesen, dass die Polizei eine Frau abends bei einer Kontrolle festgenommen hat, weil sie zum *dinner* in einem Restaurant in Georgetown ein Glas Wein getrunken hatte.

In den USA möchte man nicht wirklich festgenommen werden. Unweigerlich wird man in Handschellen aus dünnen Plastikbändern gelegt, hinten rechts in einen Streifenwagen verfrachtet, wobei der Sheriff oder sein *deputy* einem mehr oder minder sanft den Kopf ins Auto drückt, und aufs Revier kutschiert. Dort machen sie dann einen *mug shot*, wie hier die erkennungsdienstliche Behandlung heißt, und zwar egal, ob man nun wirklich etwas angestellt hat oder nur überprüft werden soll, ob man eventuell etwas angestellt haben könnte.

Die Frau jedenfalls hat die Nacht auf dem Revier verbracht. Was einen als US-Neubürger doch etwas verunsichert.

»Heißt das, dass einer von uns wirklich nichts trinken darf, wenn wir abends weggehen?«, fragt mich Martina leicht irritiert, als ich ihr von dem gerade gelesenen Artikel erzähle. Zumal sie sich schon ausmalt, wer von uns beiden sich demnächst mit Coke über den Abend retten muss, wenn es nach mir ginge. Ich zucke unschlüssig mit den Schultern. »Keinen Tropfen?«, fragt sie noch einmal, »*nada?*«

»Gut«, sage ich daraufhin, »ich fahre, wenn wir das nächste Mal weggehen.«

Mit der Alkoholgrenze, zumindest bei Jugendlichen, so viel ist mir schon aufgefallen, sind sie wirklich unerbittlich. Bei Five Guys, das ist eine Hamburger-Kette, wo sie die Burger à la carte braten, haben sie vor ein paar Tagen meinen Ausweis sehen wollen, als ich ein Bier bestellte.

»*Can I see your ID, please?*«, fragte mich der junge Kerl, der die Bestellung aufnahm.

Er war vielleicht ein *freshman* im College und hätte glatt mein Sohn sein können. Ich muss ihn wohl etwas verdutzt angeguckt haben. Vielleicht wirke ich ja ein wenig jünger, als ich tatsächlich bin. Dagegen wäre durchaus nichts zu sagen. Aber erkennbar älter als einundzwanzig schaue ich dann doch schon aus.

»Das ist bei uns Vorschrift«, erklärte der junge Kerl an der Kasse, halb entschuldigend. »Wir lassen uns von allen einen Ausweis zeigen.«

A rule is a rule is a rule.

Auch Martina hat neulich im *liquor store*, der Wein- und Spirituosenhandlung, ihren Pass vorzeigen müssen. Sie fand das eigentlich ganz lustig.

»So schlimm ist das doch auch nicht«, sagt sie nun, als wir uns noch einmal über die Erlebnisse unterhalten. »Immer noch besser, als dir an der Kinokasse den Seniorentarif anzubieten.«

Ich gehe einfach nicht weiter darauf ein. Schließlich will sie mir damit nur zu verstehen geben, dass ich zwei Jahre älter bin als sie und somit fast schon ein Greis. Ich zeige mich unbeirrt. »Wenn der gesunde Menschenverstand ausgeschaltet wird und er *dich* nach deinem Ausweis fragt, ist das schlicht Unfug.«

Das wiederum, glaube ich, kommt im Moment dann doch nicht so gut an, jedenfalls erinnert Martina mich nun daran, dass ich nach unserer Rückkehr aus dem Schwimmbad den Rasen noch mähen müsse – mit dem Handrasenmäher, den wir bei unserem Einzug in der Garage vorgefunden haben. Und das bei der Hitze.

Das ist der Preis, den ich zahlen muss dafür, dass ich mich geweigert habe, eine *landscaping*-Firma, also einen Gartenbaubetrieb, mit der Grünpflege zu beauftragen. Die gibt es hier wie Sand am Meer. Im Frühjahr streuen sie Mulch auf die Beete, im Herbst blasen sie das Laub zusammen, und im Sommer mähen sie eben den Rasen. Überall bei unseren Nachbarn, gut, bei fast allen, fahren einmal pro Woche drei, vier junge Kerle, meist lateinamerikanischer Herkunft, mit einem unweigerlich verbeulten Pick-up vor. Sie wuchten zwei, drei Mäher von der Ladefläche und bringen im Nu die selbstverständlich noch immer sattgrünen Rasenflächen vor den Anwesen unserer Nachbarn sauber auf Länge und stutzen sie akkurat an den Rändern zurecht.

Martina findet so einen Mähdienst ziemlich praktisch. Wie kann es auch anders sein!

Während ich also am frühen Abend, bei der Affenhitze und von Mücken attackiert, vor unserem Haus meine unregelmäßigen Bahnen ziehe, beschäftigt mich die Alkoholfrage erneut ziemlich intensiv. Nun gut, auch die braunen Stellen in unserem Rasen bereiten mir ein wenig Sorgen. Aber deutlich mehr nimmt mich die Aussicht gefangen, abends nicht einmal ein Gläschen Wein nach dem Kino trinken zu können.

Zum Alkohol haben die Amerikaner ein merkwürdiges Verhältnis. Sie saufen regelrecht – doch irgendwie scheinen sie das mit einem immens schlechten Gewissen zu tun. In den zwanziger Jahren des letzten Jahrhunderts war Alkoholkonsum sogar per Verfassung verboten. Die berüchtigte Ära der Prohibition. Al Capone und John F. Kennedys Vater haben damals am Schnapsschmuggel ein Vermögen verdient. Und Präsident Roosevelt, das ist zumindest meine geheime Theorie, ist nicht nur deshalb ein großer Präsident geworden, weil er den Amerikanern zum Beispiel die Rentenversicherung gebracht und sie durch den Zweiten Weltkrieg geführt, sondern weil er in einer seiner ersten Amtshandlungen das Alkoholverbot aufgehoben hat.

Noch heute werden in vielen US-Bundesstaaten Wein, Bier und Schnaps nur in *liquor stores* verkauft, lizenzierten Alkoholläden. In Maryland ist das jedenfalls so. Überall in Amerika werden die Flaschen stets in braune Packpapiertüten gewickelt. Damit auch ja keiner sieht, was darin ist. Dabei weiß es sowieso jeder. Und wehe, man trinkt ein Schlückchen im Freien. Strengstens verboten! *Open container laws* nennen sie das: Man darf sich nicht mit entkorkter Flasche oder einem gefüllten Glas (ebenso wenig mit Plastikbecher) in der Hand erwischen lassen.

»Damit kann ich leben«, sage ich während einer kurzen Pause zu Martina, als wir uns ein kühles Glas Chardonnay auf der Terrasse gönnen und noch einmal darüber reden. »Aber in der Kneipe nur noch Wasser ...« Ich schüttle den Kopf.

»Vielleicht«, beginnt indes Martina einen interessanten Gedanken zu entwickeln, »ist es ja so wie mit den *brown bags:* Jeder weiß, was drin ist, und tut trotzdem so, als hätte er keine Ahnung. Vielleicht ist ja alles gut, solange du nicht auffällst.«

Da könnte etwas dran sein.

Beim Thema Alkohol und Minderjährige verlieren Amerikaner allerdings jeden Sinn für Humor. Nun denn, mit unseren Kindern laufen wir da noch nicht wirklich Gefahr. Aber in den allermeisten Bundesstaaten muss man inzwischen einundzwanzig Jahre alt sein, ehe man legal Alkohol erstehen kann. In Virginia ist ein Elternpaar zu mehr als zwei Jahren Haft verdonnert worden, weil die beiden für die Party ihres sechzehnjährigen Sprösslings Bier und Wein besorgt haben.

Blinkt nicht auch am MacArthur Boulevard, dort, wo man von Maryland in den *District of Columbia* fährt, also in die Hauptstadt, eine Digitalanzeige am Straßenrand? *»U drink«*, steht da in der ersten Zeile und darunter, als sei das eine zwangsläufige logische Schlussfolgerung: *»U go to jail«* – »Du trinkst, also kommst du ins Gefängnis.« So einfach ist das bei Alkohol am Steuer.

Zwar versichert die *Washington Post* in dem Artikel über die arme Frau in der Alkoholkontrolle begütigend, dass die Rechtslage unübersichtlich sei und man nur nichts getrunken haben sollte, wenn man einen Unfall hat. Ansonsten aber gelte, so schreibt die Zeitung autoritativ, etwas, das in Deutschland 0,8-Promille-Grenze genannt wird. Aber was nützt mir all das, wenn sie mich trotzdem auf der Wache behalten?

Ich verlasse mich da lieber auf Laureen. Sie schaut gerade ganz interessiert herüber, als sie mich, nach der Pause wieder voll im Einsatz, mit dem Handrasenmäher hantieren sieht. So, wie man im Zoo den Äffchen zuschaut, wenn sie Unsinn machen. Bestimmt hat sie lange keinen Nachbarn mehr mit einem Handrasenmäher gesehen. Wenn einer tatsächlich mal, wie Jeff von der anderen Seite, seinen Garten selbst pflegt, dann hat er natürlich einen Mäher mit Motor.

Als ich gerade Christophers Fußball hinter den Büschen hervorhole, kommt Laureen an unseren gemeinsamen, vielleicht einen Meter hohen Gartenzaun.

»Hi, Reymer«, flötet sie. »Ich hab mich nur gerade gefragt …«

Auf ihre süffisante Erkundigung über den grünen Maschendraht hinweg, ob das Rasenmähen mit der

Hand nicht etwas zu anstrengend sei, will ich jetzt gar nicht weiter eingehen. Ich bin wirklich etwas in Sorge. Wir waren erst neulich eingeladen und haben ein Glas getrunken, und ich bin danach noch Auto gefahren. Laufe ich nun Gefahr, demnächst eine Erlebnisreportage aus dem Knast schreiben zu können?

»Laureen, hast du die *Washington Post* von heute gelesen?«, frage ich rundheraus. »Ist das wirklich so: keinen Schluck am Steuer?«

Selbstverständlich hat Laureen die Zeitung gelesen und weiß sofort, welchen Artikel ich meine.

»Na ja«, sagt sie, holt tief Luft und schlägt die Augen nieder, als müsse sie resigniert kurz aufseufzen. Ich weiß nicht, ob sie das tut, weil die Strenge ihrer eigenen Landsleute sie beschämt oder weil die Begriffsstutzigkeit dieser mitunter reichlich merkwürdigen Europäer sie quält. »Du trinkst, aber du sagst keinem Polizisten, dass du Alkohol zu dir genommen hast.«

Wahrscheinlich hat sie vollkommen recht mit ihren Befürchtungen über die mangelnde gedankliche Beweglichkeit der sklerotischen Europäer im Allgemeinen und ihrer neuen Nachbarn im Besonderen. Jedenfalls scheine ich sie merkwürdig wirr anzustarren.

»Reymer«, sagt sie nur knapp, und ihre Stimme senkt sich mit der zweiten Silbe meines Namens, als wollte sie mich scharf aufrufen, alle mir verbliebenen Geisteskräfte zusammenzuraffen: »Wenn du sagst, dass du was getrunken hast, müssen sie doch feststellen, ob du zu viel getrunken hast. Wenn du dagegen sagst, du hast nichts getrunken, müssen sie es nicht.« So einfach ist das: Behalte es für dich, dass du was getrunken hast, und du kommst nicht ins Gefängnis. Logisch, oder?

Danach klärt sie mich noch auf über die üblichen Alkoholkontrollen in den USA.

»Man muss dabei tatsächlich auf einem Bein stehen. Außerdem muss man eine gerade Linie gehen können, neun Schritte, Fuß an Fuß, und wieder zurück. Oder den Zeigefinger mit geschlossenen Augen zur Nasenspitze führen.« Sie fällt fast in den Oleanderbusch, als sie es vorführen will.

»Und immer musst du *Yessir* sagen. Oder *Nosir*. Verstanden?«

Laureen gibt echte Lebenshilfe. Allerdings ist sie noch nicht am Ende.

»Polizisten sind Hohlköpfe«, fährt sie unbekümmert fort. »Jeder weiß das. Aber keiner sagt es.«

So viel also zur *rule of law*, zum Vertrauen der Amerikaner in den Rechtsstaat und dessen Organe. Ron habe sie schon manchmal daran hindern müssen, in Gegenwart von Polizisten eine dumme Bemerkung zu machen, erzählt Laureen weiter.

»Das steckt einfach in mir drin, wenn ich einen Polizisten sehe. Es ist wohl nicht immer hilfreich«, sagt sie, senkt wieder die Augenlider und zuckt kurz mit den Schultern, als wolle sie sagen, dass man da eben nichts machen könne.

Martina, die gerade zu uns an den Gartenzaun kommt, hat durchaus etwas von Laureen – zumindest was ihre Einstellung zu Polizisten angeht. Jedenfalls wird es mir von nun an nie mehr ganz wohl sein, wenn wir im Auto an der Ampel neben einem Streifenwagen halten müssen.

Vielleicht sollte ich ihr die wunderbare und hundertprozentig wahre Geschichte von Barry Schwartz erzählen, die ich neulich gelesen habe. Schwartz ist einer der Psychologen der Nation, und er beklagt wortreich und natürlich eindeutig zu Recht den »Verlust der Weisheit« in Amerika, wie er es nennt.

Zum Beleg berichtet er von einem Vater, der seinen Jungen mit ins Baseballstadion nimmt und ihm, ohne es zu beabsichtigen, eine Limonade mit Schuss kauft. Ein Ordner beobachtet die beiden, ruft die Polizei und alarmiert die Sanitäter. Der Junge wird sofort ins Krankenhaus gebracht. Es wird kein Schaden festgestellt, doch das Kind kommt für drei Tage ins Heim. Ein Richter schickt den Jungen zwar wieder nach Hause, der Vater aber muss dafür zunächst einmal ins Hotel. Erst nach zwei Wochen ist alles so weit geklärt, dass die Familie wieder normal zusammenleben kann.

A rule is a rule is a rule.

»So etwas passiert«, könnte ich mahnend zu Martina sagen, »wenn man sich hierzulande nicht an Recht und Gesetz hält und sich mit der Polizei anlegt.«

Aber ich kann es auch lassen. Ihre Antwort ist mir sowieso klar.

»War es nun der Vater, der dem Kind den Schnaps gekauft hat«, würde sie mich fragen, »oder die Mutter?«

8.

American Pie

Wieder ein herrlich heißer Tag Ende August. »Für einen Ausflug genau das Richtige. Da könnt ihr im Auto sitzen, und wir schauen uns die Landschaft an«, sage ich munter, ohne wirklich Begeisterung beim Rest unserer kleinen Familie auszulösen. Martina und die Kinder springen nicht so recht auf meinen Vorschlag an. Aber im Pool waren sie jetzt jeden Tag, und irgendwann muss man mir auch mal meinen Willen lassen. Schon seit mindestens zwei Wochenenden rede ich von der großen historischen Exkursion: hinauf nach Harper's Ferry in West Virginia, wo der Shenandoah auf den Potomac trifft, und dann im großen Bogen weiter nach Gettysburg in Pennsylvania. Nicht weit ist das, jeweils eine gute Stunde Fahrzeit mit dem Auto liegt zwischen den einzelnen Orten.

Beides sind geweihte Stätten in Amerikas Geschichte: In Harper's Ferry nahm der Bürgerkrieg sozusagen seinen Ausgang. Wer kennt nicht die Hymne von John Brown's Body, der in seinem Grab vermodert, während seine Seele unbeirrt voranschreitet und die frohe Botschaft der Sklavenbefreiung verkündet?

»John Brown's body lies a-mouldring in his grave / His soul is marching on / Glory, glory, hallelujah / His soul is marching on.«

Glory, Glory, Hallelujah. In Harper's Ferry jedenfalls befand sich bis zum Beginn des Bürgerkriegs 1861 ein großes Waffenlager der US-Armee. Zwei Jahre zuvor war John Brown mit einem wilden Haufen Getreuer dorthin geritten, um das kleine Fort zu stürmen. Er wollte die Schwarzen der Gegend mit den erbeuteten Musketen bewaffnen, damit sie einen Aufstand zur Befreiung ihrer Leidensgenossen in den Südstaaten beginnen könnten. Die Aktion misslang schrecklich. Brown wurde in der nächsten Kreisstadt in Virginia gehängt.

Würde jemand heute ein Arsenal der US-Army angreifen, er gälte zweifellos ebenfalls als Terrorist. Ob den Überlebenden am Ende ein ähnliches Schicksal drohen würde wie damals jenem furchtlosen Vorkämpfer der Sklavenbefreiung, sei einmal dahingestellt. Die Historiker jedenfalls sind sich einig, dass Browns wilder Ritt im Streit zwischen Nord und Süd die entscheidende Eskalation zum Bürgerkrieg in Gang gesetzt hat.

Und dann das Gemetzel von Gettysburg, 1863. Es gilt als Wendepunkt dieses Krieges. Nicht, weil es die Bürgerkriegsschlacht mit der höchsten Zahl an Gefallenen war. Fünfzigtausend Männer starben hier an drei Sommertagen, so heiß, so schön wie dieser Tag heute. Den Umschwung brachte die Schlacht vielmehr, weil die Nordstaaten den Vormarsch der Konföderierten stoppten und sie zum Rückzug nach Virginia zwangen. Es war der Anfang vom Ende; zwei Jahre später war der Süden besiegt.

Abraham Lincoln reiste damals, ein paar Monate nach der Schlacht, nach Gettysburg und erklärte den blutgetränkten Boden zum Heldenfriedhof. In nur zwei Minuten hielt er dabei die bis heute meistzitierte

Rede eines amerikanischen Präsidenten, die *Gettysburg Address*. Darin verteidigte er den seinerzeit im Norden hoch unpopulären Krieg als Kampf um die Seele Amerikas: »*That government of the people, by the people, for the people, shall not perish from the earth* – auf dass die Regierung des Volkes durch das Volk und für das Volk nicht von der Erde verschwinden möge.«

So oder so ähnlich erzähle ich das während der Autofahrt meinen Lieben. Nun gut, die Kids hören mir ohnehin nicht so recht zu. Sie stopfen sich die weißen Stöpsel ihrer iPods ins Ohr, als der Empfang für »Hot 99.5«, ihren Lieblingssender, allmählich schwächer wird. Country-Gedudel, was auf dem Land ziemlich viele Sender spielen, liegt ihnen nicht. Auch Martinas Aufmerksamkeitsspanne für den detailreichen geschichtlichen Diskurs ist an diesem strahlenden Sommermorgen nicht besonders groß.

»Guck mal, wie hübsch das hier ist«, sagt sie auf einmal, ohne auch nur mit einem Wort den Anlass unseres Ausflugs oder meines Exkurses zu würdigen. »Das ist hier schon richtig Farmland. Überall Pferde und die Höfe mit diesen runden Türmen.«

»Die Silos, meinst du«, werfe ich ein.

Sie beachtet die Belehrung nicht weiter.

»Ist vielleicht ein bisschen weit. Aber eigentlich könnten wir die Mädchen hier ab und zu zum Reiten hinfahren. Am Wochenende? Was meinst du?«

Jetzt ist es an mir, das Gesagte zu ignorieren. Bloß nicht darauf eingehen, denke ich mir. Die Kinder haben es sowieso nicht gehört mit ihren Kopfhörern.

Vor gut zwanzig Meilen sind wir von der Interstate 270, einer sechs- bis zehnspurigen Autobahn, auf den Highway 15, nur eine vierspurige Autobahn, in Richtung Südwesten eingebogen und fahren nun durch grüne, sanft geschwungene Hügel. Zum Potomac ist es nicht mehr weit. Ein Idyll, in der Tat. Aber deshalb muss man doch nicht gleich vom Reiten anfangen!

Da taucht rechts am Horizont ein riesiges knallgelbes M neben der Piste auf, das immer größer und immer verlockender wird.

Zwei Großbuchstaben haben in der amerikanischen Mythologie einen Sonderplatz: zum einen A, der scharlachrote Buchstabe. So lautet der Titel eines der berühmtesten Romane der amerikanischen Literatur, in dem puritanische Prüderie und sittenstrenge Verlogenheit (vor mehr als anderthalb Jahrhunderten schon!) am Pranger standen. Aber das interessiert in diesem Auto in diesem Augenblick ebenfalls nicht.

Der andere Buchstabe, das ist eben dieses sonnengelbe M, oder wie es in der PR-Poesie von McDonald's heißt: *The Golden Arch* – der goldene Bogen.

»Hunger!«, kräht Chris. Wir sind noch nicht einmal eine Stunde unterwegs und gleich nach dem Frühstück aufgebrochen.

»Kann ich *fries* haben?«, fragt Anna. Sie sagt *fries*, wie in *french fries*, und nicht Pommes wie bisher. Das hat sie also schon aufgeschnappt.

Katherina zwitschert: »Ich auch.«

Ich schaue Martina an. Erstens will ich heute Harper's Ferry *und* Gettysburg schaffen, und für den *lunch* wäre der richtige Zeitpunkt eigentlich erst, nachdem wir uns das alte Waffenlager angeschaut haben. Zweitens ist es noch längst nicht Mittag. Und drittens finde ich es sowieso nicht so gut, wenn die Kinder Fast Food essen, schon gar nicht die Burger von McDonald's.

»Ich hab auch Hunger«, sagt Martina.

Wortlos biege ich in die Ausfahrt ein. Schließlich will ich kein Spielverderber sein.

Uns erwartet ein Kulturschock erster Güte.

»*Oops*«, sage ich nur, als ich die Glastür zu Ronald McDonald's gastlicher Stube aufreiße und entgeistert ins Lokal starre. Es ist fast gruselig. Ich habe noch nie so viele dickbäuchige, dickärschige Menschen auf einem Haufen gesehen wie hier – lauter Figuren, als hätte sie der kolumbianische Künstler Botero modelliert: dralle Frauen mit Oberarmen, die mächtiger sind als meine Oberschenkel, und Wülsten am Bauch, so gewaltig wie die Brüste darüber. Männer, die beim Gehen wie aufgeregt mit den Armen rudern, weil das Fettgewebe an ihrem Rumpf die Extremitäten vom Körper fortdrückt. Kinder, die mit Anderthalb-Liter-Eimern Cola oder Sprite oder ich-weiß-nicht-welchem Zuckerwasser in der Hand den Gang zum Getränkeautomaten entlangschnaufen, um sich den Becher aufzufüllen. Buchstäblich keiner der Kunden bei diesem McDonald's hat auch nur annähernd Normalgewicht.

Ich werfe Martina einen betretenen Blick zu. »Hast du noch Hunger?«

Sie zuckt mit den Schultern. Ich soll mich nicht so haben, soll das heißen. So ist das nun mal in Amerika. Haben wir doch vorher gewusst.

»*Three Big N'Tasty and two Happy Meals with four Chicken McNuggets*«, bestellt sie in dem Moment, unbeirrt von meinen Zweifeln in letzter Sekunde. Sie hat wirklich Hunger.

»Viertausend Kalorien, schätze ich mal«, flüstere ich Martina maliziös ins Ohr.

Sie straft mich mit Missachtung und reicht der fül-

ligen Kassiererin ihre Kreditkarte. Natürlich kennt
sie die Statistiken über die falsche Ernährung genauso gut wie ich. Aber hier sehen wir zum ersten Mal
keine aufgeblasenen Statistiken, hier sehen wir die
feiste Wirklichkeit. Für mich ist es in der Tat wie ein
kleiner Schock. Ich erkenne zum ersten Mal ganz
deutlich den Unterschied zwischen Stadt und Land in
Amerika. Es ist ein gewaltiger Kontrast, ein Kontrast
gemessen am Body-Mass-Index.

In Bethesda und in Washington begegnet man auch
schon mal Dicken. Klar. Aber sie sind mir bisher nicht
sonderlich aufgefallen. Nicht viel mehr, als wenn ich
in München, sagen wir einmal, die Fußgängerzone in
der Neumarkter Straße vom Stachus zum Marien-
platz hinunterschlendern würde. Doch eine solche
Ansammlung von Cholesterin-Bomben auf zwei Beinen ist mir wirklich neu. Jetzt ahne ich, dass Dick-
sein in Amerika nicht nur etwas mit einer grob nach-
und fahrlässigen Haltung sich selbst gegenüber zu
tun hat. Es hängt nur zu oft von zwei Dingen ab: vom
Geld und von der Bildung, oder besser gesagt, vom
Mangel an beidem.

Wer etwas aus sich machen will, geht in der Regel
in die urbanen Zentren. Das ist in den USA nicht anders als im Rest der Welt. Aber der wirtschaftliche
Unterschied, so hat es den Anschein, zwischen Stadt
und Land ist in Amerika noch einmal deutlich größer
als in Deutschland: Die Menschen auf dem Land verdienen hier ungleich weniger als jene in den Städten.
Und sie ernähren sich eindeutig schlechter. In Fast-
Food-Läden wie Kentucky Fried Chicken, Wendy's,
Burger King oder eben McDonald's wird man nun
mal schnell und relativ billig satt.

Hier im Hügelland am Potomac ist der einfache

Cheeseburger (sechshundert Kalorien) für einen Dollar zu haben. Er hält zwar nicht lange vor – aber dafür kann man ja Softdrinks bis zum Abwinken trinken, weil man die Becher hier gratis am Getränkeautomaten nachfüllen darf – *refill* nennt sich das.

Die Kinder scheinen das Panoptikum der Dicken gar nicht zu bemerken. Sie haben einfach nur Hunger und stürzen sich auf ihre bunten Pappkartons, die aussehen wie Geschenkboxen für den Kindergeburtstag. Eigentlich ist das der Hauptgrund, weshalb Chris und Katherina Happy Meals wollen. Letztlich eine raffinierte Erfindung: ein paar Pommes, ein paar Chicken McNuggets und dazu gibt es ein Billigplastikspielzeug. Für Mädchen und Jungs getrennt.

Natürlich aber hat Chris wie Katherina auch ein Püppchen bekommen. Weshalb ich jetzt wieder zur Kasse laufe.

»Entschuldigen Sie, können Sie das bitte umtauschen für einen Jungen?«, rufe ich. Ich bin mir sicher, dass Martina klar und deutlich jeweils ein Happy Meal für einen *boy* und ein *girl* bestellt hat. Aber das hat die Kassiererin auf ihrem zwei Meter langen Weg von der Theke zum Küchenschalter offensichtlich wieder vergessen.

Anna nimmt schon wie ihre Eltern einen großen Hamburger mit Pommes, ein Big N'Tasty Meal. Immerhin – eine Tomatenscheibe und ein Salatblatt begleiten den Hackfleischklops. Tatsächlich bin ich ganz glücklich: Die Kinder sind satt und zufrieden, die Eltern auch. Nur die Cola kommt mir nicht noch einmal ins Auto. Sag ich mal so. Chris hat sie natürlich gleich verschüttet.

Wie arm die Gegend ist, stellen wir fest, als wir auf dem Weg nach Harper's Ferry an unzähligen *mobile homes* vorbeifahren. Wohnboxen, die nicht viel größer sind als der dichtbepackte Container, der unsere Habseligkeiten von Deutschland hierherbrachte. So hausen hier also die Menschen. Einfamilienhäuser, wenn man so will, der einfachen Art auf vermüllten, aber immerhin baumbestandenen Grundstücken, hinter denen die Wälder West Virginias beginnen. Noch am Vorabend habe ich nachgeschaut, wie hoch das durchschnittliche Haushaltseinkommen in West Virginia ist: siebenunddreißigtausend Dollar. In Bethesda, dem Washingtoner Vorort, eine Autostunde entfernt, liegt der Durchschnitt bei hundertsiebenundzwanzigtausend Dollar.

In Harper's Ferry sind wir dann nicht einmal ausgestiegen. Wir hätten nur einen Parkplatz außerhalb bekommen und zu Fuß in den Ort gehen müssen – bei der mörderischen Mittagshitze!

»Bloß nicht«, gellt es von hinten, als ich vorsichtig einen entsprechenden Vorschlag in die Runde werfe. Selbst Martina hat nur ein müdes Lächeln für ihren übereifrigen Mann übrig.

»Vielleicht sind vierzig Grad im Schatten wirklich ein bisschen viel«, sagt sie und fügt ein »Schatz« hinzu. Dann noch, als müsse sie mich besänftigen: »Wir können vielleicht ja im Herbst noch einmal hierherfahren, was meinst du?«

So machen wir also *sightseeing* nach der amerikanischen Methode: Wir rumpeln im Schritttempo über das Kopfsteinpflaster an liebevoll restaurierten Häusern vorbei: einer Gewehrschmiede, einem Kleiderladen, dem *Dry Good Store*, wo es Süßigkeiten gibt. Überall, wo ich einen Blick hinein erhasche, sehe ich eine weißbeschürzte Frau am Waschbrett oder einen Mann in altmodischer Uniform: alles Laienschauspieler, die John Browns Zeiten wiederaufleben lassen. *Living History Museum* – lebendiges Geschichtsmuseum, nennen die Amerikaner so etwas. Und sie lieben es.

Denn sie lieben Geschichte. Nicht nur in Harper's Ferry. Nicht nur die Bürgerkriegszeit. Es gibt jede Menge historische Stätten in Amerika, wie wir noch zum Leidwesen unserer Kinder entdecken werden. Dieses Land ist, entgegen dem in Europa gern gepflegten Vorurteil, keineswegs geschichtslos oder gar geschichtsvergessen. Gut, Ritterburgen sind vorzugsweise in Disneyland zu finden und auf ein paar Grundstücken exzentrischer Millionäre. Gewiss, die antiken Tempelsäulen vor den Eingangsportalen der protzigen Drei-Garagen-Neubauten bei uns um die Ecke am Whittier Boulevard sind alle aus Plastik gepresst. Aber die Amerikaner pflegen alle Stätten mit größter Hingabe, an denen sich Teile der nationalen oder auch nur der regionalen oder lokalen Geschichte abgespielt haben.

In Plymouth in Massachusetts zum Beispiel liegt ein Nachbau der Mayflower, mit der die Pilgerväter, Amerikas Vorzeigekolonisten, vor fast vierhundert Jahren über den Atlantik geschippert sind. An Deck des Segelschiffs zieht der alte Gouverneur Winthrop, der erste Chef der neuen Kolonie, die Besucher ins Gespräch, und ein raubauziger Seemann erzählt von der ersten Begegnung mit den Rothäuten. Geschichte soll Teil des Lebens sein. Jeder soll seine Schlüsse ziehen können aus der Vergangenheit – und seien es ganz banale. Etwa, dass das Leben heute schon leichter von der Hand geht als damals, auf so einer Nussschale mutterseelenallein im gewaltigen Ozean.

Gettysburg erreichen wir im Schlaf, jedenfalls was

die Mannschaft auf den Rücksitzen angeht. Auch Martina neben mir lässt mitunter kurz den Kopf zur Seite sacken. Wir tun aber beide so, als hätte ich es nicht gemerkt.

Vor einem großen roten Backsteinbau halten wir an. Hier ist die zentrale Informationsstelle über das Schlachtfeld von Gettysburg untergebracht. Wir schleppen uns hinein.

Es gibt eine kurze Führung. Ein *National Park Ranger*, ein altersloser Mann in grüner Hose, mittelgrauem, kurzärmeligem Hemd und mit einem Yogi-Bear-Hut auf dem Kopf erläutert den Schlachtengang. In einem Schaukasten, auf dem das Gelände wiedergegeben ist, leuchten rote Lämpchen auf, je nachdem, wo gerade das Geschehen spielt. Das findet Chris gut. Eine Weile.

Irgendwann werden wir in einen großen Raum geführt. Ein gigantisches Schlachtenpanorama umgibt uns: das Cyclorama, ein rundes, monumentales Gemälde, das den Hergang des entscheidenden Scharmützels am Friedhofshügel darstellt. Der Ranger erzählt, dass es *reenactments* des Geschehens gebe. Also Treffen, bei denen enthusiastische Laiendarsteller in Uniformen der Unionstruppen und der Konföderierten Teile der Schlacht nachstellen, mit Platzpatronen und rauchenden Kartuschen. Nun gut, denke ich mit Blick auf meine müden Krieger, das werden wir uns vielleicht ein anderes Mal anschauen.

Der Bürgerkrieg, so viel ist sicher, hinterlässt noch immer, anderthalb Jahrhunderte später, eine tiefe Narbe im Gewebe der Nation. Wie tief indes, werde ich zumindest hier und heute wohl nicht mehr ergründen.

Nach der Führung fahren wir das Schlachtfeld im Auto ab. Die amerikanische Methode eben. Überall

89

Gedenksteine und Kreuze und Informationstafeln. Zwei-, dreimal halte ich an. Nur ich steige aus. Lese, was sich an dieser Stelle in jenen drei schicksalhaften Tagen zugetragen hat. Eine lebhafte Fantasie braucht man hier, denn sehen kann man nichts als grüne Wiese.

Katherina mault: »Können wir jetzt fahren?«

Christopher greint: »Hunger.«

Martina sagt gar nichts mehr.

Vielleicht sollte ich noch einmal herfahren. Ganz allein.

Als wir abends, allesamt müde und erschöpft, die letzten Meter unserer Garageneinfahrt in Bethesda hochrollen, frage ich die drei hinten auf der Rückbank, was ihnen denn heute am besten gefallen habe. Ich drehe den Zündschlüssel um. Dingdingding macht es. Anna, die Große, die Vernünftige, redet dem Papa zuliebe etwas von dem Giga-Schlachtengemälde.

»Das fand ich schon irgendwie toll.«

Katherina sagt nichts. Chris konzentriert sich auf das Plastikauto, gegen das ich seine Puppe aus der Happy-Meal-Tüte eingetauscht habe.

»Hrrremmm«, macht er oder so ähnlich. Wir alle haben heute etwas gelernt über Amerika. Jeder auf seine Weise. Dingdingding.

9.

School Days

Ratternd und knatternd kommt das gelbe Ungeheuer zum Stehen. Mit kreischenden Bremsen ist es vom Whittier Boulevard in die Robinwood Road gebogen. Ächzend und schnaufend hat es sich den kleinen Hang hochgezogen. Nun hält es mit einem Schauder, der sämtliche Seitenfenster erzittern lässt, direkt vor uns. Links hat der Fahrer ein leuchtend rotes Stopp-Schild ausgeklappt, obwohl gar kein Gegenverkehr kommt. Rechts fährt eine lange Stange aus, so dass niemand die kleine Anliegerstraße überqueren kann. Vorn und hinten blinken dicke rote Warnleuchten.

Der Schulbus ist da!

Staunend verfolgen wir das Spektakel. Zur Feier des Tages sind wir fast komplett an der Haltestelle: Chris, Katherina, Martina und ich. Wir alle warten an der Garageneinfahrt unseres Nachbarn. Für Christopher ist es der erste Schultag überhaupt. Indes ohne Schultüte. Diesen Brauch gibt es hier nicht. Dafür entschädigt unseren Jungen der Schulbus: Chris kriegt den Mund nicht zu.

Klar hat er längst die Miniaturausgabe solch eines gelben Busses in seinem Spielzeugautoarsenal. Gleich zwei Schulbusse zählt er zu seinem Besitz. Die hatten wir ihm noch in Deutschland besorgt. Selbst das Stopp-Schild konnte man bei einem ausklappen.

Natürlich ist es längst abgebrochen, und auch Klebeversuche mit Gorilla Glue haben den Schaden nicht mehr beheben können. »*For the toughest jobs on Planet Earth*«, für die härtesten Aufgaben auf diesem Planeten, steht auf dem Etikett des Klebers. Denkste! Dafür ist auf der Granitplatte in der Küche dokumentiert, wie viel Mühe ich mir gemacht habe. Die Klebespuren sind noch immer auf dem steinernen Küchentisch zu sehen, wo ich das stecknadelkopfgroße rote Schild wieder ankleben wollte.

Also was Schulbusse anbelangt, ist unser Junge ausreichend vorbereitet. Aber nun wirklich in einen einzusteigen, ist an diesem Spätsommermorgen dann doch noch etwas ganz anderes. Ein Küsschen für die Mama und tapfer erklimmt Chris die drei Stufen zum Fahrer. Sagt brav »*Good morning, sir*«, wie wir es ihm aufgetragen haben, und setzt sich in die erste Reihe. Die Kleinen sollen ganze vorne im Bus sitzen. Er wird sich nicht lange an diese Regel halten. Jetzt aber behält er den orangefarbenen *backpack*, den wir mit dem Namenszug Chris und einem kleinen Fußball darauf im Internet bestellt haben, vor Aufregung auf dem Rücken.

Irgendwann ist uns auf wundersame Weise der *Back-to-school*-Katalog von Land's End ins Haus geflattert. Vermutlich, weil die Leute, die vorher in unserem Haus gewohnt haben, auch schulpflichtige Kinder hatten. Jedenfalls entdeckten wir darin die echten amerikanischen *backpacks*, auf die die Kids längst scharf waren. Personalisiert mit dem Namenszug (aber bitte nicht mehr als fünf Buchstaben), lieferte der FedEx-Mann sie tatsächlich rechtzeitig vor Schulbeginn bei uns ab. Die bunten Sioux-Schulranzen der Mädchen wanderten ausnahmslos in die Krimskrams-Regale im Heizungskeller.

Hinter Christopher klettert Katherina die drei Schulbus-Stufen empor, einen nachtblauen Rucksack auf dem Rücken und, farblich selbstverständlich abgestimmt, eine kleine nachtblaue *lunchbox* in der Hand. Auch sie haucht dem Fahrer ein »*Good morning*« entgegen. So ganz wohl scheint auch ihr nicht bei der Sache zu sein. Der gute Mann am Steuer indes verzieht keine Miene. So viele kreischende Kinder am frühen Vormittag hinter seinem Rücken scheinen seine Laune nicht gerade zu heben. Erst später begreifen wir, dass die Fahrer, wenn sie die Grundschulkinder zur Schule kutschieren, bereits zwei Touren hinter sich haben: Als Erste am frühen Morgen sind die Highschool-Kids an der Reihe. Danach kommen dann die Unterstufen-Schüler, die hier die sogenannte *middle school* besuchen.

Immerhin sind unsere beiden nicht allein. Wir sind der sechste Stopp auf der Schulbusroute, und bestimmt zwanzig Schüler sitzen schon im Bus. Die Tür schnappt scheppernd zu, der Motor heult auf. Der Busfahrer winkt noch kurz – Christopher und Katherina tun das nicht. Sie sind viel zu beschäftigt. Schließlich sind sie auf dem Weg zu ihrem ersten Schultag in Amerika, um halb neun Uhr morgens. Bus Nummer *1419 yellow* wird die Kids fortan jeden Tag in die amerikanische Schule fahren, in die *Burning Tree Elementary School*, wo Katherina in die dritte Klasse geht und der Kleine die Vorschule besucht. Die heißt hier Kindergarten, während der eigentliche Kindergarten wiederum die *preschool* ist. Ist doch ganz einfach, oder?

Anna ist schon eine Stunde zuvor zu Fuß zur Schule gegangen: heute ausnahmsweise in elterlicher Begleitung, weil es das erste Mal ist. In Zukunft aber wird sie mit Hannah gehen, einem Mädchen aus der Nachbarschaft, das sie beim Schnuppertag in der vergangenen Woche in der Schule kennengelernt hat. Anna ist schließlich unsere Große und geht zur *Pyle Middle School*, die Schule für die Klassen sechs bis acht. Zehn Minuten ist sie dahin unterwegs. Am Eingang hat heute Morgen übrigens der *principal*, der Schuldirektor, in Schlips und Anzug gewartet und jeden mit Handschlag begrüßt, der auf ihn zugegangen ist. Das, so werden wir bald merken, macht er jeden Morgen.

Martina kann jetzt – endlich – wieder mit ihrer Arbeit beginnen. Sieben Stunden hat sie, von neun bis vier Uhr nachmittags. Dann kommt der Schulbus zurück. Was sie in der Zeit nicht schafft, muss sie irgendwie abends oder am Wochenende erledigen. Martina ist Lektorin. Wie bisher in Hamburg kann sie weiter für ihren deutschen Buchverlag Manuskripte redigieren. Dank Internet und E-Mails geht das problemlos von jedem Fleck der Welt. So kommt es, dass sie nun meist die deutschen Übersetzungen amerikanischer Romane bearbeitet – ausgerechnet in Amerika. Doch daran denken wir an diesem Morgen nicht wirklich. Martina guckt mich an, als der Schulbus schaukelnd um die Kurve am Ende der Robinwood Road gebogen ist. Sie muss die Frage gar nicht stellen, die ihr auf der Seele brennt.

»Ja«, antworte ich ungefragt, »es wird alles gutgehen.«

»Das glaub ich auch«, sagt sie, froh, dass nun das normale Leben wieder beginnt: »Jetzt brauche ich aber dringend einen Kaffee.« Für den hatten wir heute Morgen wirklich noch keine Zeit.

Der Jahresrhythmus in Amerika hat etwas sehr

Verlässliches an sich. Naht das *Labor-Day*-Wochenende, beginnt überall die Schule wieder. Eigentlich ist der *Labor Day* die amerikanische Version des Tags der Arbeit. Er wird immer am ersten Montag im September begangen, und offiziell wird an ihm der Tatkraft des amerikanischen Arbeiters und der Verdienste der Gewerkschaften um das Allgemeinwohl gedacht. Tatsächlich aber bedeutet *Labor Day* für die meisten Amerikaner ein verlängertes Wochenende – und, leider, leider, das Ende des Sommerschlendrians.

Die Direktorin der *elementary school* hatte uns während der Ferien in ihrem Büro empfangen, eine freundliche grauhaarige Frau mit einer randlosen Brille: Dr. Chaset. Wir mochten die Frau auf Anhieb. Ihre offene, direkte Art, ihre Hilfsbereitschaft, der Schalk in ihren Augen. Deutschland kenne sie, erwähnt sie nebenbei.

»Kommen Sie aus Deutschland?«, fragte ich unbekümmert.

Sie lächelte.

»Ich bin in Deutschland geboren, in Hannover. Dort haben meine Eltern als *displaced persons* gelebt.« Dann erzählte sie, dass beide, Vater und Mutter, Juden aus Osteuropa waren und den Holocaust irgendwie überlebt hätten. Sie durften in die USA emigrieren. »Deshalb sitze ich nun hier«, sagte sie.

So stößt man selbst hier, inmitten des unbeschwerten amerikanischen Alltags, ganz unvermittelt auf die deutsche Vergangenheit. Ich schlucke beklommen.

»Oh, und Ihren Kindern wird das alles hier ganz leicht fallen. Sie werden es erleben«, fuhr Dr. Chaset fort, als wollte sie uns daran erinnern, dass es nicht um sie geht, sondern allein um die Kids.

Unsere Kinder, so hatten wir ihr vorher gesagt, hätten wir bewusst nicht auf die Deutsche Schule geschickt, die es in Washington auch gibt. Wir wollten sie in das amerikanische Leben integrieren. Nur mit dem Englisch, da hapere es noch.

»Wissen Sie, wir haben jetzt fünfhundertvierunddreißig Kinder hier, die siebenunddreißig verschiedene Sprachen sprechen, und alle können sie nach ein paar Wochen und Monaten Englisch. Machen Sie sich keine Sorgen!« Nach einer kleinen Pause setzte sie hinzu: »Wirklich nicht!«

Dr. Chaset machte uns Mut.

Ein paar Tage später ging das Telefon, und eine unbekannte Stimme meldete sich.

»Hi, ich bin die Mutter von Sarah. Katherina wird in die Klasse meiner Tochter gehen. Dr. Chaset hat uns eure Telefonnummer gegeben. Sarah kümmert sich ein bisschen um die Neuen in der Klasse. Hat Katherina denn Zeit für ein *playdate* – eine Verabredung?«

So kam Katherina zu ihrer ersten Freundin in Amerika. Ein paar Tage vor Schulbeginn erhielten unsere Kinder ihre erste Post: Die Klassenlehrerinnen von Christopher und Katherina schickten ein Foto von sich (Katherinas Lehrerin hatte sogar ein Foto ihrer Katze dazugesteckt) und hießen sie in der Schule willkommen: »Ich freue mich auf dich.« Anna wurde zum Schnuppertag eingeladen. Alle drei steckten die Karte an ihre Pinnwand.

Wie recht soll die Schulleiterin mit ihrer Unbekümmertheit behalten. Am Nachmittag des ersten Schultags stürmt Chris um vier Uhr an der Haltestelle vorneweg aus dem Schulbus. (So wird es von nun an immer sein.) Er reißt sich den Rucksack vom Rücken und wirft ihn mir zu. (Auch das wird er sich angewöhnen. Leider.) Miss Carone, ruft er, heiße seine Lehrerin, und das R klingt schon wie bei einem kleinen Amerikaner.

»Und, wie war's? Wie ist denn die amerikanische Schule?«, fragt Martina den aufgeregten Haufen, als wir uns durch die Nachmittagshitze die fünfzig Meter von der Schulbushaltestelle zur rettenden Kühle unseres Hauses schleppen.

»Toll«, sagt Christopher.

»Super«, sagt Katherina.

»Klasse«, sagt Anna.

Nach einigen *double chocolate chip cookies*, richtige Monsterkekse mit großen Schokoladenbrocken, und einer Limonade mit Eiswürfeln aus dem Eiswürfelautomaten erfahren wir dann am Küchentisch doch noch etwas mehr.

Christopher liebt seine Lehrerin und hat schon einen Freund namens Ni-O (später stellt sich heraus, dass der Junge Neo heißt, Sohn einer Brasilianerin und eines Polen ist und benannt wurde nach dem Helden eines Science-Fiction-Films). Katherina liebt ihre Lehrerin auch, und in ihrer Klasse gibt es noch eine Katherine, in etwa »Käsrien« ausgesprochen. Anna findet ihren Mathelehrer Dr. Witzenburger, genannt Doc Witz, ganz gut, wie sie sagt (sie ist schließlich die Älteste, da liebt man seine Lehrer nicht mehr), auch wenn sie nicht viel vom Unterricht verstanden hat. Aber beim *lunch* saß sie neben Sofia. »Die war wirklich nett.«

Außerdem erfahren wir, dass der Schultag mit der *pledge of allegiance* beginnt – dem Treuegelöbnis auf Fahne und Nation. Immer ein Kind darf den Text vorsprechen, über Lautsprecher in jedes Klassenzimmer übertragen: »Ich schwöre Treue auf die Fahne der Vereinigten Staaten von Amerika und die Republik, für die sie steht.« Alle Kinder stehen kerzengerade hinter ihrem Pult, und Chris zeigt uns, wie es geht: Er nimmt Haltung an, legt die rechte Hand auf die linke Brust und murmelt etwas, das klingt wie: »Ei plätsch Ellis Jeans.« Martina und ich müssen ein Lachen unterdrücken, als wir den Kleinen so ernsthaft vor uns rezitieren sehen. Ich frage mich, was er sich unter Ellis Jeans wohl vorstellt.

Außerdem haben die Kids gleich gelernt, dass es in der *elementary school* eine Schulhymne gibt: »*Burning Tree, oh Burning Tree. I love thee*« – *Burning Tree*, ich liebe dich. Wobei sie anstatt »*thee*« eher »sie« sagen. Aber das macht nichts. Sie lieben ihre Schule vom ersten Tag an.

Uns wird außerdem zur Kenntnis gebracht, was ein *patrol* ist, nämlich ein Schüler oder eine Schülerin aus der fünften Klasse, der höchsten Klassenstufe der amerikanischen Grundschule. In jedem Bus fährt mindestens ein solcher Schülerlotse mit, der den Kleineren beim Ein- und Aussteigen helfen soll. Auch soll er aufpassen, dass der Busfahrer nett zu den Kids ist, und überhaupt für Ordnung sorgen. Katherina hat an ihrem ersten Tag in der amerikanischen Grundschule bereits einen Entschluss gefasst, was ihre weitere Lebensplanung angeht.

»Papa, weißt du«, sagt sie mit Nachdruck, der keinen Widerspruch duldet, »Papa, in der fünften Klasse will ich auch *patrol* werden. Unbedingt.«

»Ich auch«, schmettert Chris fröhlich. Bei ihm besteht immerhin noch die Hoffnung, dass er das bis zur fünften Klasse wieder vergisst.

Eine Woche später ist *Back to School Night*. So heißt der erste Elternabend nach den großen Ferien.

»Weißt du was?«, meint Martina am Mittag. »Willst du da nicht auch mit hin?«

Na, ehrlich gesagt will ich gar nicht, aber eigentlich hat sie ja recht. Ist schließlich ein Eltern-, kein Mütterabend! So sitzen wir am Abend beide in der Schulcafeteria, wo unsere Kleinen mittags ihren *lunch* bekommen. Die *PTA* ist die *parent teacher association*, der Elternrat. Wie in Deutschland gehören ihm meistens Mütter an. An diesem Abend bin ich keineswegs einsam – aber allein unter Frauen. Die ersten Mütter, die eintreffen, räumen die beigefarbenen Klapptische beiseite und stellen nussbraune Klappstühle in Sitzreihen auf (und hinterher hilft man, die Tische wieder richtig hinzustellen). An der Wand unter der weißen Decke zieht sich wie ein knallbuntes Gesimsband eine lange Kette von Fahnen entlang. Sie sind alphabetisch geordnet und repräsentieren natürlich die Länder, aus denen die Kinder von Burning Tree kommen. Auch die deutsche Fahne hängt da – *Germany*. Rechts davon erkenne ich das griechische Weiß-Blau. Links hängt ein Dreistreif wie die deutsche, nur in Grün, Gelb, Blau. Ich habe nachgeguckt. Es ist Gabun.

Die Schulleiterin begrüßt uns mit Handschlag und Namen, und wieder denke ich mir, wie beeindruckend es ist, dass die Amerikaner sich so gut Namen merken können. Außerdem ist es einfach nett: Schließlich wirkt alles noch aufregend und neu – auch für uns, nicht nur für unsere Kinder. In ihrer Rede lobt sie dann die Eltern und bedankt sich, dass so viele gekommen sind. Sie lobt die *PTA*-Chefin, also die Elternratsvorsitzende, und bedankt sich für ihre Arbeit. Sie lobt die Lehrer und bedankt sich für ihr Engagement. Und sie lobt die Kinder und bedankt sich, dass sie sich so rasch wieder an den Schulalltag gewöhnt haben. Jedes Mal gibt es Beifall: für die Eltern, Lehrer und Kinder. Für alle.

Das, so merke ich bald, gehört hier einfach dazu. Es ist eine Art Eröffnungsritual für die Versammlung. Man lobt, man bedankt sich, mit einem Satz: Man ist freundlich zueinander.

So ist das auch, wenn man einen Bekannten auf der Straße trifft. Laureen zum Beispiel. Das Ganze folgt stets einem bestimmten, festgefügten Freundlichkeitsritual.

»Hi Laureen, how are you?«, sage ich.

Woraufhin Laureen mit hundertprozentiger Sicherheit antwortet: »Hi Reymer, I'm fine.« Bei »I'm« hebt sie die Stimme. Bei »fine« senkt diese sich im leichten Singsang, aber doch mit Bestimmtheit. »Danke, mir geht es gut.« Egal, wie es einem wirklich geht, ob man gerade einen Schwächeanfall oder einen Herzinfarkt hatte. Das muss man sagen. Doch damit ist das Willkommensmenuett noch nicht vorbei.

Denn Laureen fragt nun unfehlbar ihrerseits: »How are you doing?«

Worauf ich »fine« oder »thanks« sage, »gut« oder »danke der Nachfrage«, ebenfalls egal, ob ich mich vielleicht gerade mit letzter Kraft auf die Straße geschleppt habe. Danach kann erst das eigentliche Gespräch losgehen – zum Beispiel darüber, wie es einem so geht.

Britta, die Frau eines netten Kollegen aus dem Osten Deutschlands, findet das natürlich typisch. Typisch amerikanisch. Typisch oberflächlich. »Die machen die Arme weit, weit auf, wenn sie einen begrüßen, vergessen dann aber, sie wieder zu schließen.« Das hat sie bestimmt irgendwo gelesen. Egal. Sie will damit sagen, dass man als Deutsche hier zwar schnell Amerikaner kennenlernt, aber nie intensiv, nie tiefschürfend. Da, findet sie, kann man sich die aufgesetzten Freundlichkeiten auch gleich schenken.

Natürlich hat Britta nicht ganz unrecht. Auch das gibt es hier genug, dass sich Leute – im Gegensatz etwa zu Laureen – nicht wirklich um einen scheren. Aber ist das am Ende nicht überall auf der Welt so? Tiefergehende Freundschaften brauchen nun mal Zeit. In den USA, in Deutschland, überall.

Warum nicht ein Gespräch erst einmal freundlich beginnen, selbst wenn es vielleicht etwas Unerfreuliches zu sagen oder zu hören gibt? Warum nicht erst einmal loben und dann sagen, was einem missfällt? Die Amerikaner sagen viel öfter *»Thank you«*, als wir Deutschen »Danke« sagen. Wirklich schaden kann ein Dankeschön, glaube ich, nie.

So ist es auch jetzt. Eine Mutter steht auf. Sie bedankt sich bei der *PTA*-Vorsitzenden dafür, dass sie die Versammlung so freundlich führt. Sie bedankt sich bei den Lehrern. Sie bedankt sich bei Dr. Chaset, der Schulleiterin.

»Eines aber verstehe ich beim besten Willen nicht«, sagt sie dann, und ihre Stimme büßt nicht eine Nuance von der hellen Freundlichkeit ein, mit der sie bisher gesprochen hat. »Warum hat die Schule die Mittagspause für die Klasse meines Sohnes um zehn Minuten auf zwanzig vor eins nach hinten geschoben?«

Wow! Wenn jemand meint, dass das nun vielleicht wirklich nicht so ein Riesenproblem sei, der hat sich getäuscht. Matt, sagt sie, Matt, das ist ihr Sohn, brauche früher etwas zu essen. Die langen Pausen zwischen den Mahlzeiten und Snacks könne er ganz und gar nicht ab. »Halb eins ist das Äußerste!«

In diesem Moment merke ich, dass die *Back to School Night* ein stinknormaler Elternabend ist. Dass auch eine Schule in Amerika letztlich keine anderen Probleme umtreibt als eine Schule in Deutschland. Hier wie dort gibt es nervige Eltern, die ein persönliches Wehwehchen zum Problem aller machen oder auch zu Recht nicht ganz glücklich sind mit ihrer Schule. Hier wie dort gibt es genervte Lehrer und Schulleiter, die nicht immer nachvollziehbare Entscheidungen treffen.

Ich beuge mich zur Seite und flüstere Martina zu: »Erinnert dich das an was? Wieso sollten Elternabende hier auch anders sein!«

»Ich glaube, die überlasse ich in Zukunft ganz dir«, flüstert sie mit freudig blitzenden Augen zurück. *»Burning Tree, oh Burning Tree, I love thee.«*

10.

Desolation Row

Mitten in der Küche steht unser Tisch. Gut, das ist nicht weiter aufregend. In vielen Küchen ist das so, zumal in amerikanischen, wo eigentlich immer eine Küchentheke oder eben ein großer Tresen fest installiert ist. Bei uns ist es eine große, helle Steinplatte. Sie sieht sehr edel aus – und sehr stabil. Granit. Das kann auf Dauer nicht gutgehen.

Jeden Nachmittag nach der Schule sitzen die Kids auf den schwarzen Barhockern von Ikea um den Tisch herum. *Cookies* und Milch gibt es, dazu ein paar Obstschnitze. Äpfel, Bananen, Nektarinen, Birnen, Trauben, Kiwis. Die drei erzählen dann von der Schule. *Debriefing* nenne ich das, wie bei Soldaten, die vom Fronteinsatz zurückkommen.

Katherina ist mächtig stolz heute. Sie hat einen Vokabeltest in Englisch zurückbekommen und keinen einzigen Fehler gemacht. Sie hatte das Dutzend Wörter die ganzen letzten Tage über auswendig gelernt und geübt. Jeden Abend mussten wir sie abfragen. Jetzt hat ihre Lehrerin einen Smiley auf das Vokabelblatt gemalt und »*Wow!*« dazugeschrieben und »*Good job!*«. Was so viel heißt wie: »Klasse, gut gemacht«.

»Toll«, sagen auch wir. »Siehst du, wenn man richtig übt, klappt es auch.«

Was Eltern eben so sagen. Katherina freut sich natürlich, dass wir sie loben. Aber noch besser findet sie die Anerkennung ihrer Lehrerin.

Christopher indes findet es doof, dass wir uns nur mit Katherina beschäftigen.

»Jetzt bin ich dran.« Chris erzählt nie vom Unterricht, sondern immer nur von den Pausen. Von Neo und Mark und Hunter. *Soccer*, Fußball, haben sie gespielt und heute in der Pause wohl so etwas wie Brennball. Jedenfalls muss man sich ziemlich geschickt wegducken können, um nicht getroffen zu werden. »Papa, so!«

Bäng. Chris knallt mit dem Kopf an die Tischkante. Er sagt keinen Ton. Er ist ein tapferes Kerlchen. Aber er presst die Hand aufs linke Auge. Gott sei Dank, denke ich, er hat sich nur gestoßen. Dann sehe ich das rote Rinnsaal die kleine Handfläche hinunterkriechen.

Er hat sich die Augenbraue aufgeschlagen. Ein vielleicht anderthalb Zentimeter langer Riss, quer über die linke Braue. Dort, wo es am meisten blutet. Martina kann kein Blut sehen. Sie wird ganz bleich. Aber in solchen Momenten ist sie immer hochkonzentriert.

»Okay«, sagt sie, »wir müssen den Kinderarzt anrufen. Das muss geklebt oder genäht werden.« Kurzentschlossen greift sie zum Telefon.

Beim Kinderarzt läuft das Band. Schon um kurz vor fünf! In der Praxis waren wir bisher erst einmal, weil Anna einen Husten nicht loswerden wollte, den sie aus dem Flugzeug mitgebracht hatte. Mir hat der Doktor ohnehin nicht so gefallen. Dort, das schwöre ich mir nun, werden wir nie mehr hingehen. Doch das löst unser aktuelles Problem nicht. Was tun? Ich inspiziere die Wunde noch einmal. Eigentlich, denke ich, könnte das auch so verheilen. So tief ist der Riss nun auch wieder nicht. Die Blutung hat ohnehin schon fast aufgehört. Auf der anderen Seite ... Ich schaue Martina an. Ich schaue Christopher an. Von mir wird eine Entscheidung erwartet. Und zwar die eine – die richtige.

»Okay«, sage ich, »wir fahren in den *ER*.«

Innerhalb von vier Stunden, das weiß ich, müssen Platzwunden versorgt werden, um hässliche Narben zu vermeiden. Auf den Kinderarzt bis morgen können wir nicht warten.

ER, das ist der *emergency room*, die ambulante Aufnahmestation der Krankenhäuser, Erste Hilfe für Notfälle. Notfälle aber sind in den USA sämtliche Krankheitsfälle außerhalb der Praxis-Öffnungszeiten. Das ist das eine. *ER*s sind in Amerika allerdings genauso Letzte-Hilfe-Station. Einzige Rettung für all diejenigen, die nicht mehr können. Die krank sind, sich aber keine Krankenversicherung und keinen Arzt leisten können und sich in die Notaufnahme schleppen, weil es nicht mehr anders geht. In *ER*s treffen also Halbtote auf Schnupfenkranke – und auf Christopher und mich.

Wir haben bisher noch nie in den *ER* gemusst. Wohin also sollen wir? Nach Washington ins Georgetown Hospital, das große Universitätskrankenhaus? Wegen einer Platzwunde? Das ist zu weit. Da fahren wir eine halbe Stunde um diese Uhrzeit. Also rufen wir Laureen an. Wie immer weiß sie Rat: »Das Suburban Hospital«, sagt sie sofort, keine zehn Minuten von hier.

Ein kleines Vorstadt-Krankenhaus, denke ich, als wir eine Viertelstunde später auf den Krankenhausparkplatz einbiegen. Er ist halb leer. »Das wird nicht lange dauern«, sage ich zufrieden und wende mich kurz zu dem kleinen Patienten auf der Rückbank um.

Natürlich habe ich schon einmal *ER* gesehen, *Emergency Room – Die Notaufnahme*, mit George Clooney, den Martina so toll findet. Auf NBC läuft das, einem der drei großen US-Fernsehsender. Und natürlich ist das nichts weiter als eine medizinische *soap opera:* immer Hektik und reichlich Liebe und Herzschmerz und ziemlich viel tödliche Krankheiten. Allerdings ist auch klar, dass ein TV-Drama nur derart populär sein kann, wenn es dafür einen realen Hintergrund gibt. Die echten *ER*s in den US-Krankenhäusern sind notorisch überlastet.

Ein bisschen Sorgen mache ich mir deshalb schon. Aber was bleibt mir übrig?

Im Durchschnitt wartet ein Patient in den USA zweihundertzweiundzwanzig Minuten im *ER*, ehe er an der Reihe ist, das sind dreidreiviertel Stunden. Neulich erst ist eine Studie herausgekommen – und ich hatte mir die Meldung aus der Zeitung *USA Today* zur Seite gelegt, weil ich mir überlegt hatte, eine Geschichte darüber zu machen. *USA Today* ist ein gehobenes Boulevardblatt, ein täglicher *Focus* mit vielen Infografiken und übersichtlichen Artikeln. Hin und wieder schaue ich da gerne hinein für populistische Themen. In Maryland, so ist mir von dem Artikel noch in Erinnerung, kommen sie in den *ER*s sogar auf Wartezeiten von zweihundertsechsundvierzig Minuten. Das ist deutlich über dem amerikanischen Bundesdurchschnitt. Mehr als vier Stunden! Bethesda liegt in Maryland. Am längsten, so war zu lesen, dauert es am späten Nachmittag und in den frühen Abendstunden. Da ist der Andrang in der Regel am größten. Nun gut. Jetzt ist es früher Abend. 17.37 Uhr. Volltreffer!

Aber in Bethesda ist es bestimmt anders. Warum es in Bethesda anders sein sollte, habe ich mir auf der kurzen Fahrt zum Krankenhaus zwar nicht wirklich schlüssig zurechtgelegt. Doch ich bin fest überzeugt, dass wir nach einem Stündchen wieder zu Hause sind. Die Wunde muss ja nur gereinigt und geklebt werden. Allenfalls, so hat Martina gesagt, muss sie mit ein, zwei Stichen genäht werden. Deshalb habe ich auch nicht lange gefackelt, als Katherina gefragt hat, ob sie mitkommen dürfe:»Klar kannst du mit.«

Die Rezeptionistin ist überaus reizend. »Hi, there«, trällert sie uns entgegen, kaum dass die Glasschiebetür zum Foyer der Notaufnahme lautlos vor uns auseinandergeglitten ist. Die junge Frau fließt vor Mitleid geradezu über, als ich ihr unseren Fall schildere.

»Oh, Sweetie«, sagt sie und schaut auf Chris herunter, der in dem Moment pflichtgemäß verzagt mit seinen großen braunen Augen zurückguckt. »Das bekommen wir wieder hin.«

Ich müsse nur in den Raum dahinter gehen, sie zeigt über ihre linke Schulter, und den jungen Mann als Erstes registrieren lassen. Dann werde bestimmt alles ganz, ganz schnell in Ordnung kommen. »Don't worry«, flötet sie, machen Sie sich keine Sorgen, »everything will be fine.« Alles wird gut. Sie soll recht behalten. Nur von der Zeit, die bis dahin vergehen wird, ist nicht die Rede.

Ich hätte mir es eigentlich denken können. Der Weg nach hinten ist von beigefarbenen Plastikstühlen gesäumt. Diese Stühle sind alle besetzt. Wie hieß es noch in dem Artikel? Vier Stunden Wartezeit? Gut, beruhige ich mich selbst, das sind alles Erwachsene. Kinder werden bestimmt extra behandelt.

Auch der Mann in der Registratur ist äußerst zuvorkommend. Rasch ist das Formblatt ausgefüllt, die Adressdaten sind eingegeben. Er ist obendrein sehr erfreut, dass ich ihm gleich meine Kreditkarte anbiete.

»Vielen Dank«, sagt er und zieht den Magnetstreifen freudig lächelnd durch. »Wir können Ihnen die Rechnung aber auch später zuschicken, wenn Ihnen das lieber ist«, bietet er an.

»Kein Problem, machen Sie nur«, entgegne ich großzügig und grinse ebenfalls.

In den USA sind die *ER*s der Hospitäler – im Gegensatz zu den privaten Arztpraxen – gesetzlich verpflichtet, jeden Patienten zu untersuchen und im Bedarfsfall zu behandeln, und zwar egal, ob dieser das bezahlen kann oder nicht. Dahinter verbirgt sich ein Riesenproblem. Vierzig, wahrscheinlich sogar eher fünfzig Millionen Menschen in den USA haben keine Krankenversicherung. Das ist ein Sechstel der Bevölkerung. Wenn diese Menschen ernsthaft krank werden, gehen sie (wenn überhaupt) in den *ER*, wo man sie behandeln muss. Die teure Krankenhausbetreuung können sie allerdings nicht bezahlen. Viele verschulden sich, müssen die Behandlungskosten über Jahre in Raten abstottern. Wer illegal in den USA lebt, und das sind nicht wenige, gibt am besten seine richtige Adresse gar nicht erst an. So bleiben die Krankenhäuser auf Millionen unbezahlter Rechnungen sitzen. Jeder weiß das. Seit Jahren schon reden sich die Politiker die Köpfe heiß über die explodierenden Kosten im amerikanischen Gesundheitswesen. Nirgendwo auf der ganzen Welt sind die Kosten für die Gesundheitsversorgung höher als in den USA.

Ich gebe zu, dass mir kurz der Gedanke durch den Kopf geht, wir könnten die Wartezeit hier vielleicht ein bisschen verkürzen, indem ich von vornherein mit Hilfe meiner Kreditkarte meine Zahlungswilligkeit demonstriere. Tatsächlich wird Christopher sofort ein gelbes Band um das linke Handgelenk gelegt, auf das sein Name gedruckt ist. Er ist also offiziell im *ER* vom Suburban Hospital aufgenommen. Darauf ist er sichtlich stolz.

»So toll ist das nun auch wieder nicht«, murrt seine größere Schwester, sichtlich neidisch auf das gelbe Bändchen. »Gib nicht so blöd an.«

»Kinder, jetzt nicht streiten«, sage ich begütigend, und mir dämmert, dass es vielleicht doch keine so gute Idee war, Katherina mitzunehmen und einen kleinen Familienausflug in den *ER* zu machen. Aber so etwas merkt man bekanntlich immer erst, wenn es zu spät ist.

Nun, so bedeutet uns der Registrator, sollen wir wie die anderen auf den beigefarbenen Plastikstühlen warten. Wir nehmen gleich vorne am Eingang Platz, wo die letzten Stühle frei sind. Ein Fehler, wie sich bald zeigen wird.

Ein halbes Stündchen vergeht. Im Zeitlupentempo. Dann wird »Christopher Kluuver« aufgerufen. Aha, es geht voran. Eine *nurse* im taubenblauen Krankenschwesternhosenanzug führt uns in einen kleinen Nebenraum. Chris muss auf eine Waage. Seine Temperatur wird erfasst mit einem elektronischen Fieberthermometer, das er unter die Zunge legen muss. Sein Blutdruck wird gemessen. Respekt, denke ich, es soll zwar nur die Platzwunde über dem Auge geschlossen werden, aber sie sind hier gründlich.

Dann müssen wir ins Wartezimmer zurück. Leider.

Draußen ist es längst dunkel geworden. Chris wird müde. Katherina wird müde. Chris wird quengelig. Katherina wird quengelig.

»Wann kommen wir endlich dran?«, fragt Chris.

»Bestimmt bald«, sage ich sanft.

Fünf Minuten später dieselbe Frage. Dieselbe Antwort. Vielleicht nicht mehr ganz so sanft.

Inzwischen spielen sich hier, am Eingang zum *ER* und damit direkt vor unseren Augen, also auch vor den Augen der Kinder, entsetzliche Dramen ab – wie in der TV-Serie. Ein junger Kerl bricht in Weinkrämpfe aus. Seine Freundin wurde mit Herzstillstand eingeliefert. Kurz danach wird ein Mann mit blutigem Kopf vorbeigerollt. An der Wand lese ich, dass das Suburban Hospital das Trauma-Zentrum für Montgomery County ist, unseren Landkreis. Gut zu wissen. Katherina studiert die Szenen ganz genau, sagt aber kein Wort. Christopher guckt zum Fernseher, der in der Ecke über unseren Köpfen läuft. CNN zeigt Aufnahmen von irgendeinem Anschlag im Irak oder Afghanistan – auch nicht gerade Kinderprogramm.

Ich gehe zur Rezeptionistin. Ich muss gar nichts sagen.

»*Sweetie*«, flötet sie wieder – diesmal meint sie mich, nicht den Jungen –, »ich weiß, dass es heute lange dauert. Aber es müssen alle warten.«

Ich setze mich wieder.

»Ich hab Durst«, sagt Chris nach schätzungsweise drei Millisekunden.

»Ich auch«, sagt Katherina.

Endlich sind die beiden mal einer Meinung. Natürlich habe ich keine Wasserflaschen eingepackt. Warum auch? Am anderen Ende des Raumes steht ein Cola-Automat. Die Flasche zwei Dollar fünfzig. Ich habe noch genau drei Dollar klein. »Müsst ihr euch teilen«, sage ich.

»Chris«, ruft Katherina kurz danach, »Chriiis, lass mir auch was drin.«

»Chris, das ist wirklich nicht nett«, zisch ich, und es ist auch egal, dass wir eigentlich seinetwegen hier sind und er einen Patienten-Bonus hat.

Widerstrebend gibt er seiner Schwester die Flasche.

Sie setzt an, und schon brüllt er: »Katherina, lass mir auch noch was über.«

Es ist halb acht. Katherina kann ich jetzt auch nicht schnell nach Hause bringen. Nachher werden wir in genau dem Moment aufgerufen.

Der Aufruf kommt exakt anderthalb Stunden später. Mittlerweile ist die Stimmung unserer kleinen Truppe immer schlechter geworden. Auf die mit der Präzision eines Uhrwerks alle zwei Minuten gestellte, immer gleiche Frage: »Papa, wann sind wir dran?«, antworte ich nur noch roboterhaft: »Bald.« Und starre zum Fernseher. Gerade ist Larry King auf den Bildschirm gekommen, der Großtalker von CNN. Um diese Zeit sind die Kinder sonst längst im Bett, Martina und ich sitzen entspannt am Küchentisch (dem mit der steinernen Platte!), haben ein Gläschen Wein vor uns und hören mit halbem Ohr dem Geplänkel des Plaudermeisters und seiner Interviewgäste zu. So ist das normalerweise.

Nicht an diesem Abend! Da führt uns nun eine freundliche Schwester – endlich – in den eigentlichen *ER*, genauer gesagt, den Kinder-*ER*, eine Notaufnahme nur für Kids. Vier, fünf Kabinen sind darin abgeteilt, jede mit einem schmalen Untersuchungsbett und einem Fernseher ausgestattet. Sie gibt Chris ein papiernes Flügelhemd, das er anziehen soll. Ich weise schüchtern darauf hin, dass der Junge nur eine Platzwunde am Auge hat.

Die Schwester guckt mich freundlich, aber verständnislos an.

»Das ist so üblich hier«, sagt sie und erkundigt sich, ob ich noch weitere Fragen hätte.

»Nein, nein«, beeile ich mich zu sagen. Wir haben lange genug gewartet. Bloß jetzt keine neuen Komplikationen! Ich helfe Chris beim Ausziehen. Die Unterhose immerhin kann er anlassen, hat die Schwester zu seiner großen Erleichterung gesagt.

In dem kleinen Fernseher an der Decke läuft wenigstens Kinderprogramm, ein Comic und nicht CNN. Die Kinder schauen gebannt. So bekommen sie hoffentlich nicht mit, dass in der Nachbarkabine die Ärztin auf ein Ehepaar einredet und den beiden dringend rät, ihre halbwüchsige Tochter wegen akuter Selbstmordgefahr in eine geschlossene Anstalt einzuweisen. Das kann man alles mithören, weil die Kabinen anstatt einer Tür nur einen Vorhang haben.

Endlich kommt die Ärztin zu uns. Inzwischen ist es 21.45 Uhr. Ich hab auf die runde weiße Uhr mit den großen schwarzen Zeigern geschaut, die im Behandlungszimmer an der Wand hängt. Ein bisschen mehr als vier Stunden sind vergangen, seitdem wir im Suburban Hospital eingetroffen sind. Das liegt gut im Schnitt von Maryland, würde ich sagen.

Chris erhält tatsächlich ein Klebepflaster. Allerdings dauert das noch einmal eine halbe Stunde, weil sie es hier in der Notaufnahme nicht vorrätig hätten, sondern erst in der Krankenhausapotheke anfordern müssten, erläutert mir die Ärztin. Ich nicke ergeben. Warum sollte man auch in der Kindernotaufnahme eines Krankenhauses ein Klebepflaster für Platzwunden griffbereit haben?

Schließlich ist das Pflaster da. Eine Krankenschwester schiebt die inzwischen sichtlich angeschwollene Wunde zusammen. Chris macht keinen Mucks. Die Ärztin klebt. Wie war das noch mit der Narbenbildung?

Beim Rausgehen drückt mir die freundliche Rezeptionistin die Rechnung in die Hand.

»Meine Kreditkartennummer haben Sie ja«, sage ich.

»Ja, alles klar«, säuselt sie. »Noch einen schönen Abend.«

Ich schaue auf die Rechnung: tausendzweihundert Dollar – für ein Pflaster.

Martina hat mittlerweile die Spezialklebestreifen für kleine Platzwunden gekauft. Die gibt's in jeder Apotheke. Dreißig *Wound Closure Strips* für acht Dollar neunundneunzig. Ist dann auf Dauer doch billiger. Und schneller sowieso.

11.
The Promised Land

Heute Abend ist der Strom ausgefallen. Zack! Einfach so. Die Kinder essen gerade zu Abend, als es passiert. Spaghetti mit Tomatensauce. Das lieben sie, und wir lieben es auch, weil es schnell geht. Aber bitte nicht die Marinara-Sauce aus dem Glas.

»Die schmeckt so komisch«, mault Anna.

Katherina, die sonst nie einer Meinung mit ihrer Schwester ist, assistiert auch noch: »Da sind so grüne Dinger drin«, lautet ihr Kommentar.

»Bwäh«, fasst Chris wie so oft hochdifferenziert das Urteil der drei zusammen. Selbst er ist da schon ganz eigen.

Mamas selbstgemachte Tomatensauce muss es schon sein, die ein halbes Stündchen in der Pfanne vor sich hin geköchelt hat. Manchmal versucht Martina, wie an diesem Abend, die Kids auszutricksen, etwa wenn ein Manuskript mal wieder besonders lang ist und sie rasch an den Schreibtisch zurück will. Dann macht sie die fertige Sauce einfach schnell in der Pfanne warm. *No way!* Die Kinder merken das sofort, reiben sich für den Nachschlag nur Parmesan über die Pasta und lassen die Sauce aus dem Glas einfach stehen.

Martina wirft mir nur einen Blick zu. Soll heißen: »Von *mir* haben sie dieses Geschmäcklertum nicht!«

Ich ziehe nur die Augenbrauen hoch und sage wie entschuldigend: »Von mir auch nicht.« Aber das nützt mir jetzt gar nichts mehr.

Martina muss zur Arbeit an einem schwierigen Manuskript an ihren Schreibtisch und überlässt mir die Rasselbande: »Kannst du heute mal die Kleinen ins Bett bringen?«, fragt sie.

Gerade rufe ich: »So, jetzt aber alle ab nach oben. Hände und Gesicht waschen. Zähne putzen«, oder Ähnliches. Ich will die Überbleibsel der Saucen- schlacht in die Geschirrspülmaschine räumen und die Nudelreste um Christophers Hocker vom Fußbo- den aufwischen, da geht das Licht aus. Einfach so. Ohne Vorwarnung. Nichts hat geflackert. Zack. Auf einmal ist es dunkel. Stockfinster.

»Keine Panik«, rufe ich, weil das jetzt mein Job ist, »bestimmt ist nur die Sicherung durchgebrannt.« Ob- wohl, sicher bin ich mir da gar nicht, während ich mich durch den Flur zur Haustür taste und hinaus- schaue. Alles dunkel. Auch schräg gegenüber, bei der Geigenlehrerin aus Rumänien, die sonst für ihre Schüler immer Licht am Hauseingang brennen hat, ist es duster. Die funzelige Straßenlaterne, die unsere kleine Straße in leichenbleiches Licht taucht, wenn sie nicht gerade kaputt ist, funktioniert ebenfalls nicht.

Stromausfall, schießt es mir durch den Kopf. *Black- out*.

Natürlich weiß ich, dass so etwas in Amerika gerne mal vorkommt. Bereits in der Schule haben wir von dem großen *blackout* in New York gehört und dem *baby boom* danach. Gut, der war 1965, und mit den Babys bin ich mir auch nicht so sicher, ob das stimmt. Solche *blackouts* hat es seither immer wieder gege- ben. Zuletzt war der ganze Nordosten Amerikas 2003 ohne Strom. Alle dachten sofort, dass Terroristen das Land attackierten. Dabei war es nur der übliche Schlendrian bei einem von den Behörden nicht richtig beaufsichtigten privaten Stromunternehmen, der das Chaos auslöste.

Wenn das jetzt wieder so ein *mega blackout* ist, der über mehrere Tage geht?

»Kinder, wo sind denn die Taschenlampen?«, rufe ich.

Natürlich sind sie nicht dort, wo sie sein sollen. Neulich hat Martina drei Stück, in Gelb, Rot und Blau, von Ikea mitgebracht. Für jedes Kind eine. »Wenn mal der Strom ausfallen sollte«, hat sie gesagt, ich fand das einen guten Einfall und fügte in weiser Voraussicht hinzu, dass die Kinder zwar mit den Lampen spielen dürften, sie aber danach immer aufgeräumt werden müssten: in den Putzschrank in der Küche.

Natürlich sind sie dort nicht.

Schließlich zünden wir die beiden Kerzen auf dem Küchentisch an. Eigentlich ist es ganz romantisch. Überm Herd glühen nicht neongrün die Ziffern der eingebauten Uhr, die grundsätzlich, warum weiß ich auch nicht, eine andere Uhrzeit angeben als die rot schimmernde Zahlenfolge an der Mikrowelle. Aber das muss mich jetzt nicht weiter irritieren: Sie funktioniert ja ebenfalls nicht.

Wenn nur nicht die Alarmanlage wäre, die seit fünf Minuten nervtötend irgendwo in der finsteren Nachbarschaft ihren schrillen Sirenensingsang ausstößt. Martina schaut mich stirnrunzelnd über den flackernden Kerzenschimmer hinweg an.

»Nein«, sage ich sofort, »das ist bestimmt nur ein Fehlalarm.«

Nicht etwa der Beginn eines Raubzugs einer Bande von Plünderern, die sich spontan die Dunkelheit zunutze machen und ein Haus nach dem anderen ausräumen und dummerweise nur drei oder vier Häuser entfernt von uns angefangen haben. Das mit dem Raubzug sage ich natürlich nicht.

Nach vielleicht einer halben Stunde ist, zack, das Licht wieder da. Also kein Dauerausfall. Die Kids kommen nun ganz schnell ins Bett. Martina sitzt vor ihrem Laptop, und ich schaue noch ein bisschen CNN. Alles wieder ganz normal. Keine Einbrecher. Keine marodierenden Brandstifter.

Am nächsten Morgen kommt Laureen vorbei.

Einfach so steht sie vor unserer gläsernen Küchentür, die in unsere baumbestandenen Latifundien hinterm Haus führt. Ein bisschen wild wuchert es da, sehe ich gerade, und der Rasen müsste auch mal wieder gemäht werden. Aber das ist eine andere Sache.

»Ich hab mich nur gefragt«, hebt Laureen an, noch ehe ich sie hereinbitten kann.

Sie ist unangemeldet durch unsere Gartenpforte hinters Haus gekommen – so wie man es eben unter Nachbarn macht, die seit Jahrzehnten nebeneinander wohnen. Nach den paar Wochen, die wir uns kennen, werte ich das als großen Vertrauensbeweis. Vor allem weil diese Art von Ungezwungenheit in Amerika nicht selbstverständlich ist.

Denn soziale Kontakte unterliegen in diesem Land eigentlich einem strengen Regelwerk. Zum Beispiel waren wir gerade erst am Wochenende bei den Italienern – wir nennen sie so, weil der Uropa in Kalabrien geboren wurde –, die gegenüber der Schulbushaltestelle wohnen. Zu einem Cocktailempfang hatten sie die Nachbarschaft gebeten, zwanglos am

117

Samstag, wer vorbeikommen mochte. Die Zeit indes war auf der Einladung genau angegeben: *»five to seven pm.«* – 17.00 bis 19.00 Uhr. Das bedeutet, dass es etwas zu trinken gibt und ein paar Snacks, aber kein Abendessen.

Allerdings heißt es auch, dass die Gäste nicht unbedingt um Schlag fünf Uhr nachmittags erscheinen müssen. Das wusste ich nicht.

Wir waren mit deutscher Pünktlichkeit die ersten Gäste und blieben das auch eine ganze Weile, weswegen wir nun genau darüber informiert sind, dass der Uropa zwar tot ist, aber der Opa noch mit im Haus lebt und mindestens einmal im Jahr in sein Dorf nach Italien fährt, wo wir natürlich unbedingt auch einmal hinkommen müssen. Es war völlig in Ordnung, dass die anderen Gäste erst um halb sechs, manche erst um sechs vorbeischlenderten. Um Schlag sieben indes waren auf einmal alle verschwunden, während ich, mit einem Glas Chianti in der Hand, noch mit dem Opa über das Nest in Kalabrien redete, dessen Name mir schon wieder entfallen ist.

»Wir müssen nicht immer die Letzten sein«, raunt mir Martina zu. *Five to seven* heißt: später kommen, aber pünktlich gehen. So ist das hier.

Die Normierung des geselligen Beieinanders erstreckt sich auch auf persönlichste Bereiche. Alles ist klar geregelt. Sogar die Annäherung der Geschlechter gehorcht in den USA einer festgefügten Etikette. Habe ich mir zumindest sagen lassen, von einem Kollegen, der Single und ohne Familie hier ist. So begeht man als (lediger) Mann wohl einen ziemlich großen Fauxpas, wenn man eine Frau einfach so unbekümmert zum Abendessen einlädt.

»Damit bist du bei den meisten gleich unten durch.

Denn das heißt eigentlich, dass du nur mit ihr ins Bett willst«, behauptet mein Gewährsmann. Dabei verweist er darauf, dass er sich eigens einen Ratgeber zugelegt habe, um für die Unwägbarkeiten der zwischengeschlechtlichen Beziehungen gerüstet zu sein: *Dating for Dummies*, heißt das Buch. Ohne eine erste Verabredung auf eine Tasse Kaffee oder zum *lunch* am Mittag, ohne einen gemeinsamen Nachmittag, unverfänglich im Zoo oder im Museum, geht hier gar nichts. Komme es dann zu einer dritten Verabredung, einer *dinner*-Einladung und / oder einem kuscheligen Kinobesuch, so sein sachverständiger, lektüregesättigter Hinweis, dann passiere in der Regel, was von vornherein angestrebt war.

Im Magazin der *Washington Post* ist jedes Wochenende die Geschichte eines Paares nachzulesen, das sich auf Vermittlung der Zeitung – also unverbindlich und weitgehend unverfänglich – zu einem Date verabredet. *Date lab* nennen sie das. Die Erfolgsquote (angedeutet durch den verschämten Hinweis, dass man sich erneut getroffen habe) ist erschreckend gering. Schon gar nicht soll der Mann auf die Idee kommen, dass es Ausdruck fortschrittlicher Gesinnung ist, wenn er bei der Bestellung der Rechnung *going Dutch* vorschlägt. Also das holländische Verfahren zur Anwendung bringt, wobei *Dutch* im Amerikanischen verdächtig ähnlich wie »deutsch« ausgesprochen wird. In jedem Fall meint es, dass die Rechnung nach dem Essen geteilt wird. Was ein *no-no* ist.

Nun also steht Laureen einfach in unserer Küche, und ja, wenn es keine Umstände macht, eine Tasse Tee trinkt sie gerne mit. Aber bitte entcoffeinierten. Den haben wir natürlich auch im Schrank. Laureen hat manchmal einfach das Bedürfnis, ein wenig zu plaudern. Heute Morgen ist offenbar so ein Moment.

»Habt ihr den Alarm gestern Abend mitbekommen?«

Was für eine Frage! Sie erwartet auch gar keine Antwort, sondern fährt gleich fort.

»Das war bei dem alten Diplomatenehepaar in der Durbin Road, gleich um die Ecke. Die waren nicht da. Wie so oft. Die reisen viel. Weil der Strom ausgefallen ist, ist der Alarm angegangen. Der Wachdienst war völlig überlastet und ist erst nach einer halben Stunde gekommen.« Hat sie alles schon in Erfahrung gebracht heute Morgen.

»Haben hier alle eine Alarmanlage?«, fragt Martina.

Ich weiß genau, warum sie das fragt. Wir haben nämlich keine.

»Sicher«, sagt Laureen da »aber am Ende nützt es ja doch nichts, wie wir gestern gesehen haben. Obwohl wir alle außerdem beim Wachdienst Mitglied sind.«

Längst sind uns die grünen Schilder überall in den Vorgärten aufgefallen: KPCA ist in großen weißen Buchstaben darauf zu lesen Kenwood Park Citizens Association, und klein darüber: »*Protected by*« – unter dem Schutz des Bürgervereins. Kenwood Park, so heißt unser kleines Viertel. Nicht entgangen ist uns auch der weiß-braune Streifenwagen, der mit Einbruch der Dämmerung im Schritttempo durch die Straßen patrouilliert: der Wachdienst der KPCA.

Ich spüre Martinas Blick. Ich sollte jetzt sagen, dass ich schon längst wieder unten in meinem Büro sitzen müsste und dass Laureen mich bitte entschuldigen möge. Aber ich bleibe in der Küche.

»Ihr müsst euch keine Sorgen machen«, fährt Laureen fort und schlägt die Augenlider nieder. Das, so weiß ich inzwischen, ist ein sicheres Zeichen dafür, dass sie jetzt wieder eine kleine spitze Bemerkung loswerden möchte.

»Wir sind hier bestens bewacht.« Sie macht eine kurze Kunstpause. »Auch ohne den Wachdienst.«

Dann erzählt sie von der Sizilianerin fünf Häuser weiter, deren inzwischen verblichener Mann angeblich wegen Mordes in Florida im Gefängnis saß.

»Die hat doch immer so viele Gärtner da. Das sind alles private Wachleute«, raunt Laureen augenzwinkernd. »Wir stehen hier unter dem Schutz der Mafia.«

Ich kann mir in diesem Moment gut vorstellen, dass Ron seine Frau jetzt unterbrechen und vernünftig, wie er ist, darauf hinweisen würde, dass dies selbstverständlich nur lokale Folklore sei. Damit wird er auch recht haben. Mir sind die Männer im Garten übrigens noch nicht aufgefallen.

Doch was selbst mir nicht entgeht, ist der Umstand, wie bunt Kenwood Park ist. Direkt neben der schwarzen Witwe aus Sizilien leben Belgier (er ist übrigens von Europol hierher entsandt, unter anderem zur Mafiabekämpfung!), gegenüber wohnt die italienischstämmige Familie mit den Vorfahren aus Kalabrien. In unserer unmittelbaren Nachbarschaft finden sich Inder, Pakistanis, Serben, eine Familie aus Sri Lanka, die Rumänen und Peruaner. Alle sind sie (bis auf die Belgier und uns) in die USA eingewandert. Außer Ron und Laureen haben wir Beverly und Knud (einen eingebürgerten Norweger) kennengelernt, außerdem Francesco und Marcella, die italienischen Eltern von Annas Freundin Hannah. Wir kennen Heidi (mit Vorfahren in Oldenburg), Randy, einen Ökonomieprofessor aus Seattle, Matthew, den Hochbauingenieur, und Christine, seine Frau (die aus Kalifornien stammt, deren Mutter jedoch nur Mandarin spricht).

Es ist eine kunterbunte Mixtur. Ursprünglich, so erzählt uns Laureen, hat Kenwood Park viele jüdische Familien angezogen, die damals im benachbarten Neubauviertel Kenwood nicht gern gesehen waren. Dort wollten die *WASPs*, die Angehörigen der Ostküstenelite oder vielmehr jene, die sich dafür hielten, lieber unter sich bleiben: alle weiß und evangelisch und im Zweifelsfall englischer Herkunft – die *White Anglo Saxon Protestants*.

»Ein halbes Jahrhundert ist das erst her. *Can you believe it?* Kannst du dir das vorstellen?«, sagt Laureen und verdreht die Augen. »Hier in Washington! In Amerikas Hauptstadt!«

Noch heute, fährt es mir da durch den Kopf, wirkt Kenwood Park auf mich ziemlich bunt und offen.

»Ich finde, Laureen, dies Viertel ist wirklich etwas anders«, sage ich, ganz stolz auf meine Beobachtung. »Hierher ziehen immer noch Leute, die nicht unbedingt überall in Amerika als Nachbarn mit offenen Armen empfangen werden. Die Pakistanis, die Inder, die Chinesen. Hier werden sie akzeptiert.«

»Ja, von den Immobilienmaklern«, schnappt Laureen nur kurz und trocken, »allerdings nicht immer von ihren Nachbarn.«

Tatsächlich ist auch dieses Viertel, wenn ich es mir genau anschaue, keineswegs ein *melting pot*, ein Schmelztiegel der Kulturen, so wie uns Amerika noch in der Schule dargestellt wurde. Dort haben wir gelernt, dass Menschen aus aller Herren Länder hierher einwanderten und sich mischten und irgendwie miteinander auskämen. Das war natürlich schon damals Legende. Und ist es heute noch. Hier verschmilzt gar nichts. Den aus Pakistan stammenden Mann gegenüber habe ich noch nie mit seinem Nachbarn plauschen sehen, der aus Indien stammt. Oder mit der rumänischen Geigenlehrerin auf der anderen Seite.

Vielleicht ist eher richtig, was die Multikulti-Freunde als Salatschüssel-Konzept gefeiert haben. Wie in der großen Schale die verschiedenen Ingredienzien eines bunten Salats zusammengeworfen werden, treffen hier Menschen aufeinander, die nur eines eint: dass ihr Hintergrund so verschieden ist. Wenn man sich dann zufälligerweise auch noch versteht, lebt man eben nicht nur nebeneinander her. Sondern redet miteinander – so wie es Laureen mit uns tut.

Eigentlich haben wir Glück gehabt mit unserem Viertel, denke ich mir, als ich endlich runter ins Büro gehe und das weitere Gespräch mit Laureen – vermutlich bleibt sie wieder zwei Stunden – Martina überlasse.

Am Abend klingelt es, und eine stämmige ältere Dame in Shorts und Gesundheitslatschen steht vor der Tür. Janis heiße sie, sagt sie, Janis King. Sie sei die Schatzmeisterin vom Bürgerverein. Meine Frau habe vorhin mit ihr telefoniert. Sie habe sich gedacht, da könne sie auf ihrem Abendspaziergang einfach gleich das Schild vorbeibringen. Sie freue sich, dass wir uns jetzt auch am Wachdienst beteiligen. Wenn ich wolle, könne ich ihr den Scheck gleich geben.

Ich nicke und hole das Scheckheft.

Jetzt haben auch wir neben der Haustür ein grünes Schild im Vorgarten: *Protected by KPCA*.

12.

Forever Young

Seit kurzem stehen Vitamintabletten auf unserer Mikrowelle. Wie die da hingekommen sind, weiß ich nicht. Irgendwann waren sie einfach da. Für Kinder. Für die Frau. Für den Mann. Große weiße Dosen mit dicken braunen Quadern drin, die man kaum schlucken kann, die widerlich schmecken – und die nicht helfen. Aber das sage nur ich.

Wenn man so will, ist die grässliche Pillenansammlung Ausdruck der schleichenden Amerikanisierung unserer Familie.

Ich habe grundsätzlich gewiss nichts dagegen, dass wir uns den Landessitten und Gepflogenheiten gegenüber aufgeschlossen verhalten. Das geht mir allerdings etwas zu weit. Zumal ich nicht einmal gefragt worden bin: Auch für mich hat Martina die Vitaminbomben einfach gekauft.

Missmutig weise ich am Küchentisch darauf hin, dass kalifornische Trauben und Grapefruits aus Florida in der Obstschüssel liegen: »Davon müsst ihr nur essen, und schon habt ihr alle Vitamine, die man den lieben, langen Tag so braucht.«

Martina schweigt. Es sind die Mädchen, die zur Verteidigung der neuesten Bereicherung unseres Lebens antreten.

»Oh, Daddy«, sagen sie. »Was verstehst du schon

davon, was Frauen brauchen.« Anna ist bekanntlich zehn, Katherina acht Jahre alt.

»Von Trauben habe ich schon als Kind eine Allergie bekommen«, fährt Katherina fort.

Das stimmt, sie hatte mal einen Ausschlag. Das müssen wir ihr erzählt haben, als sie noch nicht so erwachsen war wie heute. Also muss sie jetzt Tabletten nehmen, ist doch klar.

»Grapefruits sind viel zu sauer«, sagt Anna und verzieht das Gesicht, als hätte ich ihr vorgeschlagen, Essigsäure zu trinken.

Linker Haken, rechter Haken, Papas Argument ist erledigt. Von Christopher kann ich in diesem Moment auch keinen Beistand erhoffen. Er nimmt Obst und Gemüse ohnehin nur widerwillig und auf Druck seiner Eltern zu sich.

»Daddy«, sagt er, »Grapefruits magst nur du.«

Das sind klare Verhältnisse. Ich stehe allein da.

Der Tablettenwahn in den USA ist kein neues Phänomen. Ihm aber in der eigenen Familie ausgesetzt zu sein, ist durchaus neu.

Kürzlich war ich an der Arlington Road bei einer dieser kombinierten Apotheken- und Drogerieketten, die den Markt in den USA dominieren. Ich war auf der Suche nach Aspirin. Wie aus Deutschland gewohnt, fragte ich die Apothekerin, die rezeptpflichtige Arzneien ausgibt, nach den Tabletten.

»Aspirin?«, sagte sie und deutete auf nicht weniger als fünf Gänge mit Arznei- und Gesundheitsprodukten hinter meinem Rücken, »Gang sieben a. Dort stehen auch die Generika.«

Tatsächlich fand ich dort ein ganzes Sortiment von Kopfschmerztabletten. Allein siebenundsechzig verschiedene Aspirin-Produkte. Ich zählte sie extra, als ich vor dem Schmerzmittel-Überfluss stand. Vom niedrig dosierten »Baby-Aspirin« bis zu »Goody's extrastarkem Kopfschmerzpulver«, von einer Packung mit vier Brausetabletten bis zu Flaschen mit tausend Pillen war alles vorhanden. Das ist schon mal bemerkenswert.

Überhaupt war das Angebot an Gesundheitsprodukten schwindelerregend: bestimmt hundert Regalmeter, so hoch die Hände greifen können, nur Tabletten und Pulver, Salben und Cremes, von Colon Cleans zur milden Abführung über den Life-Balance-Acai-Saft zur Selbstfindung, Father John's Hustenmedizin oder Durex-Play-Utopia-Gel für gewisse Stunden bis hin zur stinknormalen Jergens-Hautlotion. All das ist in jeder x-beliebigen Drogerie zu finden. Natürlich waren nicht wenige der Produkte Vitamine und andere Zusätze, mit denen man die schlechte Ernährung aufpeppen kann. Wo es ein Angebot gibt, da existiert auch eine Nachfrage. Das konnte auf Dauer nicht an uns vorübergehen.

Martina gibt sich stoisch, als ich sie eines Nachmittags darauf anspreche. »Ich weiß gar nicht, was du immer hast, schaden kann es doch nicht. Vor allem nicht jetzt im Herbst, wenn die Kinder wieder mit Schniefen und Husten anfangen«, sagt sie nur. Thema abgehakt.

Ich geb's ja zu: Auch ich habe meinen kleinen Gesundheitstick. Ich jogge gern. Manchmal bin ich auf dem Crescent Trail unterwegs. Das ist eine alte Bahntrasse, die mitten durch Bethesda hinab zum breit und träge dahingleitenden Potomac führt. Vor Jahren schon wurde sie zum Wander- und Fahrradweg umgebaut. Hinunter geht es wunderbar, hinauf aber keucht man wie die Dampflokomotiven, die hier einst fuhren. Jedenfalls geht es mir immer so. Regelmäßig ziehen dann behelmte Radfahrer im aerodynamischen Sport-Outfit scheinbar mühelos an mir vorüber. Wenn sie mich überholen, brüllen sie schon in hundert Metern Entfernung von hinten: »*On your left* – zu deiner Linken!« Damit ich ihnen ja nicht auf die Spur tapse.

Schlimmer noch aber sind die schlanken Läufer, die, während ich schweren Trittes die Trasse emportrabe, leichtfüßig den Hügel erklimmen – und mich im Staub zurücklassen. Mindestens zwei Wasserflaschen haben sie in einem Gurt umgeschnallt, wie einst die Cowboys Patronen im Gürtel trugen. Was, so verstehe ich das jedenfalls, ihre Entschlossenheit zum gesunden Lebenswandel nur noch deutlicher unterstreichen soll.

Ich frage mich ernsthaft, was wohl dahintersteckt. Was steht hinter diesem kollektiven Gesundheitswahn und Fitnessfetischismus, der ohne Zweifel extrem verbreitet ist in Amerika?

Selbst Kinder werden zur *fitness mania* angehalten. Am letzten Sonntag waren wir draußen in Rockville, einem Vorort zehn Meilen außerhalb, zum *Darcars Young Run*. Das ist ein Mini-Marathon nur für Kids, den ein Autohändler schon seit zwanzig Jahren veranstaltet. Ein Riesenunternehmen: Tausende von Kindern gehen da in vier Altersgruppen an den Start. Auch unsere drei sind dabei. Freiwillig sogar.

Es ist ein wunderschöner Herbstmorgen, als wir zum *run* aufbrechen. Kalt, aber sonnig, das Laub an den Bäumen färbt sich golden. Auch ein paar feuerrote Tupfer sind dazwischen. Jedes Kind hat bei der Registrierung eine Startnummer bekommen, die wir mit Sicherheitsnadeln auf dem Sweatshirt befestigen. Anna hat die Nummer 3256. So viele Kids sind also mindestens am Start. Eine Meile, zwei Meilen laufen sie durch den Wald, je nach Alter. Selbst fünfjährige Knirpse. Am Ziel stehen die johlenden Eltern – und ein Fotograf, der im Internet die Bilder der tapfer durchhaltenden Läufer feilbietet. Und alle sind hinterher mächtig stolz. Die Kleinen erhalten in einem großen weißen Partyzelt anschließend eine Banane, einen Müsli-Riegel und eine Flasche Wasser, als hätten sie gerade eine Trainingseinheit fürs *boot camp* hinter sich – und eine kleine Medaille, die sie sich wie einen Orden anheften können.

»Habt ihr toll gemacht«, sage ich auf der Rückfahrt anerkennend zu unseren rotbäckigen Medaillenträgern, gerade als wir einen McDonald's passieren.

»Kann ich einen Cheeseburger haben?«, fragt Chris erwartungsgemäß. »Ich hab so einen Hunger.«

Es ist wie ein Pawlow'scher Reflex. Kaum taucht irgendwo das große gelbe M auf, will mindestens ein Kind hin. Ich sage Nein. Auch so ein Reflex. Unter Murren gebe ich diesmal zu bedenken, dass wir bald zu Hause sind und dass dort Müsli und leckerer Obstsalat auf sie warten. Und weil sie so gut gelaufen sind, macht Martina ihnen auch noch Rührei. Aber ich bin mir nicht sicher, ob sie das wirklich aussöhnt.

Vielleicht ist der Gesundheitskult so vieler Amerikaner ja auch nur ein Reflex – sozusagen die Antwort auf die schlechte Ernährung und die Gleichgültigkeit, mit der Abermillionen ihrer Landsleute vorsätzlich ihre Gesundheit ruinieren.

Geradezu obsessiv gesund leben diese Fitnessaposstel. Jeff zum Beispiel, unser Nachbar auf der anderen Seite. Ein dünnes Heft ist er, ein Asket. So einer von den Typen, die vorm Frühstück mal eben einen

Marathon laufen und dann den Rest des Tages wieder im Büro sitzen, um über den Akten für das nächste Gerichtsverfahren zu brüten. Jeff ist Anwalt in einer der zahllosen Kanzleien in Washington, und er führt manchmal Prozesse, die sich über mehrere Monate hinziehen. Wenn er könne, erzählte er mir einmal, so von Mann zu Mann, als wir zufällig zur selben Zeit den Zustand des Rasens in unseren Vorgärten inspizierten, gehe er mittags statt zum *lunch* zum *workout* ins *gym* – aufs Laufband im Fitnessstudio. Neunundzwanzigtausend *gyms* soll es in den USA geben mit mehr als vierzig Millionen Mitgliedern.

Ehe er ins Weiße Haus einzog, war auch Barack Obama regelmäßig im *gym*. *Politico*, ein Washingtoner Insiderblatt, hat damals akribisch notiert, dass der Kandidat zum Trizeps-Training (bis dahin wusste ich gar nicht, dass es den Muskel gibt) im Liegen Fünfzehn-Pfund-Hanteln beidseitig stemme und zwanzig Kilo pro Arm über den Kopf hebe. In dieser Hinsicht jedenfalls dürfte Obama der fitteste Präsident aller Zeiten sein. Ich habe daraufhin sofort meine alten silbergrauen Fünf-Kilo-Hanteln aus dem Kleiderschrank geholt. Sie liegen jetzt neben dem Schrank und machen mir jeden Morgen ein schlechtes Gewissen. Fünf Kilo können ganz schön schwer werden.

Verdammt schwer muss auch das Abnehmen sein. Unablässig laufen im Fernsehen Werbungen für Abmagerungskuren. Erstaunliche Ergebnisse werden da präsentiert: vorher – nachher. Egal, ob im Frühstücksfernsehen, wenn der Normalamerikaner vor der Arbeit noch schnell *Good Morning, America* einschaltet, oder am späten Vormittag, wenn die Hausfrau die Quasselrunde *The View* schaut. Genauso abends, wenn wir uns von Dianne Sawyer über die

Lage der Welt unterrichten lassen. Beim Zappen habe ich auch noch FitTV entdeckt, einen Fernsehkanal, der 24/7, also rund um die Uhr, sieben Tage die Woche, nichts anderes als Turn- und Stretchübungen oder Diätprogramme sendet – und Anleitungen zum Bauchtanz. Auf FitTV gibt es alljährlich auch den *National Body Challenge*, eine Art Trimm-Dich-Programm vom Fernsehsessel aus.

Das hört sich spannend an, finde ich. Vielleicht lässt sich die eine oder andere Übung ja auch neben dem Büroschreibtisch machen. Ich gehe auf die Website und drucke mir die Tipps aus – Tipps, ganz aus dem amerikanischen Leben gegriffen. Als Martina die Trimm-Liste auf dem Küchentisch entdeckt, kann sie sich vor Lachen kaum halten.

»Meinen die das wirklich ernst?«, fragt sie ehrlich erstaunt und deklamiert den ersten Ratschlag auf der Liste.

»Stehen Sie beim Telefonieren!« Sie sieht mich fragend an. »Das ist doch ein Witz. Dabei verbrennt man garantiert nicht eine Nanokalorie mehr.« Ich kann nicht widersprechen.

»Und hier, hast du gelesen: Gehen Sie einfach zu Fuß zum Laden an der Ecke, anstatt das Auto zu nehmen. Im Einkaufszentrum suchen Sie sich einen Parkplatz, der möglichst weit weg vom Eingang liegt.« Staunend geht sie die Liste durch. Wer ganz gut drauf sei, steht da zum Beispiel als nächster Tipp, könne sogar zweimal um das ganze Einkaufszentrum herumgehen. Aber bitte dafür nicht die bequemen Sneakers vergessen, die gelgepolsterten Laufschuhe, der Knie zuliebe.

»Guck mal«, sagt sie dann, »das ist der passende Tipp für dich.«

Ich schaue ihr über die Schulter. Was kommt wohl jetzt?

»Mähen Sie Ihren Rasen selbst und lassen dafür niemanden kommen«, liest sie vor. »Mähen auf dem Rasentraktor zählt aber nicht!«

Haha, denke ich, als ob wir einen solchen Protzrasenmäher für unsere Latifundien bräuchten. Den nächsten Tipp finde ich dagegen wirklich gut: »Anstatt jemanden zu bitten, Ihnen einen Drink zu bringen, stehen Sie von der Couch auf und holen Sie sich ihn selbst.« Wenn es danach geht, bin ich topfit. Der ganze Unsinn ist übrigens von der angesehenen *American Heart Association*, dem US-Pendant zur Deutschen Herzstiftung, hochoffiziell abgesegnet.

Es ist schon paradox: In keinem Land gibt es so viele fettleibige Menschen. Aber nirgendwo sonst wird mehr Wert auf körperliche Fitness gelegt und auf jugendliches Aussehen bis ins Alter hinein.

Neulich erst habe ich das genauestens studieren können. Da war ich für ein paar Tage wegen einer Recherche im Western-Land unterwegs, in Arizona und New Mexico. Rote Wüste und tiefe Canyons. Gewaltige Kakteen und endlose Weite bis zum Horizont, wo rotglühend die Sonne untergeht – so wie man es nur von kitschigen Fototapeten kennt. In Santa Fe hatte ich zu tun, der Hauptstadt des Bundesstaates New Mexico. Noch nie habe ich so viel Silberbärte und Halbglatzen auf einmal gesehen. Santa Fe ist einer der beliebtesten Seniorentreffs der USA (von den Pensionärssiedlungen in Florida einmal abgesehen), sozusagen ein fleischgewordenes Oldtimer-Museum.

Ein ganz besonderes Rentnerhäuflein trifft sich hier: die Pensionäre der Hippie-Generation. Auf der

Harley Davidson knattern sie über den Highway (und rund um die Plaza von Santa Fe), als wäre *Easy Rider* nicht ein vier Jahrzehnte alter Filmklassiker, sondern gerade erst gestern auf den Kinoleinwänden angelaufen. Die Männer mit verspiegelten Sonnenbrillen und schwarzen Lederwesten, die so weit offen stehen, dass man ihre grauen Brusthaare zählen kann. Die Frauen mit cooler Ray Ban und rot-weiß kariertem Kopftuch, damit der Fahrtwind die Frisur nicht allzu sehr durcheinanderwirbelt. Wer dazu geboren ist, wild zu sein und frei, der trägt keinen Helm. Wo kämen wir denn da hin! Noch immer sind die früheren Blumenkinder knatternd unterwegs auf ihrem Selbstfindungstrip, als wären sie in ihren Zwanzigern und würden nicht inzwischen stramm auf die siebzig zugehen.

Sie helfen kräftig nach, um Psyche und Körper jung zu halten. Wie das geht, kann man in der *Santa Fe Sun*, einem Anzeigenblatt, nachblättern. Unter der Rubrik »Lebenshilfe« sind dort Spalten um Spalten mit Annoncen für Unterricht in Schamanismus und Erkundung übersinnlicher Sphären gefüllt. In den Regalen des örtlichen Drogeriemarktes stapeln sich die Produkte zur Stärkung der Herzleistung *(Alive! Yumberry Antioxident)*, des Denkvermögens *(Mushrooms for Mental Clarity)* oder zum Abbau altersbedingter geplatzter Äderchen *(Varico Veins)*. Natürlich gibt es auch potenzsteigernde Mittel, so etwas wie Viagra auf pflanzlicher Basis.

Gerade habe ich mir auf Youtube ein altes Bob-Dylan-Lied heruntergeladen.

»Auf dass du eine Leiter zu den Sternen nimmst und du jede Sprosse einzeln klimmst«, lautet eine Zeile darin. Das ist wirklich schön. Lange habe ich es nicht mehr gehört, aber in Santa Fe ist es mir wieder in den Sinn gekommen. Es heißt »Forever Young«.

Seither ist mir alles klar, und ich begreife, was hinter dem Fitnesswahn und Gesundheitsfetischismus der Amerikaner stecken muss: Sie träumen den uralten Menschheitstraum von ewiger Jugend und Unsterblichkeit.

Das muss ich mir gleich aufschreiben, damit ich das nicht vergesse. Und dann muss ich noch meine Vitamintablette für heute nehmen. Damit ich jung bleibe.

13.

Respect

Wer zum Präsidenten der Vereinigten Staaten von Amerika will, der muss warten können. Das gilt auch für mich. Erst in der vergangenen Woche hat mein Boss aus München angerufen. Über dies und das haben wir geredet. Dann kam die Frage: »Wie weit ist denn dein Interview mit dem Präsidenten?«

»Oh«, sagte ich, »das ist in Arbeit.«

Natürlich war es ein Scherz. Die Frage, meine ich. Mein Boss war selbst einmal Korrespondent in Washington und kennt das Geschäft. Ihm muss ich nichts vormachen. Er weiß wie schwierig es für deutsche, überhaupt für ausländische Korrespondenten in Washington ist, an wichtige US-Politiker heranzukommen. Geschweige denn an den Präsidenten.

Ein Tête-à-Tête mit dem mächtigsten Mann der freien Welt gewährt das Weiße Haus bevorzugt den Größen der amerikanischen Fernsehsender und vielleicht noch den Korrespondenten der einen oder anderen bedeutenden US-Tageszeitung.

Sogar in die beliebten Talkshows zu nächtlicher Stunde ist Barack Obama gegangen. Bei David Letterman hat er schon Witzchen gerissen, hat mit Jay Leno herumgealbert. So etwas hat vor ihm noch kein amtierender US-Präsident gemacht. Berührungsängste kennt er also nicht. Das kommt gewiss an beim

Publikum – beim US-Publikum, und allein darum geht es.

Wenn er mit Ausländern spricht, dann höchstens einmal, bevor er deren Länder besucht. Dann sind es meistens die Fernsehleute, die das große Los ziehen. Bilder, so das simple Kalkül der Pressemenschen im Weißen Haus, sprechen eben manchmal mehr als tausend Worte. In jedem Fall hat man als Korrespondent einer ausländischen Tageszeitung nicht gerade große Chancen, ein trautes Zusammensein mit dem Präsidenten selbst zu initiieren. Es sei denn …

Aber das sagte ich meinem Boss am Telefon lieber nicht.

Nicht einmal die eher unbedeutenden Politiker Washingtons – und von denen gibt es viele, auch wenn sie es selbst nicht wahrhaben wollen – gewähren einem Interviews. Erst neulich habe ich in der Deutschen Botschaft einen leibhaftigen Kongressabgeordneten gesprochen. Das war eine Ausnahme. Aber er war auch neu im Geschäft.

Der gute Mann war das, was im Washingtoner Jargon *freshman* genannt wird, ein Novize im Kongress, ein Hinterbänkler aus dem Staate Massachusetts. Vielleicht nahm er die Einladung nur an, um als *dinner speaker* in der Botschaft aufzutreten. Im kommenden Jahr, da war ich mir sicher, würde er das nicht noch einmal machen. Immerhin hatte er Verbindungen zu Deutschland: Sein Vater war zwar irischer Herkunft, und das sah man auch. Er hatte einen (ergrauten) Wuschelkopf wie die Kennedys und die rötlich helle Haut vieler Menschen, deren Vorfahren von der windzerzausten Insel stammen. Doch seine Mutter kam aus Deutschland, war gar eine echte Baroness. Er selbst sprach ganz passabel Deutsch, hatte vor Jahren in Heidelberg eine Zeitlang die Sprache studiert – und das Leben, wie er anmerkte.

Er erläuterte mir das nüchterne Kalkül der Washingtoner Politiker. Bei einem Interview-Wunsch würden sie eine einzige Frage stellen: »Wie viele Wählerstimmen bringt mir das?« Wichtig sind für jeden Politiker sicherlich die großen US-Zeitungen wie die *New York Times* oder das *Wall Street Journal.* »Da schlägt man ein Interview nicht aus.« Auch für die lokale Presse hat man immer ein offenes Ohr. Im ganzen Land ausgestrahlte TV-Auftritte dagegen oder, besser noch, Interviews für das lokale Fernsehen im eigenen Wahlkreis – das sind Volltreffer.

»Ja«, sagte ich und nickte verständnisvoll, »viele Wählerstimmen bringe ich da nicht.«

Der Kongressmann klopfte mir kurz freundlich auf die Schulter – und ging.

Nun aber bin ich tatsächlich im Weißen Haus. Nicht für ein Interview mit dem Präsidenten, es ist vielmehr eine Pressekonferenz. Doch immerhin mit dem Präsidenten, nicht mit seinem Sprecher. Lange genug hat es schließlich gedauert. Ich meine jetzt nicht das Rendezvous mit dem Chefamerikaner, sondern die Prozedur, ehe man ins Weiße Haus vorgelassen wird.

Ausgewiesene *White House Correspondents* haben es da etwas einfacher. Aber zu denen gehöre ich nicht. Ich muss mit meiner Berichterstattung schließlich ganz Amerika abdecken und nicht nur den Präsidenten, sozusagen den ganzen Kuchen und nicht nur das *icing*, die bunte Zuckergussverzierung obendrauf.

Dabei steht es einem als Korrespondenten in Washington grundsätzlich offen, Mitglied des *White House Press Corps* zu werden, jenes erlauchten Clubs der Dichter im Weißen Haus. Die Mitgliedschaft ersitzt man sich ganz einfach. Besser gesagt, man ersteht sie sich. Man muss sich nur regelmäßig zu den mittäglichen Pressekonferenzen des Präsidentensprechers im *Briefing Room* anmelden, gleich rechts neben dem säulengeschmückten Hauptportal – und dann auch hingehen. Ein junger Assistent, der gerade ein Praktikum im Weißen Haus macht, hakt dann die Namen ab. So wissen sie, dass man da war.

Die großen amerikanischen Zeitungen und Fernsehsender haben natürlich einen oder oft mehrere Reporter, die nichts anderes tun, als den Präsidenten zu beobachten. Tagein, tagaus sind sie im Weißen Haus. Wenn *POTUS*, wie sie den Vormann der Nation nennen – *President Of The United States* –, wenn *POTUS* also verreist, fahren sie mit. Und sei es nur, dass er die halbe Stunde zu einer Partie Golf hinüber nach Fort Belvoir auf die andere Seite des Flusses in Virginia fährt. Eine Abordnung der *White House Correspondents* ist immer dabei.

Als Korrespondent einer ausländischen Zeitung hat man diese Muße nicht. Schließlich muss man genauso über illegale Einwanderer in Arizona oder Gang-Morde in Chicago schreiben, über die Gesundheitsreform oder die Kriege im Irak und in Afghanistan, über Hurrikans und den *Supreme Court*. Über Machtkämpfe im Repräsentantenhaus oder Abstimmungsmarathons im Senat. Über Rassismus und Armut, Sex in der Politik oder die strategische Neuausrichtung der USA in Asien. Man muss in diesem Land unterwegs sein – das Anschauungsmaterial für Storys sammeln, Reportagen schreiben, Stimmungen einfangen. Kurzum: Regelmäßig mittags gegen zwölf im Souterrain des Weißen Haus zu den Presse-Briefings aufzukreuzen, das ist ein Ding der Unmöglichkeit.

Natürlich war ich dennoch schon einmal dabei. Habe mich brav seitlich an die Wand des schmalen Raums gedrückt. Exakt neunundvierzig Sitzplätze gibt es, und alle sind sie fest vergeben. *Time* steht da zum Beispiel auf der Unterseite der blau gepolsterten Sitze, die wie im Kino hochgeklappt sind, oder *Boston Globe*. Wehe man setzt sich trotzdem, und im letzten Moment kommt doch noch der wahre Inhaber des Stuhles. Dann räumt man besser ganz schnell den Platz. Schließlich muss jede Zeitung oder jeder Sender pro Sitz tausendfünfhundert Dollar zahlen.

Was für ein Unterschied zur Bundespressekonferenz in Berlin. Dort sitzen die Journalisten in einem lichtdurchfluteten Raum von der Größe eines Kinosaals (und haben keine reservierten Plätze). Allerdings ist der Saal höchstens dann voll besetzt, wenn ein Minister zurücktritt oder die Koalition platzt. Der Presseraum des Präsidenten der einzigen Supermacht der Welt hingegen ist meist rappelvoll – könnte aber von der Größe her nicht einmal einem Berliner Programmkino das Wasser reichen.

Weil ich nicht in den Club der Präsidentenkorrespondenten eingetreten bin, muss ich jetzt erst einmal draußen warten: Ich stehe also am Eingang zum Weißen Haus.

Umständlich überprüft der Wachsoldat in einem kleinen Pavillon hinter dem schwarzen Gitterzaun um das Grundstück 1600 Pennsylvania Avenue meinen Pass. Das Weiße Haus ist bisher der einzige Ort in Amerika, wo ich tatsächlich meinen deutschen Pass vorlegen muss – von der Einreisekontrolle einmal abgesehen. Wie am Flughafen soll ich nun einen

Metalldetektor passieren. Und bitte nicht die Münzen in der Hosentasche vergessen. Die Geräte sind hier – verständlicherweise – ziemlich genau kalibriert. Natürlich piepsen sie bei mir.

»*Sir*, Ihr Gürtel«, bellt ein Wachsergeant, dessen Tonfall signalisiert, dass dies hier kein Spaß ist, »und nehmen Sie auch Ihre Uhr ab.«

Gürtel und Uhr gehen aufs Band, ich gehe durch den Detektorbogen. Kein Piepsen. Geschafft.

Dann heißt es ausharren. Zwei Stunden bevor es losgeht, so haben uns die Presseleute des Präsidenten aufgetragen, möge man bitte da sein. Deshalb habe ich nun genügend Zeit, das Treiben im *Briefing Room* zu verfolgen. Tatsächlich passiert nicht viel. Alle warten auf die Pressekonferenz, quetschen sich in die kleine Kochnische hinter dem eigentlichen *Briefing Room*, wo außer ein paar Tischchen eine Mikrowelle und zwei Automaten für Soft Drinks und Snacks stehen. Nein, gesund ernähren sich *White House Correspondents* bestimmt nicht.

Die Kids zu Hause finden es gut, dass ich auf Präsidenten-Besuch bin. Ich glaube, sie geben damit an.

»*Obama rocks*«, rief Christopher, als ich ihnen beim Frühstück erzählt habe, dass ich den Präsidenten heute Abend im Weißen Haus sehe – »*Obama* ist absolute Spitze«. In seiner Schule waren sie damals bei der Wahl alle für Obama. In Burning Tree gab es sogar eine Probeabstimmung der Kinder. Das machen viele Schulen in Amerika; *mock elections* nennen sie das. Fünfundachtzig Prozent der BT-Schüler schrieben Obama auf ihre Wahlzettel.

»Da brauchst du nicht lange überlegen, für wen die Eltern gestimmt haben«, meinte Martina beim Bagelschmieren.

Bethesda ist tatsächlich fest in demokratischer Hand, und kaum jemand macht daraus ein Geheimnis. Da brauchen wir nur an unsere Nachbarin Laureen zu denken. Sie hatte auf die Heckklappe ihres bordeauxfarbenen SUVs den blaugründigen Schriftzug der Obama-Kampagne geklebt – ein schöner Farbkontrast. Sie ist schließlich Künstlerin.

Bumpersticker lieben die Amerikaner ohnehin. Vor allem zu Wahlkampfzeiten kleistern sie ihre Autos mit Stickern zu. Wenn hinten *»Kerry for President«* draufklebt, weiß man, dass die Karre schon einige Jahre auf dem Buckel hat: John Kerry wollte 2004 ins Weiße Haus einziehen. Bekanntlich blieb ein anderer dort Hausherr. Dem waren dann später Aufkleber mit der Ziffernfolge 01.20.09 gewidmet. Da habe ich, ich gebe es zu, eine Weile gebraucht, bis ich dahintergekommen bin, was das wohl zu bedeuten hatte: Es war der Tag, an dem der Nachfolger des verhassten George W. sein Amt angetreten hat, in der amerikanischen Datumsschreibweise.

»Guys«, ruft auf einmal ein junger Mann, dessen dunkelblauer Anzug noch ziemlich neu aussieht. Wahrscheinlich ist es sein erster. »Leute«, ruft er in den *Briefing Room*, »macht euch fertig. In fünf Minuten könnt ihr rüber.«

Es geht endlich weiter. Unter den wachsamen Augen von *Secret-Service*-Agenten, die auffällig unauffällig herumstehen, lässt der Praktikant im College-Alter die Medienleute durch den Hintereingang des *Briefing Room* hinaus. Über eine schmale Treppe gelangen wir im Gänsemarsch zur Auffahrt des Weißen Hauses. Immerhin dürfen wir zum Haupteingang wieder hinein. Sechs Marmorstufen führen zum Portal hinauf, und dann? Ich passiere nichts weiter als eine einfache, abgenutzte gläserne Schwingtür – so eine, wie es sie früher in den D-Zügen der Bahn gab, um die zweite von der ersten Klasse zu trennen. Der Eingang zum Allerheiligsten der Weltmacht.

Wie bescheiden die Dimensionen des Foyers sind! Jedes Marriott-Hotel in der amerikanischen Provinz hat heute ein größeres Vestibül. Gut, dort begrüßt auch nicht Bill Clinton die Besucher. Sein Porträt in Öl hängt rechts an der Wand in der Diele des Weißen Hauses. Links geht es zum *East Room*. Der macht einiges wieder wett. Richtig pompös ist er.

Hier also bittet der Präsident zum Gespräch. Kolossale Pilaster stützen die Decke, so hoch, dass eine Giraffe bequem stehen könnte. Sie müsste nur mit den drei Kronleuchtern aufpassen. An den Seitenwänden hängen gigantische Spiegel über Kaminen, in denen halbe Baumstämme liegen. Die Fenster zur Pennsylvania Avenue und auf der anderen Seite zum Garten hin, zum *South Lawn*, sind mit golddurchwirkten Brokatportieren verhängt.

Eigentlich ist der *East Room* ein Ballsaal. Was hat dieser Raum nicht schon alles gesehen, denke ich, als ich mich auf dem mir zugewiesenen Stuhl umschaue – Platz Nummer einhundertdreißig. Vorsichtig lasse ich mich gegen die Lehne sinken, die in einem matten Goldton gehalten ist. Selbstverständlich. Allerdings stelle ich bei genauerer Inspektion fest, dass die Lehne nicht wirklich mit Blattgold überzogen, sondern schlicht aus Kunststoff ist. Wahrscheinlich auch noch *Made in China*, wie eigentlich alle Plastikmöbel in den USA. Aber das wage ich im Moment nun wirklich nicht festzustellen. Bestimmt würden mich sofort mindestens drei *Secret-Service*-Agenten mit eisernem Griff abführen, würde ich jetzt aufstehen und den Stuhl umdrehen, auf der Suche nach der internationalen Herkunftsbezeichnung.

Brav bleibe ich also sitzen auf meinem Goldrandplastikstuhl und hänge in Gedanken ein bisschen der Vergangenheit dieses Saales nach. Hier hat Abigail Adams, die Frau des zweiten Präsidenten der Republik, ihre Wäsche zum Trocknen aufgehängt. Auch nicht schlecht. Hier lag John F. Kennedy aufgebahrt. Ein traumatischer Tag für Amerika bis heute. Hier hat Ronald Reagan seine Frau Nancy abgeklatscht, als sie zu lange mit Frank Sinatra, dem alten Charmeur, Foxtrott tanzte. Und hier ist Amy, Jimmy Carters Augenstern, mit ihren nigelnagelneuen *roller skates* übers Parkett geflitzt.

Eigentlich ist dies der schillerndste Raum im Weißen Haus – nicht das berühmte *Oval Office* mit dem legendären Präsidentenschreibtisch, der aus dem Holz der englischen Fregatte *Resolute* geschnitzt wurde, ein Geschenk von Queen Victoria. Neulich, als hoher Besuch aus Deutschland da war, durfte ich auch in den Rosengarten, ebenfalls ein mythischer Ort für präsidentielle Auftritte. Bei brüllender Hitze fand dort eine Pressekonferenz statt. Das Einzige, was sich mir davon nachhaltig eingeprägt hat, ist der Umstand, dass dort nicht nur Rosen blühen, sondern alle möglichen bunten Sommerblumen.

Nun aber bin ich zum ersten Mal im *East Room*. Kaum haben wir noch eine weitere Stunde gewartet, ist es so weit. *White House Correspondents*, so scheint mir, bringen die meiste Zeit nicht mit Recherchieren oder Schreiben zu, sondern schlicht mit Warten. Alle springen auf. Das macht man so, wenn der Präsident den Raum betritt. Es ist exakt acht Uhr abends, die Pressekonferenz wird live zur besten Sendezeit im

Fernsehen übertragen, selbstverständlich von allen großen US-Sendern. Haben ARD, ZDF, RTL, ProSieben und SAT 1, ntv und N24 ohnehin, jemals live und zur selben Zeit eine Pressekonferenz aus dem Kanzleramt gezeigt? In den USA geht so etwas. Und zwar nicht nur alle Jubeljahre einmal.

Schnell schaue ich noch einmal in mein Notizbuch. Ich habe keinen Block dabei wie die meisten Kollegen. Diese kleinen, mitunter zigarettenschachtelgroßen Stenoblöcke sind in Windeseile vollgeschrieben. Da findet man später gar nichts mehr, und alles verschwindet auf Nimmerwiedersehen in der Schublade mit den anderen vollgeschriebenen Blöcken. Notizbücher dagegen kann man ins Regal stellen und Aufgeschriebenes leicht nachschlagen, wenn man vorne ein Inhaltsverzeichnis anlegt und sauber Buch führt über die Abfolge der Einträge – was ich, zugegeben, dann leider doch nicht tue.

Drei Fragen habe ich vorbereitet, exakt ausformuliert. Man weiß ja nie, vielleicht ruft einen der Präsident tatsächlich auf. Eine Namensliste hat er schließlich vor sich liegen und hakt säuberlich mit der linken Hand die Namen ab, die er aufgerufen hat. Vielleicht bleibt sein Finger auf dem Sitz mit der Nummer hundertdreißig hängen, und er ruft: »Reymer!« Der Präsident nennt alle hier beim Vornamen. Er ist ein umgänglicher Typ. Die Journalisten dagegen sagen natürlich alle: »*Mr. President.*« Das ist einfach so. Ich habe es mir vor jeder Frage notiert. »*Mr. President ...*« Damit ich es bloß nicht vor Aufregung vergesse, im Falle eines Falles.

Im Grunde hätte ich mir das alles sparen können. Von vornherein. Denn eigentlich weiß ich genau, dass hier nichts dem Zufall überlassen bleibt. Die Pressekonferenz folgt einem exakt einstudierten Plan wie ein Ballett der Choreographie. Und in der tauche ich mit einer eigenen Rolle nun einmal nicht auf.

Dieses Ballett kennt nur eine Primadonna: den Präsidenten. Er tanzt vor. Nimmt die Fragen als Anlass, um seine Pirouetten zu drehen und Minute um Minute zu reden. Lediglich ein paar ausgewählte Reporter dürfen ihre Fragen auch stellen. Deren Namen stehen auf seiner Liste – die Korrespondenten der großen amerikanischen Fernsehsender, die der wichtigen amerikanischen Zeitungen, vielleicht noch jemand aus seiner Heimatstadt Chicago. Alle anderen aber gehören sozusagen zum Ensemble und füllen als Statisten die Bühne. Melden zwecklos. Exakt eine Stunde dauert das Ganze. So viel Zeit haben die Sender dem Präsidenten für die Live-Übertragung eingeräumt. Dann sagt er: »*Okay guys, thank you*« – Leute, das war's.

Ein kurzer Blick noch, und wir sehen den Präsidenten auf dem roten Teppich das Foyer passieren. Dann schwingen die weißen Flügeltüren zum *East Room* wieder langsam zu.

Zwei Minuten später gehe ich über den Flauschteppich. Auch nicht schlecht, denke ich. Während der Präsident geradeaus in Richtung *Oval Office* weitergeschritten ist, trete ich, wie alle anderen plaudernd, nach rechts durch die Eingangstür hinaus in die Washingtoner Nacht.

Zu Hause begrüßt mich Martina freudestrahlend. Die Augen soll ich schließen. Dann führt sie mich drei, vier Schritte durch unsere Diele zur Wand neben der Treppe. Wäre es in der *Entrance Hall* im Weißen Haus, stünde ich jetzt in etwa vor dem Clinton-Gemälde.

»Augen auf.«

Vor mir hängt, in dem silbergrauen Rahmen, den sie neulich von Ikea mitgebracht hat – und ich habe mich noch gefragt, wofür –, das berühmte HOPE-Poster Obamas aus dem Wahlkampf. Das Plakat von Shepard Fairey, auf dem Obama, ikonengleich in Rot, Weiß und Blau, den amerikanischen Nationalfarben, wie ein Held des sozialistischen Realismus in die Ferne schaut. Inzwischen sind die ersten Exemplare wie dieses hier Sammlerstücke. Auf eBay habe sie es ersteigert, sagt Martina.

»Obama rocks«, ruft Christopher just in dem Moment von oben.

Er sollte eigentlich längst schlafen.

14.
Born in the U. S. A.

Im Oktober dann ist es so weit. Ein wunderschöner Abend, Indian Summer. Die Blätter an den Bäumen färben sich rot und gelb und braun, das ganze Kaleidoskop bunt schillernder Herbstfarben. Die Abendluft weht lau, es ist angenehm warm, und die Flipflops sind noch immer nicht weggepackt. Christopher drückt sich die Nase platt am Maschendrahtzaun um den Ballpark, das Baseball-Feld der Vikings. Das ist die Mannschaft von Walt Whitman, der Highschool gleich um die Ecke bei uns.

Aus dem Stadionlautsprecher zwischen den Bäumen scheppert blechern Louis Armstrongs »*What a Wonderful World*«. Die Vikings, schlanke, großgewachsene Jungs in dunkelblauen Hemden, (noch) schneeweißen Hosen und weißen Helmen machen sich warm für das Spiel gegen das Team von der Landon School, der benachbarten, piekfeinen und deshalb selbstredend privaten Knabenschule. Vom blauen Himmel singt der alte Satchmo und von weißen Wolken, von *friends shaking hands*. Fast werde ich ein bisschen sentimental, wäre da nicht dieses wiederkehrende Klong, das mich in die Realität, ins Hier und Jetzt zurückholt. Klong macht es. Jedes Mal, wenn der *batter*, der Mann mit dem Schläger, den Ball trifft und ihn weit übers Feld donnert. Klong.

Ich stehe ebenfalls am Zaun, zugegeben deutlich weniger enthusiastisch für die Vikings als mein sechsjähriger Sohn. Ehrlich gesagt, bin ich eher gelangweilt. Ich verstehe nicht so recht, was diese neun Kerle da veranstalten. Ich sehe, wie der *pitcher*, der Werfer, jäh das linke Knie hochreißt, weit mit dem rechten Arm ausholt und dann das weiße, harte Baseball-Lederkügelchen auf die Reise Richtung *batter* schickt, bei dem es in genau vorgeschriebener Höhe zwischen Hüfte und Brust einzutreffen hat. Klong. Das ist alles.

Aber die Musik ist gut. Klong macht es, als Steve Millers »*Joker*« aus den Lautsprechern über den Rasen weht. Klong, als »*Sweet Baby*« James Taylor den Turnpike von Boston nach Stockbridge entlangfährt. Klong-klong. Mittlerweile dudelt John Denver aus dem Lautsprecher, singt von den *country roads*, von West Virginia und von Mountain Momma. Das Flutlicht hellt die Dämmerung auf. Dann sagt Christopher den Satz, den ich irgendwie erwartet habe, erwartet und gefürchtet.

»Dad, ich will auch Baseball spielen.«

Klong!

»Aber du spielst doch jetzt *soccer*, Chris.«

Ich sage auch schon nicht mehr Fußball. Wie die Kinder sage ich inzwischen *soccer*.

»Marc und Neo spielen auch *soccer und* Baseball«, wendet er ein. Ein gutes Argument.

»Hm«, sage ich, weil mir nichts weiter einfällt, »wir schauen mal.«

»Warum soll er es nicht mal probieren?«, lautet Martinas Kommentar, als wir nach Hause kommen und Chris gleich seinen Entschluss herausposaunt.

Martina ist in allem, was Sport angeht, viel aufgeschlossener – und geduldiger als ich. Sie fährt die Kleinen in der Regel zum Schwimmen und zum Fußball, zum Tennis, Hockey oder zum Lauftreff des Pyle-Track-Teams, dem sich Anna angeschlossen hat. Nun also Baseball! Und ich kann im Grunde nichts dagegenhalten.

Baseball ist die amerikanischste aller Sportarten, ein Inbegriff neuweltlicher Lebenskultur. Jeder meiner Nachbarn hat ein Lieblingsteam. Und jeder Dad, der einen Sohn zwischen fünf und fünfzehn hat, kennt am Wochenende seine heilige Pflicht: Er muss den *pitcher* geben.

»Ein paar Bälle werfen, schaffst selbst du noch«, sagt Martina. Sie weiß, dass Sport nicht wirklich meine große Leidenschaft ist.

Als Schüler bei den Bundesjugendspielen war ich im Fünfundsiebzig-Meter-Lauf und beim Weitsprung zwar ganz passabel, aber alle Hoffnung auf eine Ehrenurkunde haben die miserablen Ergebnisse beim Ballwurf zunichtegemacht. Nun soll ausgerechnet *ich* werfen. Ball werfen!

Play catch, das Bällezuwerfen auf der Straße vorm Haus, im Garten, im Park in der Nachbarschaft, egal wo, ist ein amerikanisches Männlichkeitsritual. Ganze Websites sind diesem Ritual gewidmet. Dem werde ich mich wohl kaum entziehen können. Ich sehe es schon deutlich vor mir. Natürlich steckt viel, viel mehr dahinter als allein der Sport: Es geht ums *bonding*, um den Bund fürs Leben, der an diesen Wochenenden zwischen Vater und Sohn geschlossen wird, »weil es die Gelegenheit bietet, mit ihrem Sohn tiefschürfende Gespräche übers Leben zu führen«, wie einmal in dem wunderbaren Blog »*The Art of Manliness*« nachzulesen war, die Kunst der Männlichkeit.

Jeden Sonntag sehe ich die Dads, wenn ich gleich neben dem Baseball-Feld auf der Tartanbahn der Highschool meine Runden drehe. All die Väter, die den *pitcher* geben und mit ihren Zwergen trainieren. Gutgelaunt bis reichlich genervt – je nachdem, wie talentiert der Nachwuchs ist oder wie stressig die Washingtoner Arbeitswoche war im Kongress oder einem der Giga-Ministerien, in einer der zahllosen Anwaltskanzleien oder Lobbyfirmen der Hauptstadt.

Manchmal ist sogar ein Klong zu hören, wenn ich meine Runden drehe, gefolgt von einem hellen Jubelschrei und einem sonoren väterlichen Lob. Meist aber bleibt es still, und Daddy wirft geduldig den nächsten Ball, bis es irgendwann einmal klong gemacht hat (vermutlich wenn ich gerade schon wieder brav nach Hause trabe).

Trotz dieser sonntäglichen Studien weiß ich nicht so recht, wie ich den Ball werfen sollte, wie das Knie hochziehen, den Arm in die richtige Ballhöhe bringen. Geschweige denn, dass ich die Myriaden komplizierter Regeln beherrsche, die man draufhaben muss, um Baseball wirklich zu durchschauen.

Was ein schwerer Fehler sein könnte, wie ich mir reumütig eingestehe. Nicht nur wegen Chris. Weil wir deshalb keine hintergründigen Gespräche über das Leben führen können und mein Sohn nun womöglich einen Schaden für eben dieses Leben davonträgt. Nein, vielmehr weil ich deshalb womöglich Amerika nie richtig begreifen werde. Das Mysterium des Baseball zu durchdringen, so hat mir ein Kollege gleich nach unserer Ankunft in den USA zu verstehen gegeben, ist für einen deutschen Journalisten mindestens genauso wichtig wie der direkte Zugang ins Weiße Haus.

Wenn nicht noch wichtiger.

»Du kapierst dieses Land eigentlich nur, wenn du die Abläufe beim Baseball kennst«, dozierte er bei einer Party mit einem Glas Chardonnay in der Hand. Das Beharren auf die minutiöse Einhaltung kompliziertester Regeln. Die Liebe zum *fairplay*. Die Freude am Wettbewerb, ja die Huldigung des geduldigen Kräftemessens. Die Verehrung für die Rekordhalter, die Meister der sportlichen Kunst.

Babe Ruth, der legendäre Werfer der New York Yankees in den zwanziger Jahren, *the Bambino*, der König der *homeruns*, ist auch nach bald einem Jahrhundert noch ein amerikanischer Held, ein Halbgott, der erste Superstar des Sports, in einer Liga mit Muhammad Ali und Michael »Air« Jordan. Papa Hemingway, der große Schreiber, hat alles gesammelt, was mit Baseball zu tun hatte, Karten, Tickets, Poster, und hat später, auf seiner Finca in Kuba, sogar einen Ballpark angelegt und mit den Kids aus dem *barrio* gespielt. Als Sportreporter in Kansas City hat er einst angefangen. Ronald Reagan war Ansager im Ballpark der Chicago Cubs und bemerkte später, als er es zum Präsidenten gebracht hatte, dass er gar nichts dagegen hätte, wenn zur Abwechslung ein verirrter Baseball durch die Scheiben des Oval Office klirren würde.

Ich habe dem Kollegen nicht wirklich geglaubt. Dennoch hat mich die Ergründung des amerikanischen Wesens mit Hilfe des Sports im Allgemeinen und des Baseball im Besonderen schon eine Weile beschäftigt. Allerdings habe ich immer die stille Hoffnung gehegt, dass ich mich nicht allzu sehr auf das Spiel und vor allem dessen verflixt kompliziertes Regelgeflecht einlassen müsse.

Vielleicht, so hatte ich mir gesagt, kann ich das alles umschiffen und trotzdem einen Zugang zur Sportbegeisterung Amerikas finden, und zwar nicht nur im Ballpark der Vikings oder dem Stadion der Profis von den Washington Nationals. Vielleicht bekomme ich ja ein Gespür dafür, wenn wir auf den Fußballplätzen und Hockeyfeldern in unserer Umgebung unterwegs sind. Dort, wo unsere Kinder wie ihre amerikanischen Freunde am Wochenende Sport treiben. Dort, wo die Vorliebe für Sport und Wettkampf schon von klein auf gefördert wird. Jedes Wochenende.

Es hat tatsächlich nicht lange gedauert, bis wir zu *soccer mom* und *soccer dad* mutiert waren. Wahlweise auch zum *hockey dad* und zur *basketball mom*, oder umgekehrt. Bei drei Kindern kommt man da manchmal etwas durcheinander, wer gerade wo im Einsatz ist.

»Im *girls soccer team* der dritten Klasse ist noch ein Platz frei«, hat uns gleich zu Schulbeginn Lisa gesagt, die Mutter einer Mitschülerin. »Katherina ist doch so athletisch. Ruft einfach den Coach an.« Seitdem spielt Katherina Fußball, obwohl sie sich nie dafür interessiert hat. Aber mit den *girls* aus ihrer Klasse ist das nun natürlich etwas ganz anderes.

So gehören auch wir mittlerweile zu den Millionen zwischen Imperial Beach unten in Kalifornien und Calais ganz oben in Maine, die jeden Samstag und Sonntag die eigentlich schönsten Stunden der Woche auf dem Sportplatz zubringen. In dieser Beziehung sind wir schon ganz und gar Amerikaner. Wer in den USA Kinder hat, steht am Wochenende unweigerlich an der Außenlinie. *Rain or shine*, wie es aufmunternd in den E-Mails der *Soccer Association* heißt: Egal also, ob es eklig kühl nieselt (was es in Washington Gott sei Dank selten tut) oder ob die Sonne vom Himmel sengt und mein Kopf nach einem Tag mit drei Spielen für drei Kinder am Ende knallrot ist, weil ich natürlich die Sonnenschutzcreme nie dabeihabe und Schatten nirgendwo zu finden ist.

Manchmal ertappe ich mich dann bei dem Gedanken, wie schön es samstags im Garten sein könnte unter den schattenspendenden Kronen der mächtigen Ulmen, in der Hängematte und mit einem Buch in der Hand. Aber daran ist nicht zu denken. *Games* am Wochenende sind Pflicht. Und die bringt jeder mit Begeisterung hinter sich. Die Profis (zumindest diejenigen, die mehr als zwei Kinder oder einen Bandscheibenschaden haben oder schlicht keine Lust, sich die Beine so lange in den Bauch zu stehen) rücken zum Spiel mit einem Camping-Stuhl an, in dessen Armlehne wie im Kinosizt eine Halterung für den Thermosbecher mit Kaffee eingelassen ist. Worüber ich anfangs natürlich die Nase gerümpft habe. Ein Stündchen wird man doch noch so durchstehen können! Inzwischen haben auch wir zwei Stühle angeschafft, grellorange und giftgrün, mit weißen Armlehnen.

»Nicht unbedingt das Luxusmodell«, bemerkt Martina, als ich die Stühle zum ersten Mal aufklappe und feststellen muss, dass sie eher wie biedere Strandstühle aussehen und nicht wie die schicken Regisseurssessel, die all die anderen haben. Bequem sind sie trotzdem. Und auf den Kaffee zum Spiel möchte ich mittlerweile auch nicht mehr verzichten.

»Der Thermosbecher ist eine perfekte Erfindung«, habe ich nach dessen erstem Einsatz Martina vorgeschwärmt.

»Ja, man muss nur den Dreh raushaben, wie man daraus trinkt, ohne zu kleckern«, hatte sie nur gesagt und auf mein neues lichtblaues Poloshirt gezeigt. Und auf den dicken, braunen Kaffeefleck auf meinem Bauch.

Es gibt feste Regeln im amerikanischen Sport. Das haben wir schnell gelernt. Nicht nur für die Spieler auf dem Feld. Nein, auch und besonders für die Eltern am Rande des sportlichen Geschehens. Benimmregeln. *Code of Conduct* heißt das hier. Jede Saison muss man den Sermon unterschreiben: dass man sich auch ja ordentlich aufführt, nicht brüllt, keine unflätigen Bemerkungen über das gegnerische Team loslässt. *»Go get her«*, oder so etwas in der Art, »hau sie nieder.«

Aber bei uns besteht da ohnehin keine Gefahr. Martina lächelt nur, wenn sie ihre Unterschrift daruntersetzt. Sie verplaudert sowieso die Spiele, lässt sich von anderen Müttern das neueste *update* über all das geben, was nicht im wöchentlichen Rundbrief der Schule steht, und ist voll und ganz zufrieden, wenn jemand sie am Ende der Begegnung über das Ergebnis in Kenntnis setzt. Ich quatsche derweil mit Jay, dem Anwalt, mit Tarik, dem Atomphysiker, oder Robert, dem Computerfreak. Auch wir reden meistens nur über das eine: über Politik.

Ab und zu unterbrechen wir das Gespräch, betrachten versonnen das Treiben auf dem Platz – und loben und preisen unseren Nachwuchs in den höchsten Tönen. Das Schöne an Amerika ist die *positive attitude*, die positive Einstellung zum Leben, egal, wie groß die Diskrepanz zwischen Wunsch und Wirklichkeit ist. Beim Sport allemal. Deswegen lobt man, auch wenn es gar nichts zu loben gibt. Man ermuntert die lieben Kleinen, trällert ihnen ein erfrischendes *»nice try«* zu – den Versuch war's wert –, selbst wenn sie gerade mal wieder völlig freistehend einen halben Meter vorm Tor den Ball versemmelt haben. *»Good job«*, höre ich mich anerkennend rufen, als Katherina das kleine Sturmungeheuer vom gegnerischen Team gerade noch rechtzeitig vorm Strafraum stoppt. *»Awesome«*, toll, brülle ich tatsächlich übers Feld, wenn sie selbst einmal die Lederkugel im Netz versenkt. Das ist dann der Moment, unweigerlich, wenn Jay oder Tarik oder Robert beifällig nickend anmerken: »Das sind die deutschen Gene.« (Ich sage lieber gar nichts dazu. Sie haben mich noch nie Fußball spielen sehen.)

Bei so viel Sachverstand bleibt vielleicht nur noch anzumerken, dass mich neulich Melinda, eine mitfiebernde Mutter, allen Ernstes fragte, ob es nicht nur dann ein Tor sei, wenn der Ball im Netz zappele und nicht bloß einfach über die Linie kullere.

Der fröhliche Gleichmut der meisten Amerikaner darf jedoch nicht darüber hinwegtäuschen, dass manche Eltern den samstäglichen Wettkampf bitterernst nehmen. Gail, Phils Mutter zum Beispiel. Sie ist Psychiaterin am Johns Hopkins Hospital, einem der renommiertesten Krankenhäuser des Landes. Chris mag Phil nicht. Doch das steht auf einem anderen Blatt. Gail jedenfalls ruft ihrem Sohn ständig zu, dass er sich nicht immer den Ball abnehmen lassen solle. *»Be aggressive!«*, schreit sie sehr zum Leidwesen des Coachs quer über den Platz.

Für nicht wenige, das darf man nicht vergessen, geht es um viel mehr. Jedenfalls für diejenigen, die bei der sportlichen Betätigung ihres Nachwuchses nicht nur die Freude sehen, sondern die Dollarzeichen. Denn beim vermeintlichen Freizeitspaß beginnt für manche Kids durchaus schon der Ernst des Lebens. Wer richtig gut ist im *football* oder *soccer*, beim Basketball oder beim Baseball, als Schwimmer oder als Leichtathlet, der hat eine Chance auf ein Stipendium für eines der führenden Colleges im Land. Yale zum Beispiel, eine der Elite-Hochschulen, der *Ivy League Schools*, vergibt ein Fünftel der Plätze für Studienanfänger an herausragende Sportler. Ein paar hundert sind es jedes Jahr. Das lohnt sich bei den Studiengebühren für Privatunis. Fünfzigtausend Dollar pro Jahr können sich die wenigsten leisten, also ist ein Sportstipendium für viele der einzige Weg. Deshalb fangen sie möglichst früh an mit dem Sport. Früh und ungeduldig und erpicht darauf, die Kids, sofern sich nur der Hauch eines Talents zeigt, zu Höchstleistungen zu drillen. Phils Eltern sind da finster entschlossen, glaube ich. Sein Vater jedenfalls gibt den Hobby-Coach: Nur damit sein Sohn üben kann, trainiert er eine Mannschaft von Sechs- und Siebenjährigen. In Baseball. Ausgerechnet.

Chris hat Baseball nicht vergessen. Im Gegenteil. Nach dem Abend bei den Vikings hat er sich ein Karten-Quartett zugelegt – Baseballstars. A-Rod und wie sie alle heißen. Dann musste der *bat* her, der kegelförmige Schläger, aus Plastik erst einmal. Die Kugel ist auch noch nicht aus Leder, sondern ebenfalls aus Plastik. Den *mitten*, den dicken Lederfingerhandschuh zum Auffangen des Balls, gab's zum Geburtstag und natürlich so einen tollen Baseball-Helm mit dem kleinen Schirm über den Augen, so wie ihn die Motorradpolizisten in den USA haben.

Neulich erst, als ich Turnschuhe gekauft habe bei dem Sport-Supermarkt draußen in der Einkaufs-

Mall, habe ich die Maschine gesehen. Die Baseball-Wurfmaschine. Rot und glänzend.

Nun also steht sie im Garten und speit alle fünf Sekunden in hohem Bogen ein weißes Plastikkügelchen aus. Chris steht da, mit Helm, und schwingt seine rote Plastikkeule. Wenn er trifft, macht es Plopp. Ich liege derweil in der Hängematte und lese. Fehlen nur noch der Lautsprecher im Garten und Satchmo. *»What a Wonderful World.«* Plopp-plopp.

15.

Born to Be Wild

Inzwischen ist es richtig Herbst geworden. Der Indian Summer, der Altweibersommer, geht zu Ende. Von Grün über leuchtend Gelb und Knallrot zu einem warmen Braun haben sich die Blätter gefärbt. In der *New York Times* drucken sie in dieser Zeit jeden Tag neben der Wetterkarte eine kleine Grafik ab, die das rasante Fortschreiten der *foilage*, der Blätterfärbung, von Neuengland nach Süden anzeigt.

Nur einen Nachteil hat das Ganze. Einen gravierenden. Sind die Blätter einmal braun und am Baum vertrocknet, haben sie die irritierende Eigenschaft herunterzusegeln. Seit Wochen schon hat sich deshalb das heisere Heulen der Laubbläser über Kenwood Park gelegt, mit denen die Gartenputzkolonnen unserer Nachbarn der steigenden Blätterschwemme Herr werden wollen, ungelogen zu jeder Tages- und Nachtzeit.

Als Kind musste ich immer Laub in unserem Garten zusammenrechen. Ich habe diesen Frondienst gehasst. So war es im Grunde ein Selbstläufer, dass ich mir am vergangenen Wochenende ebenfalls einen Laubbläser gegönnt habe, Marke Toro. Sofort dachte ich an das spanische Wort für Stier. Das fand ich ganz passend. Stark wie ein *toro*! Chris findet den elektrischen Blasebalg auch gut – vor allem, wenn er die

Blätter nicht auf einen Haufen weht, sondern sie wie der Sturmwind durch den Garten wirbelt.

Doch der *Toro superblower* bietet nur für einen halben Nachmittag Ablenkung. Die eigentliche Attraktion, die die Kinder seit Wochen beschäftigt, ist etwas ganz anderes: Halloween. Die Gespenster-Spuk-Bonbonsammel-Horror-Grusel-Nacht am Vorabend des ersten Novembers, des Allerheiligen-Tages. Halloween ist groß hier. Ganz groß.

Schon in der ersten Oktoberwoche erstehen wir mehrere Kürbisse. Die gehören zu Halloween wie der Laubbläser zum Herbst. Überall sieht man sie in den Vorgärten. In Supermärkten stehen gigantische Pappkartons, randvoll mit riesigen Kürbissen, drei Dollar das Stück. Im Oktober kennt Amerika nicht mehr Rot-Weiß-Blau, die Nationalfarben, sondern nur noch eine Farbe: Orange.

Dem dürfen wir uns nicht entziehen, findet Martina. »Wir müssen unbedingt auch Kürbisse haben.« Normalerweise hat sie es nicht so mit dem Hausschmuck, passend zur Saison. Den Osterstrauß muss immer ich organisieren. Weihnachten würde sie auch glatt vergessen, würden wir sie nicht daran erinnern. Aber Halloween und Kürbisse findet sie irgendwie gut.

»Ich kann ja mit den Kids zum Supermarkt fahren«, mache ich mich anerbietig.

Martina guckt mich kurz an. Ich habe offenkundig nicht die Tragweite ihrer Äußerungen erfasst.

»Vielleicht können wir sie ja auch von einem richtigen Kürbisfeld holen und nicht nur aus dem Supermarkt. So was haben die Kinder noch nie gesehen.«

Ich auch nicht. Warum also nicht?

So sind wir am nächsten Nachmittag unterwegs,

die Georgia Avenue hinaus, immer geradeaus nach Norden, auf dem Weg zur Waterford Farm. Dort, so haben Martina ein paar Mütter in Burning Tree erzählt, können die Kinder erleben, dass Kürbisse nicht aus dem Pappkarton kommen, sondern tatsächlich auf dem Feld wachsen. Das finde ich gut. Schließlich bin ich auf dem Land groß geworden. Bei meinen Kindern habe ich dagegen die Befürchtung, dass sie ein Schwein schwerlich von einer Kuh unterscheiden können.

Das ändert sich an diesem Nachmittag. Eine riesengroße Scheune erhebt sich vor uns, ochsenblutrot gestrichen, wie es typisch ist für die Ostküste der USA. Die Dachbalken und das Tor sind in Weiß gefasst. Ein dreirädriger grüner Oldtimer-Traktor ist wie zufällig daneben geparkt. Alles wirkt sehr gepflegt, der Rasen ist überall gemäht. Einfach perfekt. Tief atme ich die Landluft ein.

»Schön ist es hier«, stelle ich zufrieden fest.

Ein paar Schritte weiter steht ein Schweinepferch. Eine dicke Sau suhlt sich, genüsslich grunzend, im Schlamm. Die Mädchen klettern wie die anderen Kinder, deren Eltern dieselbe Idee hatten wie wir, am Holzzaun hoch und bewundern das gewaltige schwarzbraune Borstenvieh. Immerhin, denke ich zufrieden, sie lernen was. Sie wissen nun, was ein Schwein ausmacht.

Auch Chris ist tief beeindruckt. »Hier stinkt's!«, ruft er, wedelt mit der Hand vor seiner Nase und zerrt uns fort.

Wir gehen unserer eigentlichen Mission nach, ziehen hinaus auf den Kürbisacker. Schon aus der Ferne blinken uns orange die Früchte an, die dort in den Furchen liegen, fast so mächtig wie das Schwein im

Pferch. Schwer sind die Dinger. Vor allem wenn nur einer, nämlich ich, gleich dre schleppen muss. Denn natürlich soll jedes Kind einen eigenen Kürbis bekommen.

»Damit es keinen Streit gibt«, sage ich begütigend, um drohendes Ungemach im Keim zu ersticken.

Aber weil wir gesehen haben, dass die Kürbisse auch an der Kasse neben der Scheune zu haben sind, beschließen wir, sie da mitzunehmen. In Unmengen sind sie dort aufgestapelt – in einem gigantischen Pappkarton für fünf Dollar fünfzig das Stück.

»Wie im Supermarkt, nur ein bisschen teurer«, bemerkt Martina, als wir unsere drei Kürbisse aus dem Pappcontainer fischen. »Aber so ein Riesenschwein will ja auch gefüttert sein.«

Ich zücke wortlos den Geldbeutel.

Morgen nun ist Halloween. Höchste Zeit, die Kürbisse auszuhöhlen, wie es die Tradition will. Denn Halloween ist im uralten keltischen Brauch eine Geisternacht. Leuchtende Fratzen aus ausgehöhlten Rüben sollten sie damals in Irland vertreiben. In den Staaten sind aus den Rüben kolossale Kürbisse geworden. In Amerika ist eben alles etwas größer. Glühende Kürbisse erschrecken die Geister bestimmt auch mehr als funzelige Rüben.

»Aarks«, sagt Christopher, allzeit wohlartikuliert, als ich den Skalp von seinem Kürbiskopf absäbele. Wie immer wollte er als Erster an der Reihe sein. Und wie so oft (viel zu oft) hatte ich nachgegeben. Nun hat er die Bescherung. Denn die Kürbisse sind mit einer schleimigen, stinkenden, faserigen Masse gefüllt. Und jedes Kind wollte natürlich seinen eigenen Kürbis selbst aushöhlen.

»Okay, ich mach's«, sage ich resigniert, als ich in

die drei angewidert dreinschauenden Gesichter um mich herum blicke.

Einen Kürbis nach dem anderen schabe ich aus und häufe den Inhalt auf eine ausgebreitete *New York Times*. Die Kinder sind inzwischen sowieso mit anderem beschäftigt und können sich mit derlei niederen Diensten nicht abgeben: Mit dickem schwarzen Filzstift zeichnen sie schon die Gesichtszüge auf die ledrige Giga-Beerenfrucht, die ich nun – aber bitte exakt – mit dem Küchenmesser auszuschneiden habe. Anna möchte einen lachenden Mund. Katherina hat einen Schlund wie ein großes, klagendes O gemalt. Chris will eine grausig gefährliche Zackenreihe. Na klar, den gruseligsten Kürbiskopf für ihn. Inzwischen ist die warme Nachmittagssonne verschwunden, und auf der *porch*, dem Treppenaufgang vor der Haustür, leuchten nun die Teelichter in unserem ausgehöhlten Kürbistrio.

Indes beschränken sich die Vorbereitungen auf Halloween bei uns nicht auf das traditionelle Präparieren von Kürbissen. Wir sind schließlich in Amerika. Deshalb liegen bereits mehrere Besuche in den *Halloween Headquarters* von Bethesda hinter uns.

Seit Ende August kann man in dieser Ramsch-Höhle sämtliche Accessoires erstehen, die Halloween erst zum Erfolg verhelfen. Den Styropor-Grabstein zum Beispiel, den wir neben unseren Aufgang ins Beet gepflanzt haben. Den Skelettmann, der vor unserer Haustür im Herbstwind seine Plastikknochen klappern lässt. Und die weißen Kunststoff-Spinnweben, die die Kinder über sämtliche verfügbaren Büsche im Vorgarten gezogen haben. Wenn man genau hinguckt, sieht man auch fiese, grellgrün und giftig türkis schimmernde Hartgummispinnen darin herumkrabbeln. Nur als die Kinder mir die Plastik-Harley mit dem Skelett-Easy-Rider vorführen, weiß ich, dass ich hart bleiben muss. Auch wenn Christopher »Bitte, Daddy« sagt und mit besonders treuem Augenaufschlag zu mir emporschaut. Man braucht nur einen Knopf zu drücken, und schon fängt der Knochenmann auf dem Bike an zu zappeln und aus einem eingebauten Lautsprecher scheppert es: »*Born to be weiheild*.«

Aber bei den Kostümen lasse ich mich zur Rundum-Komplett-Ausrüstung überreden. Bei den Mädchen gibt es da auch gar nichts einzuwenden. Katherina ist die gute Fee. Da kann sie sich so einen schönen, mit glitzernden Edelsteinen besetzten goldenen Reif ins Haar stecken. Einen Zauberstab gibt es selbstverständlich auch. Anna hat sich für Gräfin Dracula entschieden, sie ist schließlich schon älter. Chris aber hat unter all den wild durcheinanderfliegenden Kostümen in dem Laden wieder einmal das grausigste hervorgezogen: Er will am Halloween-Abend als großgruseliger Skelettmann gehen, in einem schwarzen Kostüm, auf das phosphoreszierend weiß ein Knochengestell gedruckt ist.

Endlich ist es so weit – unsere erste Halloween-Nacht ist gekommen. Um sieben Uhr verlassen wir das Haus, vorneweg Chris, der Knochenmann. Wir sind nicht allein unterwegs. Im Gegenteil, auf den Straßen ist so viel los wie im ganzen Jahr nicht. Dutzende Kinder ziehen in Horden durch die Nachbarschaft, die ganz Kleinen unter dem wachsamen Blick ihrer Eltern. *Trick or treat* heißt das Spektakel und hat mit Sicherheit auch alte Wurzeln im keltischen Brauchtum. In Wahrheit ist es aber eine Erfindung der amerikanischen Süßwarenindustrie. An keinem

Tag im Jahr, Weihnachten nicht, Ostern ohnehin nicht (da haben die Amerikaner offenbar noch großen Nachholbedarf), werden so viele Süßigkeiten konsumiert wie an Halloween. *Wizards* und *witches*, Zauberer und Hexen, kreuzen unseren Weg in der Dunkelheit von rechts nach links und von links nach rechts. Teufel und Vampire tanzen wild um uns herum. Alle haben sie einen dicken Plastikbeutel in der Hand, prall gefüllt mit Süßigkeiten, die sie an den Haustüren einsammeln.

Die Amerikaner lieben Statistiken. Für alles haben sie Zahlen parat. So lässt sich ohne weiteres feststellen, wie viele Syphilis-Fälle es pro Jahr in den USA gibt (37 000) oder wie viele pomponschüttelnde, beinschwingende Cheerleader im ganzen Land aktiv sind. Immerhin 3 814 000, wobei das Erstaunlichste daran die Aufschlüsselung nach Altersgruppen ist. Aus der zumindest geht hervor, dass immerhin noch fünfundvierzigtausend von den fast vier Millionen Aktiven fünfundsechzig Jahre und älter sind. Natürlich wissen wir auch, wie viele Kinder am Halloween-Abend nach Schätzungen der US-Statistiker unterwegs sind: 36 Millionen. Wie viele Kürbisse dem Fest zum Opfer fallen: 1,1 Milliarden Pfund. Wie viele Bonbons, Lutscher, Schokoriegel und Ich-weiß-nicht-was-alles an Süßigkeiten jeder Amerikaner, ob groß oder klein, pro Jahr in sich hineinstopft: nicht weniger als 10,6 Kilogramm. Unsere Kids haben an diesem Abend mindestens ihre Halbjahresration gesammelt.

Trick or treat bedeutet Streich oder Süßigkeit – wobei das in Wahrheit eine nicht ernst gemeinte Drohung ist. Alle erwarten natürlich *candy*. Es gibt ohnehin eine einfache Faustregel für den Halloween-Abend. Wer Licht am Hauseingang brennen hat, verteilt Bonbons. Wo es dunkel ist, sollte man nicht hingehen. Schließlich gibt es immer wieder Tote, weil durchgeknallte Typen die Kinder an der Haustür für Einbrecher halten. Vor Jahren hat einmal ein Fall in Louisiana Schlagzeilen gemacht, weil ein Mann einen armen Austauschschüler aus Japan mit seinem halbautomatischen Schnellfeuergewehr niederstreckte. Doch das gehört mehr zur Halloween-Mythologie. Die eigentliche Gefahr sind die Autofahrer, die an diesem Abend viermal mehr Kinder in der Dunkelheit totfahren als an normalen Tagen.

Nun gut, denke ich, ich bin ja dabei mit der Taschenlampe. Sie steckt *in* meiner Jackentasche.

Unsere erste Station ist Laureen, bei der selbstverständlich die Laterne im Vorgarten brennt. Als der Mini-Skelett-Mann vor ihr steht, erschrickt sie ordnungsgemäß. Worauf wiederum Christopher ganz schnell die Maske vom schon verschwitzten Kopf reißt und für uns alle (ihn eingeschlossen) beruhigend ruft: »Ich bin's, Chris.«

Sowieso ist ihm das Treiben nicht ganz geheuer. Jedenfalls hat er freiwillig seine kleine Hand (die Skeletthandschuhe hat er ebenfalls ausgezogen) in meine geschoben, als wir uns die Robinwood Road, seine Schulbusroute, entlangarbeiten. Bei Randy, dem Professor, kassieren die Kinder ihre Bonbon-Ration ab, ebenso bei Matthew, dem Architekten. Bei den Leuten gegenüber (weil dort Licht brennt) und bei Zoran, dem Serben. Nur in das in violettes Licht getauchte Haus an der Ecke traut Chris sich partout nicht rein. Auch seine Schwestern sollen bitte, bitte nicht hinein: Es ist nämlich ein *haunted house*. Das sind Häuser, deren Besitzer sie nur für diese Abendstunden unter großem Einsatz bunter Lichter und allerlei Schnickschnacks in allgemein zugängliche Geister-Refugien verwandeln und zur Halloween-Party laden.

Noch am Abend teilen die Kids ihre Beute geschwisterlich auf: die Goldmünzen und Kaubonbons, Lollypops und Caramel Apple Dips, die Gummiaugen und Marshmallow-Gespenster, die Snickers und Hershey-Kisses. Sogar der Disput über die Gummi-Augen wird ohne Eingreifen der Eltern gelöst. Dann packen sie alles in drei Plastiktüten und verstauen sie, heimlich natürlich, in ihren drei Wandschränken.

Eine Woche später wirft Martina die noch immer prall gefüllten Beutel weg. Und keiner merkt etwas.

16.
How Much Is That Doggie in the Window

Schon im Spätsommer hat alles angefangen. Ich hätte mich nie darauf einlassen sollen.

»Papa«, sagte Katherina, und am Singsang, mit dem sie die zwei Silben intonierte – hoch, tief, hoch –, war mir klar, dass sie etwas von mir wollte.

»Können wir nicht einen Hund bekommen? Georgia hat auch einen. Der ist so süß.« Georgia ist in ihrer Klasse und ihre Freundin. Sie hat einen Golden Retriever.

»Dann frag mal Georgias Mom, wer den Hund spazieren führt, wer ihm das Futter gibt und wer sich um ihn kümmert.« Ich machte eine kurze Pause, um das Verdikt zu sprechen, da fiel mir Anna ins Wort.

»Das machen wir alles. Bestimmt.«

Chris war ebenfalls mit von der Partie: »Bestimmt!«, rief auch er. Es war eine konzertierte Aktion.

Ich aber ließ mich nicht erweichen. »Kinder, das sagt ihr alle. Meinetwegen redet mit eurer Mutter. Die wird euch dasselbe sagen wie ich.« Das hätte ich nicht behaupten sollen. Aber hinterher ist man bekanntlich immer klüger. Jedenfalls beendete ich das Gespräch mit dem Hinweis: »Wir haben keine Zeit für einen Hund.«

Für mich war das Thema damit durch. Nur leider war ich da der Einzige in der Familie.

Im Oktober dann sagte Martina wie nebenbei, dass sie im Anzeigenteil der *Washington Post* zwei Adressen von Züchtern in Virginia gesehen habe. Sie schaut sonst nie in den Anzeigenteil.

Ich fragte reichlich blöde: »Was für Züchter?«

Nun, hatten wir nicht neulich erst, ebenfalls wie nebenbei, mit zwei meiner Kollegen über deren Hunde gesprochen, die grundsätzlich nie tun, was man ihnen sagt, aber natürlich so süß sind und immer so ausgelassen mit den Kindern herumtollen? Jetzt erinnerte ich mich. Martina hatte sich nach deren Rasse erkundigt: Australian Shepherd.

»Wir könnten doch bei einem der Züchter mal anrufen«, sagte sie.

Was bedeutete, dass *ich* den Züchter anrufen sollte.

»Vielleicht können wir uns die Welpen einfach nur einmal anschauen«, fuhr sie fort, »es heißt ja nicht, dass wir gleich einen nehmen müssen.«

So sind wir also jetzt auf unserem Weg in die Blauen Berge von Virginia. Zur Rocky Top Farm. Dort wohnt einer der Züchter. Eine Züchterin, genauer gesagt. Im Grunde ist da natürlich schon alles zu spät.

Zwei Stunden dauert die Fahrt bis zu dem kleinen Hof auf einem Hügel, weit hinter dem Kleinstädtchen Culpeper, in herbstlich mattem Farmland gelegen, wo die Leute noch gottesfürchtig sind – und Hunde züchten. Immer wieder jedenfalls stehen Kreuze auf Hügelkuppen und Plakate am Straßenrand, die davon künden, dass Abtreibung Mord sei. Auf der Website von Rocky Top, auf der die vierbeinigen Hundebabys zur, wie es heißt, »Adoption« freigegeben – also nicht verkauft – werden, ist ganz unten der Abdruck einer Hundepfote zu sehen. Daneben steht: »Auf den Spuren von Jesus!«

Unsere kleine Familie jedenfalls ist auf den Spuren eines Hundes – oder besser: der Hund ist auf den unsrigen. Die Kids wollen die kuscheligen, weichen, warmen Knäuel gar nicht mehr loslassen, die ihnen die glaubensstarke Züchterin mit den Worten in die Hand drückt: »Habt keine Angst.« Als wir uns dann ein bisschen die Farm anschauen, dackelt eines der Hundebabys schon treu hinter uns her.

»Papa, das ist so süß«, sagt Katherina.

Ich trete zur Seite und regle die Einzelheiten mit der Züchterin. Sie habe einen weiblichen Welpen auf unsere Spur gesetzt, gesteht sie mir und fügt aufmunternd hinzu: »Ich habe gleich gesehen, dass ihr besser eine etwas ruhigere Begleiterin gebrauchen könnt. Die Männchen sind größer und lebendiger.«

Ich hoffe, sie versteht etwas von Hunden.

Die Anzahlung ist sofort fällig, und in einem Monat sollen wir wieder kommen. Dann ist unser Baby alt genug, um von der Mutter getrennt und verkauft, Pardon, zur Adoption freigegeben zu werden.

Auf dem Rückweg setzt natürlich die Diskussion um die Namensgebung ein.

»Ich finde, es sollte ein amerikanischer Name sein«, sage ich. Da es allgemein positiv aufgenommen wird, schlage ich Joey vor.

»Papa, das ist ein Weibchen«, gibt Katherina nicht ganz zu Unrecht zu bedenken.

»Gut«, sage ich, »dann eben Joni.« Das ist weiblich und intellektuell. So wie Joni Mitchell.

Schweigen. Die Kinder kennen natürlich Joni Mitchell nicht mehr, die ätherische Songwriterin, die in den siebziger Jahren populär war.

»Trixi«, schreit Christopher.

»Blöd«, protestiert Katherina.

Aber auch die Vorschläge der Mädchen sind nicht viel besser.

Dann fragt Martina so, als wäre ihr der Name gerade zugeflogen: »Was haltet ihr von Dakota?« Dakota, sagt sie, sei indianisch und bedeute Freund. Oder Freundin. »Schließlich ist unser Hund eine Sie.« Sie findet auch, dass, wenn wir schon einen Hund in Amerika bekommen, er einen Namen bekommen sollte, der irgendwie zum Land passt.

»Ja«, spotte ich, »ein Indianer-Name passt wirklich gut zu einer australischen Hunderasse.«

Das hätte ich nicht sagen sollen. Denn nun werde ich darauf hingewiesen, dass Australian Shepherds sozusagen eine uramerikanische Angelegenheit und zuerst einst im Westen, irgendwo in den Rocky Mountains, als Hütehunde gezüchtet worden seien.

Erst jetzt merke ich, dass Martina verdächtig gut Bescheid weiß, dafür, dass wir nur eine unverbindliche Hundebesichtigung vornehmen wollten. Sie gesteht, dass sie schon eine Weile nach einem Namen Ausschau gehalten habe. »Dakota hatte den Vorteil, dass er auf ein Männchen und ein Weibchen passt – egal, was wir nehmen.«

»Dass wir mit einem Hund nach Hause kommen, war also von vornherein klar«, rufe ich in gespielter Entrüstung und reiße beide Hände hoch.

»Hände ans Steuer«, zischt Katherina sofort. Sie schlägt ganz nach ihrer Mutter. Auf jeden Fall wissen wir jetzt, wie unser Hund heißen wird.

Zum Abholen erstehe ich dann einen Käfig im Tierfachhandel. Dazu ein blaues Halsband und eine blaue Leine, einen silbern glänzenden Futternapf (mit blauem Plastikboden, damit er nicht wegrutscht) und eine himmelblaue Hundetankstelle für Wasser.

Hundefutter, »aber bitte nur Purina für Welpen von mittelgroßen Hunderassen«, trägt mir die Züchterin auf. Welches Wasser wir hätten, fragt sie noch.

»Na, Leitungswasser«, stottere ich, und sie runzelte kurz die Stirn. Aber darauf lasse ich mich nicht ein. Filterwasser für den Hund, das muss nun wirklich nicht sein. Ach ja, eine Bürste fürs Fell brauchen wir noch, und eine Zahnbürste sowie Zahnpasta, natürlich mit Fleischgeschmack. Nicht zu vergessen einen Gummiknochen zum Beißen und einen Ball zum Werfen.

»Ist der Quietsche-Elefant nicht süß?«, fragt Katherina.

Also bekommt Dakota einen Quietsche-Elefanten aus blauem Gummi. In diesem Geschäft haben sie einfach alles. Er gehört zu einer Supermarktkette nur für unsere vierbeinigen Freunde (gut, auch für Vögel und Fische). Ein Riesenunternehmen, mehr als tausend Filialen quer durch die USA, die Aktien werden an der Wall Street im Aktienindex Nasdaq notiert. Und ich trage gerade meinen bescheidenen Teil dazu bei, dass sie gut stehen.

Den Käfig für den Welpen-Transport habe ich dem Kollegen mit dem Australian Shepherd vorher noch einmal gezeigt. Er hat nur mit dem Kopf geschüttelt. So bin ich denn noch einmal in den Markt gegangen, und die haben mir ohne viel Federlesens den Doggy-Käfig gegen einen tragbaren Hundezwinger eine Nummer größer umgetauscht, obwohl ich den kleinen schon aus der Plastikfolie genommen und zusammengeschraubt hatte. Alles kein Problem. Kostet zwar ein paar Dollar mehr. Aber er muss schließlich passen.

So holen wir denn den neuen Familienzuwachs ein

paar Tage vor Thanksgiving ab. Thanksgiving ist *das* große amerikanische Familienfest. Das passt. Nur eines werden wir bestimmt nicht tun: Als Dakotas *»mommy«* und *»daddy«* lassen wir uns nicht rufen – wir nicht. Dreiundachtzig Prozent aller amerikanischen Hundebesitzer machen das indes so, behauptet jedenfalls die *American Animal Hospital Association.*

Dafür gibt es Gründe. Der Hund ist in Amerika eindeutig ein vollwertiges Familienmitglied. Das ist mir in dem Moment klargeworden, als ich die Herbstkataloge von Timberland und L. L. Bean durchblätterte, den rustikalen Freizeitmode-Ausstattern. Stets sind darin glückliche Familien zu sehen, mal mit zwei blonden Kindern, mal mit dreien – aber immer mit Hund. Der Hund gehört einfach dazu. Ohne Hund ist die amerikanische Familie offenbar nicht komplett. Ohne Kind geht vielleicht noch. Doch ohne Hund bestimmt nicht. Sogar Hundekissen hat L. L. Bean im Angebot. Wenn man will, mit Monogramm – fast so wie die Schulrucksäcke. Für nur 104,95 Dollar.

Ich vertraue Martina meine kleine Hundephilosophie auf unserer zweiten Ausfahrt zur Rocky Top Farm an.

»Gut, dass wir uns keinen Golden Retriever anschaffen«, sage ich zu ihr. »In Kalifornien hat ein Golden Retriever aus Versehen ein sechsjähriges Mädchen erwürgt. Die Besitzer haben das Tier allerdings nicht einschläfern lassen, sondern zur Adoption freigegeben. Sie wollten nicht noch ein Mitglied der Familie verlieren.«

»Okay«, sagt Martina darauf nur, »Chris ist auch sechs, aber er ist ein Junge.« Sie will gar nicht wissen, wie es ein Hund bewerkstelligen kann, ein Kind zu erwürgen. (Das süße Hundilein hatte es wohl irgendwie fertiggebracht, beim unbeaufsichtigten Spielen die Leine mehrfach um den Hals des Mädchens zu winden. Und dann war es zu spät.)

Ich bin jedoch auch so noch nicht am Ende. Ein bisschen habe ich nämlich recherchiert. Gehört schließlich zu meinem Job.

»Stell dir das mal vor: Siebenundsiebzig Millionen Hunde leben in den USA, jeder zweite Haushalt hat einen Hund.« In San Francisco, sage ich ihr, gebe es doppelt so viele Besitzer von Haustieren wie Familien mit Kindern.

»Ja«, sagt Martina nur und bedeutet mir diskret, dass nun genug gelästert sei, »immerhin sind wir jetzt eine richtige kleine amerikanische Familie.«

Unsere Familie mag klein sein. Unser Hund dagegen ist es nicht mehr. Ich bekomme einen gewaltigen Schreck, als ich auf Rocky Top den Welpen sehe, den wir uns vor ein paar Wochen angeblich ausgesucht haben: Ein Riesenbaby ist Dakota jetzt.

Rasch unterschreibe ich die nötigen Papiere. Verpflichte mich darin, dass wir das Tier sterilisieren lassen werden. Das machen in Amerika bis auf Züchter eigentlich alle Hundebesitzer, habe ich mir sagen lassen. Aus Angst, es könnte sonst etwas Unvorhergesehenes passieren. Den Scheck noch – danach hole ich den Transportkäfig aus dem Auto.

Die Züchterin guckt mich komisch an.

»Wir können es ja versuchen«, sagt sie zögerlich und guckt auf den Käfig.

Ich schaue auf sie. Ich schaue auf den Käfig. Ich schaue auf den Hund. Selbst der umgetauschte Transportzwinger ist eindeutig zu klein. Wie groß wird der Hund denn noch? So groß wie ein Golden Retriever?

Still frage ich mich, ob ich wirklich weiß, worauf ich mich da eingelassen habe. Aber nun ist es ohnehin zu spät.

Die Fahrt in ihr neues Zuhause verbringt Dakota jedenfalls verschüchtert auf einer Decke, die wir über die Knie der Kinder gebreitet haben. Auf halber Strecke muss das arme Hundchen sich vor Aufregung übergeben. Was zu erheblichem Aufruhr und einigem Geschrei auf den Rücksitzen führt.

Natürlich wische ich die Bescherung auf.

Abends legen wir Dakota ins Körbchen in die Küche. Das Hundchen winselt ganz schrecklich. Selbstverständlich hole ich es neben mein Bett, wo es friedlich döst.

Heute Morgen bin ich bereits mit ihr draußen gewesen. Heute Mittag auch. Und heute Nachmittag noch einmal. Die Kinder haben keine Zeit, sagen sie. Sie müssen Hausaufgaben machen.

Jetzt muss ich noch in den Tiermarkt. Den tragbaren Hundekäfig umtauschen. Ich glaube, wir brauchen ihn zwei Nummern größer.

17.

Let's Have a Party

Laureen will uns adoptieren. Das wird mir klar, als sie mich eines Morgens anruft. »Ich hab mich nur gefragt«, beginnt sie, und im Kopf gehe ich schnell die verschiedenen Möglichkeiten durch, was jetzt kommen könnte.

Vielleicht soll Martina ein neues Manuskript von ihr anschauen? Nicht viel sei es, hat sie neulich erst gesagt, eine Kurzgeschichte nur, und hat vierzig Seiten, eng bedruckt, vorbeigebracht. Die Geschichte eines achtjährigen Ringers aus der Äußeren Mongolei, der sich durch wechselvolles Schicksalsspiel auf einmal in Manhattan wiederfindet. Welch guten Lektoren-Ratschlag soll Martina ihr da bloß geben?

Oder braucht Laureen erneut die Telefonnummer unseres Klavierstimmers? Danach hat sie sich ebenfalls erkundigt.

»Ihr hattet doch bestimmt einen nach eurem Umzug. Ich höre Anna so oft, wenn sie spielt. Sie spielt wunderschön. Die *Nocturnes*« – sie sagt englisch: *knock turns* – »von Chopin. Ich liebe Chopin. Da dachte ich mir, ich muss unser Piano auch mal wieder stimmen lassen.«

Oder ob Martina in anderthalb Stunden bitte ihre Hühnersuppe ausstellen könne? Selbst das hat sie letzte Woche gefragt. Laureen musste ganz dringend weg.

»Ihr habt ja einen Schlüssel.«

Wahrscheinlich aber, denke ich, möchte sie nur Corey, ihren Schnudel, eine Kreuzung aus Schnauzer und Pudel, wieder zum Spielen mit Dakota rüberschicken.

In dem Moment sagt Laureen: »Was macht ihr an Thanksgiving? Ihr habt doch bestimmt noch nichts vor. Rachel kommt nicht aus New York. Leah ist schwanger. Hannah ist mit Harrison da. Chris könnte ein bisschen mit ihm spielen.«

Mir schwirrt der Kopf vor Namen. Ich weiß noch immer nicht, wer wer ist bei Laureens Kindern. Ich muss Martina fragen, denke ich, die behält so etwas viel besser.

Da sagt Laureen: »Deshalb haben Ron und ich uns überlegt, ob ihr nicht zu uns kommen wollt, zum *dinner* an Thanksgiving.«

Das verblüfft mich jetzt aber wirklich. Thanksgiving ist das heilige Familienfest Amerikas. Seit Franklin D. Roosevelts Tagen ist es immer der vierte Donnerstag im November. Ein gesetzlicher Feiertag. Die lange Tradition will es, dass sich da die ausgedehnte Familie im Haus der Eltern trifft. Der Tag vor Thanksgiving ist der betriebsamste Reisetag in den USA. Die Flughäfen operieren schon seit dem Wochenende zuvor jenseits der Grenze ihrer Belastbarkeit. Auf CNN zeigen sie Bilder aus O'Hare, dem Airport von Chicago, dem größten im ganzen Land. Offenbar das übliche Prä-Feiertags-Chaos. Die Leute schlafen in den Gängen, weil sie ihre Anschlussflüge verpasst haben. Angeblich ist am Mittwochabend vor Thanksgiving regelmäßig die Autobahn zwischen Washington und New York dicht. Ein Zweihundert-Meilen-Stau.

Ohne Rücksprache zu halten, sage ich einfach zu.

Sicherlich hat auch Dakota, unser Neuzugang, in den letzten Tagen zur weiteren Familienzusammenführung beigetragen. Nun, in gewissem Sinne jedenfalls. Auch für Laureen ist ein Hund ein Hund und kein Familienmitglied. Außerdem teilt sie mit mir die Ansicht, dass ihre Landsleute die Tierliebe mitunter etwas übertreiben können.

Unlängst parkte ein weißer Lieferwagen schräg gegenüber vor dem Haus ihrer Nachbarin mit den beiden Giga-Pudeln. Einer ist schwarz, der andere weiß. »*Bark in Style*« – Schick Bellen –, stand in großer rosafarbener Schnörkelschrift auf dem Wagen, dazu in Pink eine Hundepfote. Es war ein fahrbarer Hundefriseursalon. In DC gibt es, ein paar Blocks vom Weißen Haus entfernt, sogar eine Tagesstätte nur für Hunde, »*Wagtime*« genannt (was man nicht wirklich übersetzen kann, vielleicht am ehesten mit: Zeit fürs Schwanzwedeln). Die Hunde-*mommys* und -*daddys* müssen ihre Lieben leider tagsüber loswerden, weil sie zwölf Stunden im Büro hocken. Da hilft *Wagtime*. Lumpige neunhundert Dollar ist der Betreuungssatz pro Monat. Aber das ist noch gar nichts gegen *Pet Airways*, die Hunde nicht im Gepäckabteil, sondern in der Kabine durch die Gegend fliegen, Washington–Los Angeles beispielsweise für nur zweihundertneunundneunzig Dollar. Leider habe ich nicht herausfinden können, ob die Hunde bei den Starts und Landungen angeschnallt werden.

Irgendwie kommen wir auf die Hunde und ihre durchgeknallten Halter zu sprechen. »Die sind alle auf Prozac«, sagt Laureen.

Ganz klar ist mir in dem Moment nicht, ob sie die Hunde oder deren Besitzer meint. Prozac ist eines der am häufigsten verschriebenen Antidepressiva in den USA.

Nein, solche Hundeverrücktheit lässt Laureen nicht durchgehen. Aber nett ist es schon, dass Dakota und Corey sich auf Anhieb verstanden haben. Zunächst am Maschendrahtzaun, den sie, jeder auf seiner Seite, wie wilde Pferde parallel auf und ab gehetzt sind – wobei unser *puppy*, wie Welpen hier genannt werden, dann doch sehr schnell nicht mehr mithalten konnte. In den letzten Tagen hat Laureen Corey zu uns in den Garten gebracht. Beim ersten Mal hat sie noch gefragt. Inzwischen lässt sie ihren Hund einfach durch unsere Gartenpforte herein, sobald sie Dakota im Freien erspäht. Unser Rasen sieht seit ein paar Tagen so aus, als wäre der Superbowl im *football* darauf ausgetragen worden.

Eben hat Laureen auch den kleinen Harrison herübergebracht. Harrison ist ihr jüngstes Enkelkind, Hannahs Sohn, und gerade mal zwei Jahre alt. Hannah, eine Absolventin der Harvard Law School, lebt in Manhattan, *Upper West Side*, und ist als Finanzstaatsanwältin tätig. Da muss man ganz schön *tough* sein. Sie ist schon einen Tag vor Thanksgiving gekommen, um den Stau zu vermeiden. Harrison liebt Dakota, so sehr, dass er sich gerade auf dem Rasen hat umrennen lassen und im *superbowl*-Dreck gelandet ist. Hastig klopft Laureen den Staub aus Hose und Pullover ihres Enkels. Doch viel hilft das nicht: Klein Harrison sieht aus wie nach einer Schlammschlacht. Martina will ihr zu Hilfe eilen.

»Ach, das gehört dazu. Ich finde nichts dabei. Aber Hannah ist so eigen. Als gäbe es in New York keinen Dreck«, sagt sie und verdreht nur die Augen. Wieder einmal.

Das Verhältnis von Laureen zu ihren Töchtern, so

viel ist uns schon klar, ist ein ganz eigenes Kapitel. Wirklich den richtigen Mann geheiratet hat keine von den dreien in den Augen ihrer Mutter. Das zumindest ist mein Eindruck. Rachel, die Älteste, hat einen reichen Snob aus den Hamptons ergattert – das ist die Gegend auf Long Island, wo wohlhabende New Yorker ihre Sommerresidenz unterhalten. Hannah, die zweite, hat sich auch lukrativ verehelicht. Aber ob ihr Mann wirklich was aus sich macht? So sehr sorgt Laureen sich, dass sie den ruhigen Ron auf ein schwiegerväterliches Wort nach New York geschickt hat. Und überhaupt, warum leben sie noch immer in Manhattan in diesem engen Apartment in der *Upper West Side* (was ohne Zweifel nicht das schlechteste Stadtviertel in der Metropole ist) und nicht in Washington, wo sie doch bestimmt beide einen guten Job finden könnten? Ihren jüngsten Schwiegersohn, den Mann von Leah, hat Laureen noch nie erwähnt. Was ich nicht unbedingt als ein gutes Zeichen werte.

Vielleicht ist es aber auch einfach nur so: Laureens Töchter (und vermutlich auch die Schwiegersöhne) haben es nicht immer ganz leicht mit ihrer einnehmenden Persönlichkeit. Sie sagt, was sie für richtig hält. Das macht sie mir so sympathisch, meine Schwiegermutter ist sie schließlich nicht.

Was sie jedoch nicht davon abhält, mich unter ihre Fittiche zu nehmen.

So hat sie mir gleich eine Lehrstunde in Hundehaltung erteilt, als sie mich das erste Mal Dakota ausführen sah.

»Das musst du so machen«, sagte sie und schlang mir die Hundeleine einmal mehr ums Handgelenk.

»So hast du mehr Halt und kannst den Hund viel besser führen. Halte ihn immer links, neben dir oder ein Stückchen hinter dir – nie vor dir. Du bist das Leittier, nicht dein Hund.«

Ich musste bei ihren Worten an Corey denken, der eigentlich immer kreuz und quer läuft – und meist vor Laureen. Aber sie hat ja recht. Allerdings konnte ich ihre Töchter besser verstehen, als ich an ihrer Seite die Robinwood Road hinunterging. Links zerrte Dakota, rechts gab Laureen die Kommandos.

In jedem Fall hat sie beschlossen, dass wir bei ihrem Thanksgiving dabei sein sollen. Das hat für Laureen eine ganz eigene Bedeutung. Schlagartig wird uns das klar, als Anna sie einen Tag später – mit meinem Aufnahmegerät für Interviews bewaffnet – befragt. Für den Geschichtsunterricht in der Schule sollen die Kids sich bei Verwandten erkundigen, wie das Leben in den vierziger Jahren, also im Krieg und in der Nachkriegszeit, im Vergleich zu heute war. Und weil wir nun einmal keine Familie hier haben, sagen wir zu Anna: »Warum gehst du nicht einfach rüber zu Laureen und fragst sie?« Wir wissen, dass Laureen in New York aufgewachsen ist und dass sie wie viele in Kenwood Park Mitglied in der jüdischen Gemeinde ist. Sie hat uns sogar einmal erzählt, dass sie samstags in die Synagoge an der Connecticut Avenue in Washington gehe, Ron aber lieber zu Hause bleibe oder in seine Praxis fahre.

Doch wie dramatisch ihre ersten Lebensjahre verlaufen sind, davon haben wir nicht die leiseste Ahnung.

Tatsächlich ist ihre Mutter, eine Jüdin aus Holland, vor den Nazis in den noch unbesetzten Teil Frankreichs geflohen und hat sich, inzwischen schwanger mit Laureen, eine Passage auf einem der letzten Schiffe aus Marseille sichern können. Sie konnte nichts mitnehmen und ernährte sich, wie Laureen unserer Anna erzählt, auf der Fahrt mehr oder minder von Schokolade. Der Dampfer durfte in keinem US-Hafen anlegen und ging schließlich in Havanna vor Anker. Dort kam Laureen 1943 in einem Internierungslager zur Welt. Ein Bruder ihrer Mutter lebte damals in New York. Ihm gelang es, ein Visum für seine Schwester zu ergattern – nicht aber für das inzwischen geborene Kind. Laureens Mutter ließ die Kleine in der Obhut einer kubanischen Amme und versuchte zwei Jahre lang vergeblich, Laureen in die USA zu holen.

In ihrer Verzweiflung schrieb sie an Eleanor Roosevelt, die Frau jenes Präsidenten, der das Thanksgiving-Fest zum gesetzlichen Feiertag gemacht hatte. Erst als Eleanor Roosevelt an den Rand dieses Bittbriefs kritzelte: »Kann man der Frau helfen?«, kam das ersehnte Visum. Kurz vor Kriegsende durfte Laureen endlich zu ihrer Mutter nach New York.

Sie findet es sehr bewegend, wie sie uns später gesteht, dass ausgerechnet ein Kind aus Deutschland sie nach ihrer Kindheit in Amerika befragt, wo sie nur aufgewachsen ist, weil ihre Mutter vor den Deutschen hatte fliehen müssen, um sich vor dem Holocaust zu retten. Niemand sonst aus ihrer Verwandtschaft hat den Massenmord überlebt.

Vielleicht ist ihr der Gedanke daran durch den Kopf gegangen, als sie uns zu ihrem Familienfest eingeladen hat. Ich habe sie nicht danach gefragt. Beschäftigt hat es mich dennoch.

Und das Thanksgiving-*dinner* selbst? Das ist dann ein bisschen so wie auf dem berühmten Gemälde des amerikanischen Bilderbuchalltagsmalers Norman Rockwell, das Martina und ich mal vor Jahren in seinem Museum in Stockbridge in Massachusetts gesehen haben. Nun gut, Ron ist nicht so knorrig wie der Opa auf dem Bild. Laureen hat keine weiße Schürze an wie die Oma und schon gar keinen Knoten im Haar. Der Truthahn ist gewiss auch nicht so groß. Und wir machen nicht so pralle Augen wie die Gäste auf dem Gemälde. Das hoffe ich zumindest.

Aber lustig ist es und alles so, wie es sein muss. Laureen reicht *stuffing* herum, Brotwürfel mit Pilzen und Sellerie, dazu grüne Bohnen und süße Kartoffeln. Die sind genauso obligatorisch wie die roten *cranberries*, die sauren Beeren, die eigentlich nur in Massachusetts wachsen, dort wo einst die Pilgerväter landeten und, so will es die Überlieferung, das erste Erntedank-Essen auf amerikanischem Boden abhielten – was inzwischen historisch widerlegt ist. Bestimmt hat es damals auch schon das gelbe Maisbrot gegeben, das Katherina jetzt in rauen Mengen verdrückt. Sie macht sich nicht so viel aus Fleisch.

Am Anfang muss Ron, der kaum einmal in die Synagoge geht, als Familienpatriarch ein Gebet sprechen. Wir greifen in eine Kiste mit bunten Kippas, den runden Kopfbedeckungen, die Laureen und Ron von ihren vielen Reisen mitgebracht haben. Katherina pickt die türkisfarbene mit den Strass-Steinchen heraus, ist doch klar. Die schillern so schön. Für mich fällt eine Kippa in allen Regenbogenfarben ab, die aussieht, als hätten Indios sie handgewebt. Noch wirkt das alles etwas ungewohnt auf uns. Martina legt den Finger mahnend auf die Lippen, als Ron beginnt, in eine Art Singsang zu verfallen, und Chris seine Mutter fragend anschaut und schon den Mund öffnen will.

Bald werden wir viel mehr wissen über Chanukka

und das Laubhüttenfest (wofür Laureen tatsächlich ein paar Zweige im Garten aufstellt) oder andere jüdische Bräuche. Martina wird zu Beschneidungsfeiern eingeladen sein, und Anna wird freudestrahlend zu Bath-Mitzwahs gehen, so etwas wie die Konfirmationsfeiern für jüdische Mädchen und oft rauschende Feste. Chris wird uns erläutern, dass es seine jüdischen Freunde in der Adventszeit eindeutig viel, viel besser haben als er, weil sie viel mehr Geschenke bekommen zu Chanukka, dem jüdischen achttägigen Lichterfest, was ungefähr in dieselbe Zeit fällt.

»Daddy, weißt du, jeden Abend bekommen die was«, wird er präzisieren und ausholende Armbewegungen machen, um das Ausmaß der Geschenkeberge zu beschreiben. »Das ist unfair«, wird er hinzusetzen. Weil es bei uns nur einmal, zu Weihnachten, etwas gibt.

Und Katherina? Sie wird beschließen, zum jüdischen Glauben zu konvertieren, als Noah auf der Bildfläche auftaucht.

»Weißt du, wenn ich ihn heirate, werde ich jüdisch«, wird sie uns eines Abends am Küchentisch erklären.

Jetzt aber, bei Laureens Thanksgiving-*dinner*, senken wir alle die Köpfe, selbst Christopher.

Daran muss ich denken, als wir abends ins Bett sinken, todmüde nach all dem *turkey* mit *gravy*, den *cranberries* und dem *pekan pie* obendrauf.

»Wenn ich es richtig gesehen habe, hat Laureen sich beim Gebet aus dem Augenwinkel eine Träne gewischt«, sage ich zu Martina.

Sie guckt mich erstaunt an. »Ich glaub, das bildest du dir ein.«

Sie wird, wie immer, recht haben.

18.
Light My Fire

Bei uns hat es gebrannt. Richtig. Die Feuerwehr musste anrücken. Nicht nur mit einem Löschfahrzeug ist sie gekommen. Es war ein Großeinsatz.

Der ganze Block ist abgesperrt. Mindestens ein halbes Dutzend Feuerwehrwagen stehen mit laufenden Motoren und rot blinkenden Warnleuchten da. Ein Riesenleiterwagen, Truck 706, hält ächzend direkt vor unserer Einfahrt. Er ist so lang, wie unser Grundstück breit ist. Ein Notarztwagen hält sich in der Robinwood Road bereit. Drei Streifenwagen kann ich zählen. Dazu kommt der Kommando-Geländewagen vom *fire chief.* Nur schade, dass Chris noch in der Schule ist und das Aufgebot nicht sehen kann.

Und gut, dass auch Martina nicht da ist.

Aber Laureen macht Fotos, immerhin. Ich stehe unterdessen vor unserem Haus und beobachte das Geschehen.

Dabei hat, ehrlich gesagt, nur eine Steckdose gebrannt. Aber das war genug. Die Kerle vom *Bethesda Fire Department* haben nicht lange gefackelt. Das tun sie offenkundig grundsätzlich nicht. Wenn Alarm ausgelöst wird, dann spulen sie das volle Programm ab. Man weiß schließlich nie. Sie verfahren da nach einem uramerikanischen Prinzip, das vor Jahren einmal in einem etwas anderen Zusammenhang als Powell-Doktrin Furore gemacht hat. Die hatte Colin Powell, der damalige Generalstabschef der US-Streitkräfte im ersten Golfkrieg 1991, bei der Befreiung Kuwaits entwickelt, die ich als junger Reporter auf der arabischen Straße in Amman verfolgt habe. Sie lautet in etwa so: Mit schierer Übermacht an Mann und Material muss man allen Widerstand im Keim ersticken, damit die Verluste gering bleiben. Jetzt habe ich ihren Wert auch im Zivilleben schätzen gelernt.

Martina hatte mir einen Auftrag hinterlassen, ehe sie kurz nach Mittag losgefahren war, um allfällige Erledigungen zu machen: Sie musste auf die Post, damit die Briefe nach Deutschland endlich wegkamen, die ich schon seit Tagen auf dem Esszimmertisch hatte liegen lassen. Zur Reinigung wollte sie auch noch schnell, weil meine Hemden dort offenkundig Gefahr liefen, versteigert zu werden. Ich hatte sie zwar hingebracht, mich jedoch angeblich nie um ihre Abholung gekümmert. Und Chris braucht noch ein Geschenk, weil er am Nachmittag zu einem Kindergeburtstag eingeladen ist. Die Kids wollen bowlen gehen, im Bethesda Naval Hospital. Das findet er richtig gut. Nicht allein, weil er da die dicken Kugeln werfen kann, sondern weil es Limonade aus Bechern in der Größe von Eimern gibt.

Ich aber sollte derweil schauen, was mit der Schublade in seinem neuen Ikea-Schreibtisch los war. Die klemmte nämlich. Ein Blick, und mir war die Lage klar. Kein Wunder, dachte ich, dass da nichts mehr geht. Gleich mehrere Stifte lagen hinter der Schublade und blockierten die Rollen. Ein bisschen Ruckeln, ein Griff – Problem gelöst. So liebt es der *handyman.*

Just in dem Moment zischte es. Eine grelle Stich-
flamme fauchte aus der Steckdose neben dem
Schreibtisch. Wie Gold- und Silberregen zu Silvester
stoben die Funken. Nun erklärt mir der Feuerwehrmann, warum. Ich griff nur das Kissen von Chris'
Schreibtischstuhl und versuchte, zugegeben reichlich bescheuert, damit die Flamme aus der Steckdose
zu ersticken. Die Funken zischelten weiter. Es wollte
gar nicht aufhören. Verschmort roch es. Es stank geradezu nach brennenden Kabeln. Endlich war der
Funkenregen vorbei.

Noch mal Glück gehabt, dachte ich. Die Decken-
lampe ging nicht mehr, stellte ich fest. War doch klar!
Ich lief in den Keller zum Sicherungskasten. Tatsächlich war die Sicherung rausgesprungen. Die lasse ich
lieber draußen, überlegte ich mir und war geradezu
stolz auf meine Weitsicht, schließlich wollte ich mir
die Steckdose oben gleich mal anschauen. Ich lief
hoch in die Küche. In einer der Schubladen musste
doch der Schraubenzieher sein. Da sah – und roch –
ich die Bescherung. Rauch quoll dick und grau unter
dem Küchenherd hervor. Exakt an der Stelle, wo sich
im Stockwerk darüber die funkenstiebende Steckdose befindet.

Kabelbrand, schoss es mir durch den Kopf. Ich
spürte, wie mir der Schweiß im Nacken ausbrach.
Kroch Feuer die Wand entlang? So ein Mist. Ich sah
schon das Haus in Flammen. Doch zu meiner Überra-
schung völlig ruhig, ging ich zum Telefon und tippte
9–1–1 ein, den amerikanischen Notruf.

Wie oft hatte ich schon gelesen, dass in solchen Si-
tuationen bei der Notrufzentrale niemand rangeht.
Dass man in der Warteschlange hängen bleibt. Dass
man wieder abgehängt wird. Was sollte ich dann ma-

chen? Die Gedanken wollte ich gar nicht erst an mich heranlassen.

Da meldete sich auch schon eine Stimme. »Notruf Kreis Montgomery« oder so ähnlich, sagte sie.

Ich sagte nur: »Bei mir brennt's.«

»Ich verbinde zur Feuerwehr«, sagte die Stimme völlig unaufgeregt. Alles war eine Sache von Sekunden. Ich nannte meinen Namen, gab die Adresse an. Sagte, dass ein Kabel schmore und Rauch in die Küche quelle. Lehrbuchartig.

»Schließen Sie bitte Fenster und Türen, und verlassen Sie das Haus. Hilfe ist unterwegs«, sagte die Feuerwehr-Stimme noch, ebenfalls völlig unaufgeregt. Wir haben alles im Griff, sollte mir das signalisieren.

Ich lief schnell los und holte Martinas und meinen Laptop. Unser gesammeltes Wissen, unsere Existenz – ohne Sicherungskopie. Das müssen wir ändern, schwor ich mir. Es roch inzwischen ziemlich nach Rauch. Ich hastete noch einmal in den Keller, schleppte die weiße Plastikkiste nach oben mit unseren wichtigsten Unterlagen, vor allem unseren Pässen. Immerhin die Kiste hatten wir schon einmal zusammengestellt. In weiser Voraussicht, dachte ich in dem Moment.

Schnell brachte ich alles vor die Tür. Dann hatten wir jedenfalls das Wichtigste, falls uns die Feuerwehr nachher nicht mehr ins Haus lassen sollte. Ich schloss die Haustür. Da hörte ich schon den klagenden Heulton der Feuerwehrsirenen. Er kam näher. Was für ein Klang! Einen Moment später sah ich den *fire truck* in der Robinwood.

Aber warum bogen sie nicht in unsere Straße ein? Warum fuhren sie nicht weiter, sondern blieben in der Querstraße stehen? Kannten sie etwa nicht den Weg? Ich fing an, wild zu winken. Der Wagen setzte sich langsam in Bewegung. Da bemerkte ich, dass sie einen Schlauch an den Hydranten an der Ecke angeschlossen hatten. Gar nicht so dumm! Das Heulen der Sirenen hörte nicht auf. Immer mehr Fahrzeuge trafen ein. Dachten die, das sei ein Großbrand hier? Musste ich das alles zahlen? Oder würde das die Brandversicherung übernehmen?

Ein Mann mit weißem Helm, ein Schrank auf zwei Beinen, kam auf mich zu. Er machte nicht viel Umstände. Das tun solche Burschen offenkundig nie. Ist ja auch richtig so. Kurze, präzise Fragen.

»Ist noch jemand im Haus?«

Ich verneinte.

»Wo brennt es?«

Ich riss die Tür auf, lief die Treppe hoch in Christophers Zimmer.

»Dort die Steckdose hinter dem Bücherregal hat gebrannt.«

Der Kerl schob das Holz-Regal wie Spielzeug zur Seite. Die Schmauchspuren an der weißen Wand waren deutlich zu sehen. Krackzz, der Mörtel um die Steckdose zersplitterte unter der Wucht seines Stiefels. Krackzz. Krackzz. Drei-, viermal hämmerte er mit der Stahlkappe seines Feuerwehrstiefels gegen die Wand. Ein Riesenloch gähnte da, die Steckdose hing schief heraus. Er guckte, schnüffelte und war offenbar zufrieden.

Gut, dass die Häuser in Amerika so leicht gebaut sind, sagte ich mir in dem Moment. Zum ersten Mal dachte ich so. Bisher hatte ich mich eigentlich immer darüber mokiert. Denn in Wahrheit sind Amerikas Häuser nichts als Holzhäuser. Im Kern bestehen sie aus einem Holzgerüst und Pressholzplatten, auf die eine Isolierfolie genagelt wird. Davor kommt von außen einfach eine Lage Mauersteine, und von innen werden Rigipsplatten montiert. Fertig ist der Neubau.

Doch für solche Gedanken war im Moment wirklich nicht die Zeit. Schließlich war Feuer unterm Dach. Fürchtete ich jedenfalls.

Ich sagte: »Der Rauch kam unten beim Herd in der Küche raus.«

Mein gestiefelter Freund und Helfer lief vor mir die Treppe runter. Er machte die Küchentür auf, wo der Rauch kokelig in der Luft lag.

»Man riecht's«, sagte er und wuchtete den Herd ein Stück heraus. Als wär s ein Puppenstubenherd. Aus einer Öffnung in der Wand quoll noch immer dünn ein bisschen Rauch. Er schickte mich vor die Tür. Ich hörte ihn in sein Funkgerät sprechen.

Ein Feuerwehrmann mit einem Schlauch in der Hand kam mir entgegen. Ich schluckte und musste an einen Kollegen denken, in dessen Haus im Sommer der Blitz eingeschlagen hatte. Nachdem die Feuerwehr da gewesen war, konnte er ein Vierteljahr nicht wieder hinein: Wasserschaden. Die machen keine halben Sachen. Powell-Doktrin.

Ein weiterer Feuerwehrmann mit einem Gerät in der Hand wie ein Geigerzähler stürmte an mir vorbei ins Haus. Wollten sie jetzt Giftspuren vom Rauch in der Wohnung messen?

In welches Hotel könnten wir denn?, überlege ich, während ich noch immer auf der Straße stehe und die Feuerwehrleute bei der Arbeit beobachte.

Da klingelt mein Handy – Martina. Was sage ich jetzt nur?

»Ich brauche noch ein bisschen«, sagt die vertraute Stimme am anderen Ende.

Ich flöte: »Lass dir ruhig Zeit. Und wenn du nachher kommst und die Feuerwehr siehst, musst du dich nicht erschrecken. Es ist alles in Ordnung.«

Kurz schildere ich ihr die Lage. Wider Erwarten bleibt auch sie völlig ruhig. Da tritt mein Freund und Helfer vor die Tür. Ich sage schnell: »Ich muss jetzt Schluss machen.«

»Sie haben wirklich Glück gehabt«, beginnt der Feuerwehrmann. Der Brand sei von selbst erloschen, sie hätten die Wand mit einem Wärmezähler abgemessen. Alles in Ordnung.

»Wir mussten die Wand nicht aufstemmen und kein Wasser einsetzen.« Aber ob ich ihm noch einmal genau den Hergang schildern könne?

Wir gehen gemeinsam in Christophers Zimmer, wo in der Wand ein etwa ein Quadratmeter großes Loch gähnt. Holzsparren und Isolierwolle sind zu sehen.

»Wie alt ist denn das Kind?«, fragt der Feuerwehrmann und fügt, ohne auf die Antwort zu warten, hinzu: »Ist ein Junge, oder?« Er deutet auf die Spielzeugautos.

»Sind Sie sicher, dass er nichts in die Steckdose gesteckt hat?«

Ich verneine vehement, er beugt sich noch einmal an den Brandherd und nickt nach einer Weile. Er habe nur die Möglichkeit ausschließen wollen, dass es ein Dummer-Jungen-Streich gewesen sei.

Wie bitte?!

»Schauen Sie mal«, sagt er und deutet auf die verkohlte Steckdose, »der stromführende Draht hat sich gelöst und den Brand ausgelöst.« Eine kleine Erschütterung, etwa als ich an der Schreibtischschublade hantiert hätte, könne da schon genügen.

Ja, sagt er dann und seufzt, die Steckdosen aus den sechziger Jahren würden eben altersschwach.

Die sind so alt wie ich, denke ich in dem Moment. Ob wir noch mehr solcher Steckdosen hätten, erkundigt er sich.

»Die sind alle so«, sage ich.

»An Ihrer Stelle würde ich die Dosen schleunigst austauschen«, sagt er.

Ich nicke. Wird gemacht, *fire chief*.

Nachmittags nimmt mich Laureen ins Kreuzverhör. Sie will alles ganz genau wissen. Als sie die Brandursache erfährt, zieht sie die Augenbrauen hoch und sagt: »Oje, unser Haus ist genauso alt wie eures. Da muss ich gleich mit Ron reden.«

Ron und ich haben nun etwas gemeinsam: Wir müssen die Steckdosen zählen – damit der Elektriker einen akkuraten Kostenvoranschlag für deren Austausch erstellen kann. Schließlich muss die Feuerwehr nicht unbedingt noch ein zweites Mal ausrücken.

19.

Don't Be Cruel

Seit kurzem ist Martina Mitglied im *Neighborhood Network* von Kenwood Park. Sie behauptet, dass sie sich nur eine Zugangsberechtigung besorgt habe, um Bescheid zu wissen, was in unserer Nachbarschaft so los sei. Ich halte dagegen, sie mache es, um den allen Frauen innewohnenden Hang nach Ratsch und Tratsch zu befriedigen. Mich interessiere so etwas nicht.

»Lügner«, sagt sie daraufhin.

Tatsächlich erfüllt das *Neighborhood Network* die Funktion eines elektronischen Blockwarts. Gut, das ist vielleicht nicht ganz fair. Aber ein bisschen was ist dran. Wer bei dieser virtuellen Bezugsgruppe mitmacht, erfährt augenblicklich, wenn irgendetwas Ungewöhnliches in der Nähe passiert. Oder wenn jemand auch nur meint, dass etwas nicht ganz normal sei. Weil heute jeder ein iPhone oder zumindest ein BlackBerry besitzt, kann er augenblicklich, ohne Verzug, zu jeder Tages- und Nachtzeit seine E-Mails abrufen – und beim *network* mitmachen.

Das nimmt schnell bizarre Züge an. So hat kürzlich Fran, die Mutter von Chris' Klassenkameraden Jake, elektronisch Alarm geschlagen. Sie wohnt nur zwei Straßen weiter. Es war – ausnahmsweise einmal – ein etwas grauer, nieseliger Sonntagmorgen.

Ihr Mann, so tippte sie atemlos in ihren Computer, sei gerade eben von einem Fremden angesprochen worden, als er in sein Auto habe steigen wollen, um *caffè latte* bei Starbuck's zu holen (auch das erfährt man nebenbei). Der Fremde habe ihren Mann gebeten, ihn mitzunehmen, was ihr Mann abgelehnt habe. Ihr Mann habe dem Fremden stattdessen Geld angeboten, was dieser wiederum ausgeschlagen habe.

Er rief aber sofort seine Frau Fran an. Die wiederum informierte umgehend die Polizei über den Vorfall – und stellte die Warnung vor dem Fremden ins Internet. Frans Internetdepesche hatte eine ganze Kaskade von Einträgen zur Folge. Es war schließlich Sonntagmorgen, und alle hatten Zeit. Am Ende stellte sich heraus, dass der arme Mann weder ein getürmter Sträfling noch ein flüchtiger Sexualstraftäter oder auch nur ein umherirrender Obdachloser war, sondern dass er bei seiner Freundin rausgeflogen war und mit seinem kümmerlichen Köfferchen nichts weiter als eine Mitfahrgelegenheit zur Metro gesucht hatte.

Nun gut, das Bürgernetz kann auch ganz nützlich sein. Zum Beispiel, wenn man mal gerade wieder einen Party-Service braucht. Man tippt einfach ein: »Wer kennt einen verlässlichen Party-Service?« Keine halbe Stunde später hat man mindestens hundertdreiundzwanzig Telefonnummern. Ein Innenausstatter mit Empfehlungen gefällig? Einfach das Bürgernetz konsultieren. Oder aber man möchte die *community* wissen lassen, was für eine fabelhafte Tochter man hat, über die, ganz nebenbei bemerkt, gerade ein Artikel im gedruckten Gemeindeblättchen *Gazette* zu finden ist. In dem Fall fragt man scheinheilig im Bürgernetz an, ob jemand seine *Ga-*

zette entbehren könne, weil man die sammeln wolle. Denn da stehe ein Artikel drin ...

Diese Woche vibriert das Nachbarschafts-Netz mal wieder vor Aufregung. Schuld ist ein gewisser Michael Lerner aus English Village, einer kleinen Siedlung am Rand von Kenwood Park, deren kuschelige Fachwerkhäuser so aussehen, als seien sie geradewegs in Stratford-upon-Avon abgerissen und hier wieder eins zu eins originalgetreu aufgebaut worden. Jedenfalls tut Michael mit eindeutig Shakespeare'scher Lust an der Stichelei im Netz kund, dass er nun endgültig genug davon habe, dass die Katzen aus der Nachbarschaft auf seinen Verandastuhl draußen auf der *porch* scheißen und zu allem Überfluss auch noch ihre Haare (hellbraun und weiß) hinterlassen. Er habe sich bei der *Humane Society* erkundigt und werde jetzt auf deren Empfehlung hin Fallen aufstellen, die er für zwei Dollar pro Tag bei der Tierschutz-Organisation ausleihen könne.

»Ich kann die Fallen dann mit den gefangenen Katzen zurückbringen, und sie werden die Tiere nach einer gewissen Zeit einschläfern«, schreibt er. Zugegeben, das war ein bisschen gehässig. Als guter Nachbar empfehle er daher allen Katzenbesitzern der Gegend, ihre Tiere künftig anzuleinen.

»Denn die Fallen können nun einmal nicht zwischen Katzen, die unerlaubt herumlaufen, und wilden Katzen unterscheiden.«

Maliziös setzt er hinzu: »Man hat mir versichert, dass es humane Fallen sind. Aber ich kann mir nicht vorstellen, dass sie völlig ohne Gefahren sind.«

Binnen Minuten ist der gute Nachbar eingedeckt mit E-Mails. Die freundlichste kommt von Janice, die sofort ins Internet gegangen ist und nach Alternativen gesucht hat. Bei Amazon sei ein Ultraschallgerät, das Katzen vertreibe, im Angebot. Auch ein Sprinkler werde sehr empfohlen. »Aber das ist vielleicht nicht ideal, wenn man dort sitzen will«, räumt sie verständnisvoll ein.

Joe bleibt nicht so ruhig. »Ich finde es ziemlich widerwärtig, wenn jemand die Absicht kundtut, streunende Tiere einschläfern zu lassen.«

Ann bekennt via iPhone, dass sie schlicht »schockiert« sei.

»Ein guter Nachbar und ein netterer Mensch«, lässt sie den armen Michael wissen, setze sich mit seinen Nachbarn zusammen, »um die Katze und deren Besitzer zu ermitteln und das Problem etwas menschlicher zu lösen.«

Da nützt es auch nichts, dass am nächsten Tag Michaels Nachbarin Pam dem potenziellen Katzenschänder zu Hilfe eilt und bezeugt, dass Michael schon seit Jahren einen vergeblichen Kampf gegen den Katzendreck vor seiner Haustür ausficht und vielleicht nicht ganz unverständlicherweise nun etwas ungeduldig geworden ist.

»Ha, die Gutmenschen von Kenwood Park«, mokiere ich mich und betrachte den Katzenvorfall natürlich als Bestätigung meiner schlimmsten Befürchtungen über das Nachbarschafts-Netz. Nichts als ein elektronischer Pranger ist das, denke ich.

»Willst du, dass sie Dakota in so einer Falle schnappen und den Hund dann einschläfern?«, fragt mich Martina ernsthaft entrüstet.

Erstens ist unser Hund keine Katze, könnte man jetzt einwenden. Zweitens läuft er nicht ohne Leine herum. Gut, letzte Woche war Dakota schon am Whittier Boulevard, ehe ich den Hund wieder einfangen konnte. Aber so schlimm wie Bibi ist Dakota nicht. Bibi ist der rabenschwarze Riesenschnauzer von Zoran, dem Serben. Neulich erst hatten wir wieder Besuch von den beiden. Zuerst von Bibi, dann, fünf Minuten später, von Zoran, der mit hängender Zunge seinen Hund suchte. Der indes war längst wieder fort, um Eichhörnchen zu jagen. Damit hatte er wahrlich genug zu tun. Denn Eichhörnchen gibt es reichlich in Kenwood Park, graue, schwarze, rotbraune.

Tatsächlich sage ich Martina nun, dass Michael bestimmt nur wider den Stachel habe löcken wollen und es ein bisschen zu weit gehe, wie die Leute ihm zusetzen. Das habe natürlich viel mit der Tierliebe der Amerikaner zu tun, doziere ich.

»Wusstest du, dass es mehr Katzen als Hunde in den USA gibt? Neunzig Millionen!«

Das Detail, dass die Zahl der tatsächlichen Katzenhalter dann doch kleiner ist als die der Hundebesitzer, weil Katzenfreunde hierzulande meist mehrere schnurrende Miezen beherbergen, lasse ich lieber aus. Martina macht nämlich keinerlei Anstalten, auf meinen Vortrag einzugehen.

»Wirklich aufgebracht sind die Leute doch nur«, sage ich weiter, »weil Michael, killerkalt lächelnd, ihre Umgangskonventionen verletzt. Mit Katzenmord droht man nicht.«

Denn was nach Deutschland als schiere *political correctness* aus Amerika über den Atlantik geschwappt ist, erfasst in den Vereinigten Staaten in Wahrheit alle Lebensbereiche. Das ist mir in letzter Zeit klargeworden. Alles, was auch nur den Anschein haben könnte, die Gefühle anderer zu verletzen, wird peinlich genau vermieden. Wer gegen diesen Grundsatz verstößt, begeht einen echten Tabubruch.

Diese Vorsicht spiegelt sich auch in der Sprache wider. Schwarze sind Afro-Amerikaner – auch wenn sich selbst nicht alle Schwarzen, vor allem der älteren Generation, an diese Sprachregelung halten. Heute klingt es ja schon schrecklich unkorrekt, wenn man sich die großen Reden von Martin Luther King auf Youtube anschaut und ihn dort von *negroes*, von »Negern«, sprechen hört. Behinderte Kinder, die in Katherinas Schule lobenswerterweise – und für die anderen Kinder völlig selbstverständlich – in die Klassen integriert werden, heißen dort *kids with accomodations* – Kinder mit speziellen Bedürfnissen. Als ein Mädchen im Rollstuhl in ihre Klasse kam, musste Katherinas Klasse den Raum wechseln. Der bisherige war nicht behindertengerecht ausgebaut. In einem Brief zur Erläuterung an die Eltern schrieb die Schule, dass die Kleine »in ihrer Beweglichkeit herausgefordert« sei. Auch in der Washingtoner Politik geben sie diesem Hang zum Euphemismus nur zu gerne nach. Das berüchtigtste Beispiel stammt aus den Bush-Jahren: die damals sogenannten »erweiterten Verhörmethoden« für Terror-Häftlinge. Womit nichts anderes als Folter gemeint war.

Aber das führt jetzt zu weit.

Neuerdings fangen selbst unsere Kleinen schon an zu kritisieren, wie ich rede. Sie meinen nicht allein meine Aussprache. Die finden sie scheußlich genug, weil man mir nur zu deutlich meine Herkunft anhört. »O *daddy*, du klingst so *German*«, sagt Anna gerne mal zu mir. Das ist nicht als Kompliment gemeint. Martina schafft es dagegen, so zu reden, dass alle Leute sie immer fragen, wo genau im Staate New York sie denn herkomme. Mir ist das nicht gegeben.

Irgendwie wechselt unser Gesprächsthema von

Katzen zu Beyoncé, der Sängerin. Die finden alle drei Kinder (selbst Chris) toll. Auch mich beeindruckt sie – als Künstlerin. Allerdings lasse ich mich zu der Anmerkung hinreißen, dass sie nicht nur gut singen könne, sondern auch noch gut aussehe.

Da schaut die Große mich mit ihren dunklen Augen durchdringend an.

»Daddy«, sagt Anna, »das war *inappropriate*.«

Unangemessen, unangebracht, total daneben. So etwas sagt man nicht, weil es den Menschen nicht als Ganzen wahrnimmt, sondern nur nach – na ja – Äußerlichkeiten beurteilt. Martina guckt mich ebenfalls an, als habe sie immer schon gesagt, dass ich hoffnungslos in Geschlechterklischees verfangen sei.

Jetzt ahne ich, warum ich mit Michael so mitfühlen kann, mit Michael, dem Katzenmörder. Vielleicht sollte ich auch mal etwas im *neighborhood network* schreiben. Ich könnte ja Martinas Zugangsberechtigung nutzen.

20.

New York, New York

Neulich war ich in New York City. Und für meine Recherchen habe ich mir die schönste Jahreszeit ausgesucht. Manhattan vor Weihnachten ist ein Glitzer-Wintermärchen der Superlative. Die Adventsbeleuchtung vor den Geschäften und die Diamanten in den Auslagen blinken um die Wette, zumindest in der super vornehmen Gegend zwischen Fifth und Park Avenue unterhalb des Central Park. Vorm Rockefeller Center laufen coole Kids Schlittschuh, und bei Saks Fifth Avenue rieseln Lichtflocken leise die Fassade herab. Überall tönen Rentier-Schellen. Santa Claus ist zweifellos schon längst *in town*. Es riecht köstlich nach gerösteten Kastanien. Ab und zu ist sogar die Glocke eines Offiziers der Heilsarmee zu hören, der mahnt, die Armen nicht zu vergessen.

Ganz New York ist im Shopping-Fieber. Die mit edlen Logos verzierten Papiertüten sind prall gefüllt. Viele Frauen sehen aus, als kämen sie geradewegs vom Set für *Sex and the City*. Dies ist Carrie-Bradshaw-Land: An den Armen der Ladys baumeln Prada-Handtaschen, sie tippeln auf Jimmy-Choo-High-Heels, und um die schlanke Taille schmiegt sich ein Gucci-Mantel, als hätten sie alle ihren Männern wie Carrie zugeraunt: »Liebling, du musst mir gar keinen Diamantring schenken. Sorg nur dafür, dass ich meinen Kleiderschrank immer wieder neu auffüllen kann.« (Wobei sie den Ring von Mr. Big natürlich dennoch erwarten.)

Auch Martina hat mich, als ich mich kurz heute Morgen zu Hause gemeldet habe, einschlägig befragt: »Hast du denn auch einen Abstecher zu Tiffany's eingeplant?« Das war natürlich ein Scherz. Nun gut, vielleicht nicht hundertprozentig nur ein Scherz.

Auf alle Fälle fühle ich mich jetzt doch veranlasst, vor meinen Terminen schnell noch beim Stammsitz der Firma Tiffany's in der Fifth Avenue vorbeizuschauen. Schließlich habe ich noch nichts für Martina zu Weihnachten. Auch wenn wir uns eigentlich nichts schenken. Aber eine kleine Aufmerksamkeit wäre vielleicht nicht schlecht.

Also mache ich auf dem Weg zu meinem ersten Interview einen kleinen Schlenker. Biege in die Fifth Avenue hinein, laufe sie bis zur 57. Straße hoch. Es ist nicht weit. Die Luft ist klar und kalt. Doch ich bin zu früh dran. Selbst in der Adventszeit ist vor zehn Uhr bei Tiffany's nichts zu machen. Die Messingtüren sind noch verschlossen.

Pech gehabt. So lange kann ich nicht warten, denn ich muss mich sputen. Irgendwie hält jedoch keines der gelben Taxis für mich an. Sie sind alle entweder voll oder brausen in die andere Richtung. Fünfzehn Blocks muss ich laufen. Hechelnd komme ich an. Ich bin mit Rob Timmins verabredet, einem neunundzwanzig Jahre alten Kriegsveteranen, der im Irak gedient hat. Man sollte besser sagen, mit einem Kriegsversehrten – auch wenn der blonde junge Mann mit dem Drei-Tage-Bart keine äußeren Zeichen von Verletzungen aufweist. Wir treffen uns in der *Public Library*. Die macht ebenfalls um zehn Uhr auf.

Rob ist ein armer Kerl. Er leidet am Krieg. PTBS, posttraumatische Belastungsstörung, heißt das unter Fachleuten. Es ist eine Krankheit, für die es vielleicht Linderung gibt. Geheilt werden aber kann sie nicht. Denn keinem Menschen kann man die Erinnerung nehmen. Soldaten schon gar nicht. Was sie im Krieg erlebt haben, verfolgt sie für den Rest ihrer Tage. Viele schlafen nicht mehr oder können sich nicht konzentrieren. Angst überfällt sie wie ein Dieb oder mächtiger, kaum zu beherrschender Zorn. Sie ziehen sich von der Welt zurück, meiden alte Freunde, selbst die Familie. Viele flüchten in den Alkohol, werden depressiv. Manche begehen schließlich Selbstmord. Ein Drittel der US-Veteranen leidet daran. Hunderttausende sind es, die damit zurechtkommen müssen, meist unbemerkt in diesem Riesenland.

Allmählich hat Rob sich wieder an das normale Leben gewöhnt, wie er mir versichert. Er studiert sogar. Und er traut sich wieder nach Manhattan. Die Straßenschluchten haben ihn anfangs verrückt gemacht. Als wir gegen zwölf zum Essen gehen, zerrt er mich plötzlich in einen Büroeingang und geht in Deckung.

»Dort«, ruft er und starrt zu den Reihen spiegelnder Fenster empor, »könnte ein Gewehrlauf herauslugen. Wie soll man alle Fenster im Blick behalten, bei all den Hochhäusern? Überall können sie auf uns zielen.«

Wir gehen rasch weiter. Rob hat es nur gespielt. Aber das war nicht immer so.

»Bei jedem dumpfen Knall einer Taxi-Tür bin ich in Deckung gesprungen«, erzählt er mir. Ich mustere ihn verstohlen von der Seite.

»Du bist nicht mehr der Junge, der Soldat spielt.

Du warst wirklich einer. Du hast geschossen«, sagt er nach dem Essen und rührt gedankenverloren in seinem Cappuccino. »Auf Menschen geschossen.«

Er macht jetzt lange Pausen zwischen den Sätzen, dann plötzlich wird er laut.

»Du hast eines der Zehn Gebote gebrochen«, sagt er und deklamiert im altertümlichen Bibel-Englisch: *»Thou shalt not kill.«* Du sollst nicht töten!

Kaum einer an den umliegenden Tischen guckt auf. In New York sind sie Spinner gewohnt. Und arme Tröpfe auch.

Das, denke ich beklommen, nachdem ich mich von Rob verabschiedet habe und gedankenverloren die lichtgleißende Fifth Avenue hinaufgehe, das ist der Blick hinter die Glitzerfassaden. Den wir so gerne verdrängen.

Wie hat meine Hobby-Philosophin Carry Bradshaw von *Sex and the City* es einmal sinnierend in ihren Laptop gehackt? »Obwohl mehr als acht Millionen Menschen auf der Insel von Manhattan leben, fühlt man sich doch manchmal verlassen und allein wie eine Schiffbrüchige. Und manchmal möchte man nur eine Botschaft loswerden, und sei es per Flaschenpost.« In der Tat: Man kann ganz schön einsam sein in New York.

Aber es kommt noch dicker.

Knapp drei Zentner bringt Sandy Schaffer auf die Waage. Sagt sie. Sandy ist die Präsidentin des Dickenvereins von New York City. Sie treffe ich als Nächstes in einem kleinen Apartment in einer Seitenstraße der Park Avenue. Vornehme Welt. Unten wacht ein *doorman* in grauer Uniform, der alle Eintretenden streng mustert. Sogar in ein imposantes, ledergebundenes Besucherbuch muss ich mich eintragen, das links vor ihm auf einem Marmor-Tresen ruht. Eigentlich wohnt Sandy gar nicht hier. Sie ist im Norden Manhattans zu Hause, aber das war ihr nicht fein genug für ein Interview. Daher hat sie sich für eine Stunde das Apartment einer begüterteren Bekannten geborgt.

Ihr Doppel-Whopper-Leib ruht auf einer feinen rotbraunen Ledercouch. Sie hat ihn in eine taubenblaue Trainingsgarnitur gehüllt. Die ist bequem und liegt nicht so eng an. Nicht ein einziges Mal rührt sie sich vom Fleck in der Stunde, die wir miteinander plauschen. Nur ihre kleinen, ringlosen Finger sind ständig in Bewegung, wedeln unablässig hin und her. Allein das Sprechen strengt sie so sehr an, dass sie alle paar Minuten ein Kleenex aus der Vorratsbox auf dem Tisch vor ihr reißen muss, um sich die Schweißperlen im Gesicht abzuwischen.

Sandy zählt zu den mehr als neun Millionen Amerikanern, die unter *morbid obesity* leiden, wie es in den USA heißt. Die Weltgesundheitsorganisation unterscheidet drei Stadien der Fettsucht, wobei die Menschen auf Stufe drei derart übergewichtig sind, dass die Ärzte ihnen einen vorzeitigen Tod voraussagen: Sie bekommen häufig die Krankheiten, an denen die meisten Menschen sterben: Herzerkrankungen, Diabetes, Krebs. Nur alles meist viel, viel früher. Die Fettleibigkeit ist in diesem Land geradezu epidemisch. Zwei Drittel aller erwachsenen Amerikaner gelten als übergewichtig, fast ein Drittel gilt gar als fettleibig. Das ist mehr als in jedem anderen Land der Welt. In Deutschland zum Beispiel leiden elf bis zwölf Prozent der Menschen an Fettleibigkeit.

Doch das ist nur der eine Teil von Sandys Geschichte. Der andere ist, dass sie beschlossen hat, unter ihrer Mega-Fettsucht nicht zu leiden. Im Gegenteil, sie hat sich einem Verein von Dicken angeschlossen, die sich fröhlich zu ihrer Unförmigkeit bekennen. Ist sogar zu deren Sprecherin in New York geworden.

»Fett war immer nur ein Schimpfwort für mich«, sagt Sandy, die Ende vierzig ist. »Jetzt trifft es mich nicht mehr. Ich steh dazu: Ich bin einfach richtig fett.«

Soll jeder sie ruhig so nennen. Nur eines will sie nicht mehr zulassen: dass Dicke aufgrund ihres Leibesumfangs diskriminiert werden in Amerika.

Volkswirtschaftlich gerechnet kommen Menschen wie Sandy die USA teuer zu stehen. Auf hundert Milliarden Dollar werden die Extrakosten für die medizinische Betreuung fettleibiger Menschen geschätzt. 3,5 Milliarden Liter Benzin werden jedes Jahr zusätzlich verfahren, weil die Amerikaner übergewichtig sind. Allein die Fluggesellschaften beziffern ihre Mehrkosten auf zweihundertfünfundsiebzig Millionen Dollar – die Jets sind schwerer, als sie es mit normalgewichtigen Passagieren wären. Sandy wedelt wild mit den Händen. Unterbricht mich.

»Solche Rechnungen machen mich ganz wütend«, schimpft die Vorsitzende. Sie schwitzt jetzt heftig.

Am liebsten würde ich ihr ein Taschentuch aus der Box reißen.

Sandy lässt sich nicht beirren. Nicht die Fettleibigkeit als solche sei das Problem.

»Die wahre Krankheit ist ein ungesunder Lebensstil.«

Wie recht sie hat. Wenn alle, auch die Dicken, mehr Sport treiben würden, fährt Sandy fort, wären alle gesünder. »Wir sind eine bewegungsarme Nation«, fügt sie trotzig hinzu.

Sie jedenfalls mache Sport – Fitness für Dicke.

Ich frage mich ernsthaft, wie sie das genau meint. Taschentücher aus der Box zupfen als sportliche Disziplin? Wie zum Beweis drückt sie nun beide Hände auf ihre Oberschenkel verlagert ihr Gewicht auf Füße und Waden und presst ihren schweren Leib nach oben. Gut, ein bisschen außer Atem gerät sie dabei schon, allein beim Aufstehen. Doch die Vorstellung, dass Sandy ausdauernd auf einem Fitnessrad strampelt, fällt mir schon ein bisschen, mit Verlaub gesagt, schwer.

Auf dem Rückweg zum Hotel habe ich genügend Zeit, noch kurz bei Tiffany's vorbeizuschauen. Cartier, De Beers, Van Cleef & Arpels lasse ich links liegen. Alle Edelschmieden sind hier nur einen Steinwurf voneinander entfernt.

Doch Tiffany's ist eine amerikanische Institution. Schon die Vanderbilts deckten hier ihren Schmuckbedarf. Tiffany's ist eine echte Ikone im Leben der Nation.

Und unzweifelhaft auch in unserem.

Schließlich bewahrt Martina noch immer einen schmalen silbernen Kugelschreiber auf, den sie nie benutzt und den sie, in ein türkisblaues Futter eingewickelt, in ihrer Schreibtischschublade wie einen Schatz hütet. Ein elegantes Schreibgerät, natürlich von Tiffany's. Der Stift stammt von einem Besuch in den Staaten, doch damals gab es mich in ihrem Leben noch gar nicht. Daher weiß ich nur so viel: Sie hat den Stift nicht selbst gekauft. Irgendjemand hat ihn ihr geschenkt.

Im Laden vertiefe ich mich in die Auslagen mit den Diamantringen, die in hüfthohen, chromgefassten Vitrinen unter schwerem Glas ruhen.

»Kann ich Ihnen behilflich sein«, fragt mich eine junge Verkäuferin.

Nicht Audrey Hepburn, denke ich, sie ist blond, aber auch sehr, sehr freundlich.

»Ja«, sage ich, »ich suche eine kleine Aufmerksamkeit für meine Frau.«

Das soll weltmännisch genug klingen, aber im Ungefähren lassen, wie viel ich ausgeben will. Zugleich jedoch signalisieren, dass ich ernsthaft suche und nicht wie die hundertfünfundneunzig anderen Menschen, die sich gerade durch den Laden zwängen, nur zum *sightseeing* hier bin. Ich deute auf den bescheidensten der im diskreten Scheinwerferlicht flirrenden Fingerreife. Sie holt ihn heraus.

»Diamanten, drei Komma sieben Millimeter breit, achtzehn Karat Gold«, sagt sie.

Ich wende das Ringlein hin und her, nicke geschmäcklerisch und lege es behutsam zurück.

»Der liegt bei?«, frage ich wie nebenbei.

»Dreizehntausendzweihundert plus Steuer«, haucht sie.

Ich sage eine Weile nichts. Dann frage ich nach Silber.

Audrey weiß sofort Bescheid. Behutsam lenkt sie mich von den großen Ringen zu den kleinen, aber feinen Silberketten, in die kleine, aber feine Diamanten eingefädelt sind.

»Sehr hübsch«, sage ich und wähle wieder eines der bescheidensten Stücke. »Es soll ja nur eine kleine Aufmerksamkeit sein.«

Sie nickt, fragt ganz beiläufig, wie ich zahlen wolle, bar oder mit Kreditkarte, und packt das Kettchen sorgfältig ein. Auch für kleine Aufmerksamkeiten gibt es schließlich eine türkisblaue Tiffany's-Tüte am weißen Band.

Zufrieden verlasse ich den Laden. Was hat meine Freundin Carrie, welterfahren wie sie ist, noch geantwortet auf die Frage, warum das Leben in Manhattan so toll sei?

»Weil es so ist.«

21.

Santa Claus Is Coming to Town

Zu Weihnachten feiert Amerika eine Orgie, eine Orgie in Megawatt. Weihnachten ist nicht das Fest der Liebe. Es ist das Fest der Lichterketten.

Zugegeben, ich bin vielleicht ein fortschrittsfeindlicher Mensch, zumindest was Weihnachten angeht. Ich habe immer gesagt, dass auf einem Weihnachtsbaum nur rote Kugeln und weiße Kerzen Platz haben. Gut, ein paar Schokoladenkringel sind akzeptabel. Das war früher bei uns auch so. Als Kinder durften wir sie im neuen Jahr an Heilig-Drei-König dann vom Baum plündern, nachdem mein Vater die Glaskugeln wieder sorgfältig in Seidenpapier gewickelt und behutsamst in die bereitstehenden Pappkartons mit den abgeteilten Pappfächern gelegt hatte.

Unser Baum auf der anderen Seite des Atlantiks hängt indes mittlerweile voll mit bunten Kugeln, und ich fürchte, alle sind sie auch nicht mehr aus Glas. Martina findet ohnehin, dass die roten Kugeln »spießig« aussehen – was ich nun gar nicht nachvollziehen kann. Praktisch, wie sie nun einmal veranlagt ist, fügt sie hinzu: »Wenn wir nicht mit einem Eimer Wasser neben dem Baum sitzen wollen, brauchen wir Lichterketten.«

So kommt es, dass nicht ein gutes Dutzend weißer Kerzenlichter den – selbstverständlich raumhohen –

Baum in ein beschauliches Flackerlicht taucht. Vielmehr strahlen gleißend ein paar hundert Glühlämpchen allüberall. Auf die Süßigkeiten zwischen den Tannenzweigen verzichte ich außerdem. Die Kleinen bekommen sowieso genug Süßes. Auf die trockenen Schokokringel sind sie ohnehin nicht scharf.

Und vor unserem Haus leuchtet inzwischen eine ganze Lichterbatterie.

Schuld daran ist Stefan. Nun gut, er weiß es vermutlich nicht einmal, und mit Absicht hat er es auch nicht getan. Aber kurz nach Thanksgiving sind wir zu ihm hinaus nach Potomac gefahren. Da war die ganze Pracht auf dem Weg zu besichtigen. Stefan ist ein netter Kollege von einem der öffentlich-rechtlichen deutschen Rundfunksender, die ein kleines Regiment an Korrespondenten in Washington unterhalten. Im Vergleich zu ihm wohnen wir noch mitten in der Großstadt. Potomac dagegen ist, wie es die Amerikaner nennen, *suburbia*, schön wie im Werbeprospekt der Immobilienmakler.

Riesenhäuser stehen da auf Riesengrundstücken (der Swimmingpool hinterm Haus ist Standard; der Fairness halber sei angemerkt, dass Stefan keinen hat). Mega-Häuser auf Mega-Grundstücken ergeben zu dieser Jahreszeit geradezu zwangsläufig eine Giga-Weihnachtsbeleuchtung.

Jedenfalls bekam Chris den Mund vor Staunen kaum zu, als wir von der Falls Road abbogen und uns durch die kleinen Anliegerstraßen Stefans Anwesen nähern. Kein Haus, dessen Silhouette nicht durch eine Lichterkette betont wurde. Rot und grün flimmerte es hier, dort waren zwei hohe Tannen psychedelisch blau erleuchtet. Links und rechts nickten uns elektrisch betriebene Rentiere zu, den Kopf bedächtig auf und ab wiegend. An der Ecke, kurz bevor wir zu Stefan in die Straße einbogen, saß, hohoho, sogar ein beleuchteter aufblasbarer Weihnachtsmann auf dem Dachfirst, mit einer Windmaschine prall gehalten.

Gewiss, der vorweihnachtliche Mummenschanz von Potomac ist nichts gegen das Spektakel, das beispielsweise Bill Clot in Pinecrest in Florida alljährlich veranstaltet. Sechshunderttausend Glühlampen verteilt er auf seinem fünftausend Quadratmeter großen Grundstück, wofür er ganze fünfhundert Verlängerungsschnüre braucht. Im Fernsehen haben sie das Lichter-Potpourri gezeigt. Sogar Pinguine auf Schlittschuhen hat er. Der Sender NBC hat die Glitzershow einmal als die beste Weihnachts-Deko in ganz Amerika gefeiert. Jemand wie Bill Clot ist natürlich nicht allein. Überall im Land finden sich Häuser, die so aufwendig geschmückt sind, dass die Leute extra hinfahren, um sie sich anzusehen. Manchmal, so habe ich gelesen, nehmen die Besitzer sogar Eintritt dafür. Die Stromrechnung für Dezember ist schließlich ein bisschen höher als sonst.

Auch wenn das weihnachtliche Lichtermeer in Potomac an solche Superlative nicht im Mindesten heranreichte, war mir klar, welche Frage nun gleich kommen würde.

»Dad, können wir auch Lichter haben?«, fragte Chris natürlich als Erster.

Anna, die sich immer gern ein bisschen künstlerisch gibt, fing gleich an, die praktikabelsten Gestaltungsvorschläge zu machen: »Wir könnten doch eine Kette quer rüber von unserem Haus zum Kirschbaum neben der Einfahrt ziehen.«

Als wir die stupide salutierenden Rentiere passierten, sagte Katherina: »Oh, wie süß.«

Martina aber hatte die ganze Zeit noch gar nichts gesagt. Sie macht sich nichts aus Weihnachtsschmuck. Im Gegenteil, immer bin ich derjenige, der anmerkt, dass wir, da der erste Advent nun schon einmal vorbei ist, doch langsam auch an einen Adventskranz denken könnten. Dann tut sie immer ganz erstaunt: »Ich dachte, du hättest es in diesem Jahr vergessen.«

Kurz bevor wir bei Stefan zum Adventskaffee ankamen, sagte sie jedoch: »*Daddy* wird mit euch bestimmt morgen zu CVS gehen.«

Achtzig Millionen Häuser werden in den USA insgesamt geschmückt, hundertfünfzig Millionen Lichterketten pro Jahr verkauft. Warum sollen wir nicht auch daran Anteil haben?

»*Happy Holidays*«, sagte die Verkäuferin, als wir den Drogeriemarkt am nächsten Tag verließen. Sie sagte nicht *Merry Christmas*, worauf man vielleicht verfallen könnte, bei Kunden, deren Einkaufstüten prall gefüllt sind mit Weihnachtsschmuck. Gut, Weihnachten war noch ein bisschen hin. Aber daran lag es nicht. Es wäre nicht *appropriate*, nicht angemessen, wenn sie uns fröhliche Weihnachten gewünscht hätte. Weil man den Menschen ihren Glauben nun einmal nicht ansieht, wird den Verkäufern in Amerikas Kaufhäusern eingetrichtert, ihren Kunden einfach nur »*Happy Holidays*« hinterherzurufen – schöne Feiertage. Das passt nämlich immer. Egal ob die Kundschaft nun im Weihnachtsfieber steckt, Chanukka feiert, das jüdische Lichterfest, oder Kwanzaa, die afroamerikanische Feier, bei der tatsächlich noch echte Wachskerzen entzündet werden.

Bei uns im Haus schlängelt sich also jetzt eine Lichterkette das Treppengeländer hoch. Ich gebe zu, ganz schlecht sieht es nicht aus. Die Türrahmen zu den Zimmern der Kinder sind ebenfalls mit je einer Lichterkette erleuchtet. War doch klar, dass jeder eine eigene bekommt – als Ergänzung zu Christophers bunt beleuchtetem Schneemann, Katherinas flimmernder Schneeflocke und Annas strahlendem Stern von Bethlehem, die wir aus Deutschland mitgebracht haben. Sie geben indes nur ein kümmerliches Funzellicht ab, weil die Stromspannung hier halb so hoch ist wie in Europa. Draußen aber haben wir vier neue Lichterketten mit immerhin eintausendzweihundert Glühlämpchen installiert – ja, und ein Paar sanft nickender Rentiere.

»Ist das nicht ein bisschen üppig?«, lese ich aus Martinas Blick. Sie hat eben nicht so ein enges Verhältnis zu weihnachtlichem Tand. Aber sie hält sich zurück.

Amerikas vorweihnachtlicher Lichter-Exzess ist sozusagen von oben sanktioniert. Der Präsident selbst macht nämlich auch mit. Jedes Jahr lässt er per Knopfdruck die Lichter am *National Christmas Tree* erstrahlen, an einer gigantischen Fichte, die jeweils ein anderer Bundesstaat in die Hauptstadt schickt und die dann auf dem Rasen vor dem Weißen Haus aufgestellt wird. Ein im Fernsehen live übertragenes Spektakel ist das. Dieses Jahr wollen wir natürlich persönlich hin. Na ja, am begeistertsten von der Idee bin ich. Aber die Kinder lassen ihren Vater dann doch nicht alleine gehen, zumal Christopher nicht, der die U-Bahn-Fahrt nach Downtown DC noch immer ziemlich cool findet. Besonders wenn er ganz hinten sitzen und durchs Fenster in die dunkle Röhre starren darf.

Das Land, das der Welt die Glühbirne gebracht hat, hat ihr auch den ersten elektrisch betriebenen Christ-

baumschmuck beschert. Niemand anderes als Glüh-
birnen-Erfinder Thomas Edison ist einst auf die Idee
gekommen, einen Weihnachtsbaum mit Elektroker-
zen zu schmücken. Geschäftstüchtig, wie er war, hat
er das leuchtende Wunderwerk modernster Technik
direkt neben der Bahnstrecke zwischen New York
und Philadelphia aufgestellt. Es muss ein ziemlich
großer Erfolg gewesen sein. Die Züge sind angeblich
extra langsamer gefahren, wenn sie seine Fabrik passierten. Insofern hat die Obsession der Amerikaner
mit leuchtendem Weihnachten tiefe Wurzeln.

Die Lichter-Tradition vorm Weißen Haus hat einst
Calvin Coolidge begründet, einer jener Präsidenten,
die heute zu Recht vergessen sind. Heiligabend 1923
aber schrieb er Geschichte: Er schaltete zweieinhalb-
tausend Glühbirnen am National-Weihnachtsbaum
ein. Die roten, weißen und grünen Lampen stiftete
die Elektrische Liga Washington, das Elektrohand-
werk in der Hauptstadt. Nur während des Zweiten
Weltkriegs und 1979, als Geiseln in der US-Botschaft
in Teheran gefangen saßen, blieb der Baum (weitgehend) dunkel.

Präsident Truman entzündete die Lichter zweimal
sogar per Fernbedienung über tausend Meilen Entfernung aus seinem Heimatort Independence in Mis-
souri – Ende der vierziger Jahre hat das sicher zu den
Wundern der Technik gezählt. Der neueste Schrei am
National Christmas Tree sind inzwischen LED-Leuch-
ten. Sie haben die stromfressenden Glühbirnen im
Jahr 2007 ersetzt.

Überraschenderweise sind wir nicht die Einzigen,
die sich das Ereignis aus der Nähe anschauen wollen.
Wie so oft sind wir ein bisschen spät dran. Geduldig
stehen die Menschen in einer langen Schlange vor dem

kleinen Eingang in dem schwarzen Metallzaun, der das Weiße Haus umgibt. Vom Rasen wehen Musikfetzen herüber. Ist das »*Jingle Bells*«? Christopher kümmert das nach der spannenden U-Bahn-Fahrt nicht weiter.

»Mir ist sooo kalt«, sagt er schon nach wenigen Minuten an der frischen Luft. Er bibbert sichtlich. Der Wind ist wirklich ganz schön eisig.

»Auf dem Rasen vor dem Weißen Haus ist es bestimmt wärmer«, sage ich, habe jedoch nicht den Eindruck, dass auch nur eines meiner Kinder mir das abnimmt.

Ich suche den Eingang für die Medien. Mit meinem Presseausweis vom *Foreign Press Center* komme ich bestimmt hinein, ohne anstehen zu müssen. Das klappt sonst auch überall. Wachleute wollen immer nur irgendeinen Ausweis sehen, egal, wer ihn ausgestellt hat. Die Kinder brauchen in der Regel keinen Ausweis. Endlich habe ich mich zum Einlass vorgearbeitet, da tritt mir ein Polizist in den Weg und sagt: »*Stop, Sir.*« Wenn ein Polizist *stop* sagt, dann bleibt man besser stehen. Vorm Weißen Haus allemal.

Kühl zücke ich meinen Presseausweis. Das haben wir gleich, denke ich.

Der Polizist denkt offenbar ganz etwas anderes.

»Entschuldigen Sie, aber dieser Eingang ist geschlossen«, sagt er.

Ich deute noch einmal auf meinen Ausweis.

Er ist unerbittlich: »Der *Secret Service* hat alle Eingänge geschlossen.«

Da weiß ich, dass alles weitere Insistieren völlig zwecklos ist. *Secret Service* heißt absolutes No-Go. Nichts geht mehr. Kurz vor Eintreffen des Präsidenten riegeln seine Personenschützer regelmäßig den

Veranstaltungsort ab. Keiner kommt rein, keiner kommt raus. Erst nachdem der Boss weg ist, darf man auch gehen.

»Okay, Kinder, wir kommen da jetzt nicht mehr rein. Dann gehen wir eben zum Zaun auf der Südseite«, sage ich in munterem Tonfall und stapfe los.

Erneut sind wir nicht die Einzigen, die diese Idee haben. Eine ganze Völkerwanderung ist unterwegs zum Südzaun. Wieder wehen Musikfetzen herüber. Ich suche den *National Christmas Tree*, sehe ihn aber vor lauter Bäumen nicht. Schließlich ist er ja auch noch nicht beleuchtet. Dann geht ein »Oaooah« durch die frierende Menge. Jetzt erspähe ich den Weihnachtsbaum der Nation. In der Ferne schimmert er bläulich. Der Präsident hat ihn gerade eingeschaltet. Die Kinder sind zutiefst beeindruckt. Was ich daran merke, dass Chris fragt: »Können wir jetzt gehen?«

Im nächsten Jahr werden wir uns das Ganze wohl im Fernsehen anschauen. Dabei kann man wenigstens Marshmallows im Kaminfeuer rösten und heiße Schokolade trinken. So richtig schön weihnachtlich. Frieren werden wir dann auch nicht.

22.

Oh Happy Day

Amy und Bruce sind liebe Leute, Amerikaner, wie sie im Buche stehen. Arbeitsam und hilfsbereit, rechtschaffen und religiös. Fiona, ihre Tochter, ist Katherinas beste Freundin.

Amy ist immer anzutreffen, wenn an der Schule Elternpräsenz gefragt ist. Ich muss stets mein schlechtes Gewissen bekämpfen, sobald ich sie sehe. Wir bekommen es einfach nicht hin, bei all den zahllosen Terminen im Schulalltag dabei zu sein. Amy dagegen schafft das scheinbar mühelos. Sie ist bei der *Back to School Night* genauso zuverlässig dabei wie beim *science day*, an dem die Kinder zum Beispiel der bedeutenden Frage nachgehen, ob Gras besser gedeiht, wenn man es mit Hiphop oder Mozart beschallt (die korrekte Antwort: Es ist völlig egal).

Als Anfang November die Eltern an einem Samstagmorgen wie jedes Jahr das Schulgelände winterfest machten, Laub harkten und Hecken zurechtschnitten, war Amy selbstverständlich unter den Freiwilligen, strahlend wie immer. Ich hatte mich für eine Stunde gemeldet. Sie blieb den ganzen Vormittag. Beim bunten Nachmittag, mit dem der Elternverein von der *Burning Tree Elementary School* Geld sammelte, saß sie am Eingang und verkaufte Tickets. Abends hockte sie auf dem Fußboden in der Turnhalle und guckte mit den Kids die Filmvorführung von *Frau mit Hund sucht ... Mann mit Herz.*

Dabei ist sie voll berufstätig. Als ausgebildete Chemikerin überwacht sie den Schadstoffausstoß des Walter Reed Hospitals in Washington. Das ist das Armee-Krankenhaus, in das die Verwundeten aus Irak und Afghanistan eingeliefert werden. Die schweren Fälle, die Monate und Jahre der Betreuung brauchen. In den USA ist es selbstverständlich, dass Frauen berufstätig sind. Die *stay at home mom*, die Hausfrau und Mutter, ist ein Luxusgeschöpf. Vier von fünf Amerikanerinnen im Alter zwischen fünfundzwanzig und vierundvierzig Jahren arbeiten. Deutlich mehr als in Deutschland, wo es nicht einmal zwei Drittel sind.

Bruce ist genauso engagiert, und ich frage mich immer, wo er die Zeit hernimmt. Bruce trainiert das Basketball-Team der Schule in Katherinas Jahrgang. Jeden Freitagabend in der Schulturnhalle, die gerade so groß ist wie ein Basketball-Feld. Geduldig, immer mit einem Kaugummi im Mund, übt er mit den Kleinen die Wurftechnik, Korb um Korb, die der Ball danebengeht. Macht nichts, »*nice try*«, sagt er, den Versuch war's doch wert. »Coach Pierce« heißt er bei den Mädchen. Sie lieben ihn.

Pierce ist sein Nachname. Auf den sind die beiden ein bisschen stolz. Das würden sie nie zugeben, dazu sind sie viel zu bescheiden. Aber die kleine Fiona hat Katherina einmal erzählt, dass sie schon einen Präsidenten in der Familie hatten. Das ist allerdings mehr als anderthalb Jahrhunderte her. Franklin Pierce war der vierzehnte Präsident der Vereinigten Staaten und gilt allgemein als ein Versager, sogar als der Schlechteste von allen vierundvierzig. Aber das muss man mit ihnen ja nicht unbedingt erörtern. Wer kann schon von sich behaupten, dass er einen Präsidenten in der Verwandtschaft hat?

Eine sehr amerikanische Mischung ist die kleine Fiona. Väterlicherseits geht sie sozusagen ein und aus im Weißen Haus, mütterlicherseits aber stammt sie ab von Cheyenne-Indianern. Gut, Amy, Fionas Mutter, ist keine Indianerin mehr, nicht einmal ein *»halfblood«* ist sie, wie sie hier sagen, ein Halbblut. Aber vielleicht ein *quarterblood*? Ich weiß es so genau nicht. Immerhin ist noch so viel Cheyenne in ihr, dass sie ohne weiteres bei einem *powwow* mitmachen könnte, einem Stammestanz, wie sie erzählt. Seitdem sie mir ihre Familienherkunft gestanden hat, finde ich, dass ihre schwarzen, langen, glatten Haare durchaus etwas eindeutig Indianisches an sich haben, so ein bisschen wie Nscho Tschi in den Karl-May-Filmen der sechziger Jahre, womit ich natürlich offenbare, was mein Indianer-Bild ebenso nachhaltig wie tiefschürfend geprägt hat.

Heute Abend sind Amy und Bruce bei uns zum *dinner*. Es soll ein kleines Dankeschön sein. Denn sie haben Katherina im Herbst einmal übers Wochenende mit nach Bethany Beach genommen. Für Washingtoner ist die Atlantikküste in Delaware, lächerliche drei Autostunden entfernt, das, was Kampen auf Sylt für die Hamburger ist. Okay, vielleicht doch eher Westerland. Auf jeden Fall ist es ein Badeort mit *boardwalk*, also einer Strandpromenade. Dorthin flüchten sie in den Sommerferien vor der schwülen Hitze in Washington. Zu den anderen Jahreszeiten verbringen sie dort gerne einmal das Wochenende im eigenen (oder gemieteten) Häuschen. Es war *»so much fun«*, sagt Bruce, es hat so viel Spaß gemacht, Katherina dabeizuhaben. Da bedanken sie sich selbst noch dafür, uns einen Gefallen getan zu haben! Auch das ist sehr amerikanisch.

Es ist ein netter Abend, und Bruce erzählt sogar von seinen beruflichen Sorgen, weil er nicht weiß, ob seine Firma verkauft wird und er seinen Job verliert. Bruce handelt Strom en gros. Er verkauft quer durch die USA überschüssige Kapazitäten. Erst im letzten Jahr haben sie sich ein schönes neues Haus gekauft, nur einen – okay, ziemlich weiten – Steinwurf vom Potomac entfernt.

»Hätte ich das alles vorher gewusst, hätte ich es nicht gemacht«, sagt Bruce.

»Jetzt ist es aber so«, bemerkt Amy trocken, wie es ihre Art ist.

Die beiden müssen schon rechnen. Genauer gesagt: Sie rechnet, wie sie zu verstehen gibt, er ist da großzügiger. So etwas erzählen Amerikaner einem nicht sofort. Die beiden haben ein bisschen Zutrauen gefasst zu uns exotischen Europäern.

Überhaupt Europa. Amy kommt ins Schwärmen. Das tun Amerikaner gerne, wenn sie mit Europäern sprechen. In Deutschland war sie ja noch nie. Aber in Frankreich, da waren die beiden sogar gemeinsam. Das Essen! Das Mittelmeer! Sie wolle unbedingt auch einmal nach Santorin (die griechische Insel liegt ja quasi nebenan von Frankreich; jedenfalls aus amerikanischer Sicht), sagt Amy. Ganz entzückt ist sie, als sie erfährt, dass ich dort schon einmal war, vor Jahren. Ich erzähle ein bisschen von der stürmischen Überfahrt, dem glitzernden Mittelmeer, den Nächten im Schlafsack auf dem Dach eines verlassenen Hauses.

»Siehst du, Bruce«, ruft Amy begeistert, »da müssen wir auch hin.«

»Mal sehen«, brummt Bruce. Er ist nicht der Typ zum Schwärmen und schon gar nicht für stürmische Überfahrten. »Ich mag nicht mit dem Schiff fahren«, sagt er. »In Griechenland muss ich ja andauernd auf die Fähre, von Insel zu Insel.«

Irgendwie, glaube ich, ist er auch nicht der Typ zum Verreisen und für amerikanische Verhältnisse ziemlich sesshaft. Beide sind sie hier in der Gegend groß geworden.

Dann erkundigt sich Amy, wie wir uns denn in Amerika so zurechtfänden.

»Ganz wunderbar«, sagt Martina. »Uns geht es prächtig. Wir haben hier so viele nette Leute kennengelernt.«

Da sie gerade in Schwung ist, fragt Amy nun: »In welche Kirche geht ihr eigentlich?«

Das ist eine Frage, auf die wir keine Antwort haben. Martina und ich gucken uns verstohlen an. Rasch schenke ich ein bisschen Rotwein nach, um die Pause zu überbrücken. Doch Amys Glas ist noch halb voll, und Bruce trinkt ohnehin Coca-Cola. Martina erwähnt geistesgegenwärtig, dass es in Washington auch eine deutsche Kirchengemeinde gebe.

»Aber wir leben ja nun einmal hier in Bethesda und haben mit Deutschen nicht so viel zu tun. Deshalb gehen wir da nicht hin«, sagt Martina stockend.

Immerhin sagt sie etwas. Mir ist nichts eingefallen. Amy kapiert sofort, dass wir nicht zu den Kirchgängern zählen, und wechselt das Thema. Aber ihre Frage zeigt, wie unterschiedlich Amerikaner und Europäer dann doch ticken. In Deutschland hat mich noch nie jemand gefragt, ob ich in die Kirche gehe. Höchstens einmal, ob ich evangelisch getauft sei oder katholisch. In Amerika ist die Frage dagegen völlig normal, weil es fast selbstverständlich ist, dass man Mitglied einer Kirchengemeinde ist.

Religion gehört in den USA weitaus mehr zum Leben dazu als in Deutschland. Dabei achten sie hier viel strenger darauf, dass Kirche und Staat getrennt sind, als bei uns. Konfessioneller Religionsunterricht in den Schulen wäre ein Ding der Unmöglichkeit. Selbst Europa-Kenner finden es zum Beispiel höchst merkwürdig, dass der Staat in Deutschland für die Kirchen Steuern einsammelt. Hier müssen die Kirchengemeinden alle das Geld selbst eintreiben – via Spenden. Manche Pastoren sind darüber steinreich geworden.

Die Amerikaner sind ein ziemlich gläubiges Volk. Fünfundachtzig Prozent bekennen sich zu einer Religion. Die Menschen hier nehmen keinerlei Anstoß daran, wenn ihr Präsident sie öffentlich zum Beten auffordert oder verspricht, für die Familien Verstorbener Fürsprache bei einer höheren Instanz einzulegen. Das gilt als völlig normal. Im Gegenteil, es ist eher aufgefallen, dass sich Barack Obama seinerzeit in seiner Rede zur Amtseinführung nicht nur an Christen, Juden und Muslims gewandt hat, sondern ausdrücklich auch an die »Nicht-Gläubigen«.

»Lass uns das Thema mit Amy und Bruce am besten weiträumig umschiffen«, schlage ich Martina vor, als wir später am Abend das Geschirr aufräumen.

Sie nickt nur.

»Die verstehen eben nicht, dass wir da anders ticken. Da unterscheiden sich wirklich die Kulturen«, sagt sie und räumt weiter die Teller in die Spülmaschine.

Weil sonntagmorgens alle in der Kirche sind, ist es sogar unsere Lieblingszeit zum Einkaufen. Aber das binden wir Amy und Bruce natürlich nicht auf die

Nase. Denn zu der Zeit ist es bei Whole Foods, dem *Organics*-Laden an der River Road, gähnend leer. Vor der Presbyterian Church nur ein paar Blocks weiter stehen indes Hunderte von Autos, der ganze Straßenrand ist zugeparkt. Vom Parkplatz vor Giant, dem riesengroßen Supermarkt in der Nachbarschaft, fahren sogar Pendelbusse, um die Leute zum Gottesdienst zu chauffieren. Auch das ist völlig normal hier. Einundvierzig Prozent aller Amerikaner gehen regelmäßig zur Kirche, so hat eine Umfrage des Meinungsforschungsinstitutes Gallup ergeben. Wobei sie in den Südstaaten wie Alabama und Louisiana besonders eifrig sind, während die Gläubigen oben in Neuengland, in Vermont oder New Hampshire es etwas lässiger angehen. In Maryland liegen sie ziemlich nah am nationalen Durchschnitt. Schon im Bürgerkrieg war Maryland zwischen Nord und Süd hin- und hergerissen. So schnell ändern sich die Dinge auch in Amerika nicht.

Nur ein paar Tage später bin ich unterwegs in Kansas. Flach ist die Erde hier, so weit das Auge reicht. Sanft biegen sich die langen Halme des Präriegrases im kalten Januarwind. Eigentlich erwarte ich jeden Moment die Büffelherden am weiten Horizont. Ich habe mich mit einem Tierarzt verabredet, der hier im Städtchen Arkansas City (ja, das liegt in Kansas) praktiziert, fernab vom hektischen Großstadtgetriebe an der Ost- oder der Westküste. Bei ihm will ich ein bisschen mehr über den religiösen Eifer herausfinden, der gerade in den Weiten des Riesenlandes so verbreitet ist.

Steve Abrams ist Naturwissenschaftler. Genauer gesagt, ist er Tierarzt, einer, der wissen müsste, wie nahe im Bauplan der Natur sich Hund, Pferd und Rind – und der Mensch stehen. Dennoch leugnet er die Evolution – aus religiösen Gründen. Der Name Darwin ist für ihn ein Schimpfwort und Darwins Theorie von der Abstammung der Arten eine Irrlehre. Er glaubt, dass Gott die Welt an sechs Tagen geschaffen habe. Ganz so, wie es in der Bibel steht. Und zwar an sechs Tagen mit exakt vierundzwanzig Stunden, Menschenzeit.

»Sonst stünde es ja nicht so genau in den ersten elf Kapiteln der Genesis«, gibt er mit tiefer Bärenstimme zu Protokoll. Gegen das Argument kann man wenig einwenden. Schließlich bin ich zum Zuhören da, nicht zum Diskutieren.

Abrams hat einen Schnauzbart und eine Schirmmütze aus Leder auf dem Kopf, außerdem trägt er Cowboyboots und fährt einen roten Ford Pick-up Truck. Ein waschechter Pferdedoktor in der Prärie eben. Aber er ist in seinem Heimatstaat ein ziemlich einflussreicher Mann, weil er ins *school board* von Kansas gewählt wurde. Das ist das Gremium, das in Kansas die Lehrpläne für die Schulen schreibt. Abrams will, dass im Biologie-Unterricht nicht nur die Evolution, sondern auch die Schöpfungsgeschichte gelehrt wird. Kreationismus nennt man das. In Deutschland würde einer wie Abrams als Sektierer gelten. Hier wird er ernst genommen. Wie er glaubt fast die Hälfte der Amerikaner, dass der Mensch nicht von einem affenähnlichen Vorfahren abstamme, sondern von Gott auf die Erde gesetzt worden sei – im Adamskostüm.

Nur ein paar Stunden Autofahrt entfernt, in den Ozark Mountains, den grünen Mittelgebirgen von Arkansas, kann ich dann mit eigenen Augen sehen, wie sich Abrams und seine Brüder im Glauben die Entstehung des Lebens vorstellen. Das *Museum of Earth History*, das Museum für Erdgeschichte, steht in Eureka Springs, einem Hillbilly-Nest, das seit Jahren Hunderttausende bibelfester Besucher anzieht. Sie führen dort alljährlich ein Passionsspiel auf – sozusagen Oberammergau live in Amerikas Provinz. Im Museum wiederum ist zu besichtigen, wie die Welt ausgesehen haben muss, so ungefähr kurz vor Sonnenuntergang am Ende des sechsten Tages der Schöpfung, als alles wohl getan war.

Ein Wasserfall plätschert munter inmitten tropischen Grüns. Künstliche Lilien wachsen anmutig von den Bäumen. Ein Riesen-Schmetterling schlägt sanft mit seinen Stoffflügeln. Aus der Wand, auf den sie den Körperpanzer gepinselt haben, ragt der gewaltige Kiefer eines Tyrannosaurus Rex in den Garten Eden. Fast ein bisschen so wie bei der *Jungle Cruise* in Disneyland ist es.

»Nicht erschrecken, die haben alle Gras gefressen«, sagt Kay Peterson mit Blick auf den T-Rex und schenkt mir ein mutmachendes Lächeln. Sie ist eine kleine, rundliche blonde Frau und meine persönliche Museumsführerin. Und sie glaubt tatsächlich eins zu eins, was sie mir da erzählt. Ausgerechnet der gierigste der fleischfressenden Saurier soll ein Veganer gewesen sein!

Im Paradies, so erläutert sie, offenbar durch meine leicht ungläubige Miene etwas beunruhigt, gebe es bekanntlich keinen Tod.

»Aber warum denken wir denn, dass der da ein fleischfressendes Ungeheuer war?«, frage ich, zugegeben ein bisschen scheinheilig und deute auf T-Rex, der seinen schaurigen Schädel keck aus der Wand reckt.

»Ganz einfach«, schnurrt meine Führerin mit einer Stimme, sanft wie Milch und Honig. »Die Saurier sind erst durch den Sündenfall zu Monstern geworden.«

Ich nicke wissend. Liegt doch alles auf der Hand, oder? Vorher waren sie selbstverständlich friedlich äsende Pflanzenfresser. Weil Pflanzen bekanntlich keine Lebewesen sind, gab es auch keinen Tod. Oder? Ich nicke nur stumm. Ich will mich mit Kay unterm Saurier-Kiefer nicht auf theologisierende Spitzfindigkeiten einlassen.

Der Sündenfall hatte grässliche Folgen. Das bekommt auch der Museumsbesucher drastisch zu spüren. Grummeln aus gewaltigen Lautsprecherboxen lässt den Boden unter den Füßen beben. Die hat Kay extra für mich angestellt. Aschespeiende Vulkane sind zu sehen mit Rauchsäulen aus Pappmaché und Saurier, die übereinander herfallen und nur noch Knochen hinterlassen. Winzig klein ist Noahs Schiff an die Wand gepinselt.

»Auch für Dinos war auf der Arche Platz«, erläutert Kay, setzt aber sofort hinzu, als ich die Stirn mal wieder ungläubig in Falten lege, weil die schwimmende Nussschale auf dem Bild tatsächlich ein bisschen klein für ausgewachsene Riesensaurier aussieht: »Sie haben nur die Jungtiere mitgenommen, die später groß genug geworden sind, um sich zu vermehren.«

Das hat den Viechern dann allerdings nichts mehr genutzt.

»Warum sind sie heute ausgestorben?«, werfe ich ein. Die glaubensfeste Kay erschüttert solch Zweiflertum nicht im Geringsten. Auch darauf hat sie eine Antwort.

»Alle wurden sie als gottlose Kreaturen unter der Asche der Vulkane begraben – weswegen wir so viele fossile Funde von ihnen haben.«

Ebenfalls ganz logisch, oder?

Als ich wieder im Mietwagen sitze, tief durchgeatmet habe und zum Flughafen in Richtung Tulsa in Oklahoma unterwegs bin, muss ich an Amy und Bruce denken und unsere kulturellen Missverständnisse. Wie komisch uns ihre Frage nach unserer Kirchengemeinde vorgekommen ist und wie fast unvorstellbar es ihnen erschien, dass wir nicht zur Kirche gehen.

Doch das hier ist noch einmal ein anderes Kaliber. Mit Spintisierern haben auch die beiden nichts am Hut. Dazu ist ein Ingenieur wie Bruce viel zu nüchtern. Aber so abwegig wie mir würden ihnen die Museumsbauer aus den Ozark Mountains im Zweifel dann auch nicht vorkommen.

»*That's America, man!*«, würde Bruce vermutlich sagen, kurz die Achsel zucken und weiter sein Kaugummi kauen.

23.
Diamonds Are Forever

Heute ist Valentinstag. Das ist kein guter Tag für mich. Schon seit geraumer Zeit, also ungefähr seit Weihnachten, hat Martina mich wiederholt wissen lassen, dass wir das Geschäft des Floristenverbandes an diesem Tag bestimmt nicht ankurbeln müssten. Ich dürfe sie gerne das ganze Jahr über immer wieder mit Blumen beglücken. Nur am 14. Februar, da könne ich es mir gewiss schenken.

Aber wehe, ich hätte mich vom Wohlklang dieser Worte einlullen lassen. So richtig gut hätte sie es dann wohl auch wieder nicht gefunden, wenn ich am Valentinstag ohne Blumen dagestanden wäre. Ich weiß es genau. Jedenfalls glaube ich es zu wissen.

Also fahre ich vor dem Frühstück noch schnell zu Safeway. Dort kaufen wir immer unsere Blumen, meistens einen Bund pink- oder apricotfarbener Rosen. Der Supermarkt in der Sangamore Mall, fast schon unten am Potomac und von uns aus gesehen ein bisschen ungünstig gelegen, hat immer die frischesten Blumen und die größte Auswahl. Deshalb fahren wir die Extra-Meile.

Doch ich bin offenkundig nicht der Einzige, der auf die raffinierte Idee verfallen ist, die Angebetete entgegen ihres dezidiert vorgetragenen Wunsches mit einem Strauß zu überraschen. Nur noch ein paar

kümmerliche Rosenbündel hängen da in der Groß-
raumvase. Und anstatt wie sonst 9,99 Dollar kosten
sie auch noch 14,99!

»Das ist US-Kapitalismus«, schimpfe ich in mich
hinein.

Steigt die Nachfrage, steigt der Preis.

Am Valentins-Morgen wird der schnell präsen-
tierte Strauß – immerhin habe ich zwei Bund genommen, damit es besser aussieht – kaum weiter registriert. Wie alle Tage müssen die *lunch*-Pakete für die
Kinder fertiggemacht werden. Jedes Kind bekommt
ein Brot geschmiert. Dazu vielleicht ein paar Apfel-
schnitze oder von den Stielen befreite und sorgfältig
abgetrocknete Trauben? Ein Joghurt gefällig? Oder
doch lieber ein Müsli-Riegel? Ich verziehe mich derweil, wie jeden Morgen, mit dem Becher Kaffee nach
unten ins *basement*-Büro an den Schreibtisch. Überlasse Martina den ganz normalen Vor-Schul-Wahn-
sinn. Auch am Valentinstag.

Also was erwarte ich? Die Blumen sind eine Selbstverständlichkeit. Oder hätte ich doch neulich bei
Tiffany's nicht einfach unverrichteter Dinge wieder
hinausgehen sollen? Einen Silberanhänger für die
Silberkette vielleicht, mit einem klitzekleinen Diamanten darin? Ich hatte immerhin schon bei Saks
Fifth Avenue geparkt – der Filiale in Bethesda – und
war zu dem Juwelierladen hinübergeschlendert.
Tiffany's gibt es schließlich nicht nur in New York,
sondern noch in dreiundsechzig Filialen, strategisch
übers ganze Land verteilt. Dort, wo das Geld sitzt.
Also auch in Bethesda. Auf der CNN-Liste der Top-
Verdiener-Gemeinden in den USA kommt Bethesda
immerhin auf Platz elf. Im Ranking des Wirtschafts-
blattes *Forbes* der lebenswerten US-Städte liegt es

sogar auf Platz zwei. Wo es lebenswert ist, gibt es Tiffany's, könnte man daraus also eindeutig schließen.

In den Tagen vor *Valentine's Day* herrscht hier dichtes Gedränge. Wie im Bienenstock geht es zu. Man muss sich sogar in Listen eintragen: Wartezeit mindestens eine Stunde. Trotzdem stehen die Leute in Schlangen an, und zwar vor den Vitrinen mit den Ringen, den Verlobungsringen, die in den USA grundsätzlich mit einem Diamanten besetzt sein müssen, einem Solitär. Je größer der edle Stein, desto besser. Lauter Männer stehen natürlich an. Sie lassen sich nicht nur etwas vorführen. Alle kaufen tatsächlich ein. Der Valentinstag ist in den USA das beliebteste Datum fürs *proposal*, für den Heiratsantrag. Im Schnitt geben Männer in den USA zwischen dreieinhalb- und viertausend Dollar für den Verlobungs-Klunker aus. Der Druck ist enorm hoch: Amerikas Verband der Juweliere empfiehlt, dass ein echter Mann zwei Monatsgehälter für den Ring lockermachen solle.

Vier einfache Wörter sind es, aber ganze Ratgeber werden darüber geschrieben, wie man's richtig macht: »*Will you marry me* – willst du mich heiraten?« Im Internet gibt es Dutzende von Adressen, wo man sich informieren kann, wie man den Antrag erstens richtig, zweitens unvergesslich und drittens unabweisbar macht. Die Amerikanerin erwartet, dass der Angebetete mindestens vor ihr in den Staub sinkt.

Unter der Rubrik »Nicht neu, aber immer noch gut« ist da zum Beispiel zu lesen: »Gehen Sie auf die Knie, mit einer einzigen roten Rose zwischen den Zähnen und einem wunderschönen Ring auf der flachen Hand, und stellen Sie Ihre Frage.« Wie das mit der Blume im Mund gehen soll, steht da indes nicht –

nur der schlaue Tipp: »Je mehr Menschen um Sie herum sind, desto besser!«

Man könne aber auch mit Kreide die Frage auf den schwarzen Straßenasphalt vor dem Haus der Angebeteten pinseln, zum Beispiel in dieser eleganten Wendung: »Mögen Glück und Liebe auf der Straße deines Lebens liegen.« Offenkundig erfahrungsgesättigt haben die Autoren dieses Tipps allerdings hinzugesetzt: »Prüfen Sie vorher, ob der Vater Ihrer Angebeteten Hunde oder ein Gewehr besitzt!«

Nicht schlecht sei es auch, wenn man einen Sänger engagiere, der für sie, natürlich in einem Fünf-Sterne-Restaurant, »My funny Valentine« anstimme. Zum Dessert lässt man den Ober den Diamantring von Tiffany's servieren. Erst in diesem Moment sinkt man auf die Knie und hält um ihre Hand an.

Zeuge solcher Peinlichkeiten zu werden, wollte ich dann doch vermeiden – ebenso die vielsagenden Blicke meiner Frau, die ausgesprochen etwa so klängen: »Das hast DU damals nicht fertiggebracht.«

Ohnehin wäre an diesem Tag alles voll. Amerikas Restaurants sind am Valentins-Abend so ausgebucht wie an keinem anderen Abend im Jahr. Deshalb habe ich zunächst einmal gar nicht erst versucht, irgendwo einen Tisch zu reservieren.

Bald aber schleichen sich Zweifel ein. War das vielleicht doch ein Fehler? Soll ich noch schnell irgendwo reservieren? Ich rufe bei »Chez Gaby« in Bethesda an, einem Franzosen; da gehen wir öfters hin.

»Sorry, *Sir*, wir haben keinen Tisch mehr frei«, sagt eine freundliche Stimme, die ein gewisses Erstaunen ob des späten Zeitpunkts der Anfrage nicht ganz unterdrücken kann. Nach dieser Erfahrung sehe ich von weiteren Anrufen ab.

Nun hat der Postbote auch noch einen Valentinsbrief für Katherina gebracht. Und was für einen!

Valentinskarten verteilen die Kinder an diesem Tag in ihren Schulklassen routinemäßig – in ganz Amerika ist das so üblich. Damit keine Eifersüchteleien entstehen, ist es inzwischen so geregelt, dass jedes Kind jedem in der Klasse einen vorgedruckten Gruß schreibt, etwa so einfallsreich wie: Ich denke an Dich, Deine XY.

Für Amerikas Kartenindustrie ist der Valentinstag deshalb einfach super. Nur zu Weihnachten werden noch mehr Kartengrüße verschickt. Sieben Milliarden Karten sind es im ganzen Jahr. Da ahnt man, was am Valentinstag so hin und her geht. Weil einfache Karten in Bethesda offenbar nicht ausreichen, bekommt jedes Kind von jedem Klassenkameraden mit der Karte noch eine kleine Aufmerksamkeit. Deshalb haben Martina und ich gestern Abend an den dreiundzwanzig Karten für Katherinas Klassenkameraden noch dreiundzwanzig *lollipops* befestigt. Bei Christopher waren es zweiundzwanzig Karten und zweiundzwanzig Lollis. Nur Anna ist schon zu alt dafür. Sie hat für handverlesene Freundinnen dann immerhin selbst eine Karte geschrieben.

Mit der Post für Katherina kommt heute indes nicht nur einfach eine Karte, sondern ein Brief. Noah hat ihn verfasst. Auf dem Computer selbst geschrieben. Noah ist Katherinas Freund. Ihr *boy friend*. Mit mittlerweile neun Jahren!

Das kam ungefähr so: Noah sei der coolste Junge im ganzen Jahrgang, sagt Katherina. Das findet nicht nur sie. Alle ihre Freundinnen sagen das. Mehr oder minder alle haben einen *crush* auf ihn, wie es heißt: Sie stehen auf Noah und sind in ihn verknallt. Er ist immerhin schon zehn Jahre alt, ein Wuschelkopf mit roten Haaren und für sein Alter tatsächlich ziemlich cool, weil er mit Vorliebe Hawaii-Hemden und drei große Ringe trägt. Vor einiger Zeit ging bei uns das Telefon, Noah war am Apparat. Zwei Minuten dauerte das Gespräch, höchstens. Dann kam Katherina, glückstrahlend, aus ihrem Zimmer die Treppe herunter.

»Noah hat gesagt, dass er mich liebt.«

Ich war mir der Tragweite dieses Bekenntnisses nicht ganz bewusst. Bis heute.

Jetzt liest uns Katherina stolz ihren ersten Valentinsbrief vor. Das tun sie noch in dem Alter, dass sie ihre Eltern reinen Herzens an ihrem Gefühlsleben teilhaben lassen. Sie ist im siebten Himmel. Und ihre Mutter mit ihr. Dieser schmachtende Blick in ihren Augen – denen der Mutter. Den habe ich schon lange nicht mehr gesehen.

Natürlich ist mir klar, was Martina jetzt denkt: »So einen Brief hast DU mir nie geschrieben.«

Dabei sind ihr Valentinsgrüße aus Amerika nicht unbekannt. Sie hat selbst schon einmal einen solchen Brief erhalten. Nicht von mir, ich gebe es zu. Von Tom. Tom kommt aus Allentown in Pennsylvania und war Austauschschüler in Martinas Klasse. Als er zurück war, hat er für sie am Valentinstag eine Anzeige im *Allentown Morning Call* aufgegeben, sie ausgeschnitten und ihr zugeschickt. Das ist jetzt mehr als ein Vierteljahrhundert her. Später haben die beiden sich Briefe geschrieben. Und dann irgendwann nicht mehr.

»Liebe Katherina«, schreibt also jetzt Noah aus Bethesda meiner Tochter zum Valentinstag, »dieser Schmuck ist für dich. Ich habe die Ohrringe und die

Halskette nur für dich entworfen. Meine Mom hat mir dabei geholfen. Ich hoffe, sie gefallen dir.«

Katherina holt die Kette aus dünnem roten Draht, gar nicht einmal unhässlich, aus dem Umschlag. Die Ohrringe, zwei bunte Steinchen, legt sie behutsam auf den Küchentisch. Und ob ihr das gefällt. Noah ist der erste – Mann –, der ihr Schmuck schenkt. Dann liest sie weiter.

»Jeden Tag denke ich an dich und erzähle von dir, weil du nett, hübsch und klug bist. Ich mag es, dass du immer ein Lächeln auf den Lippen trägst.«

Ich sehe nur strahlende Augen. Bei meiner Tochter und bei meiner Frau. Ich räume es gerne ein: Auch wenn ich nicht mehr weiß, zu welchen Bekenntnissen ich mich in meinen Liebesbriefen habe aufschwingen können. So schön, so sanft, so einleuchtend hätte ich es nie schreiben können.

Ich sage: »Das hat Noah aber schön geschrieben. Bestimmt hat ihm seine Mutter dabei ein bisschen geholfen.«

Katherinas Mutter guckt mich durchdringend an.

»Ist doch so«, sage ich trotzig, »das hier ist der Traum eines Briefes, den jede Frau bekommen möchte. Da hat sie ihn bestimmt ein bisschen unterstützt. Als Frau weiß man schließlich, was Frauen hören wollen.«

Katherina ist es egal, was ihre Eltern da gerade ausfechten. Sie liest weiter.

»Ich bin so glücklich, dass wir Freunde sind. Vielleicht sollten wir ein wenig häufiger miteinander reden.«

Das kann ich nachfühlen, denke ich. Denn ungefähr seitdem Noah Katherina in ihrem Zwei-Minuten-Telefonat seine Liebe erklärt hat, geht meine kleine Tochter einmal im Monat freitags abends zum Tanztee. Von sieben bis neun Uhr, dann ist pünktlich Schluss. »Mac's Café« heißt es, warum auch immer. Alle aus ihrer Klasse und die *preteens* der anderen Schulen in der Gegend gehen hin. Noah natürlich auch. Eltern müssen helfen, Getränke und Hotdogs zu verkaufen, und aufpassen, dass die Kinder ihre Jacken nicht ausgerechnet in den Ausgang der kleinen Turnhalle pfeffern, wo ein DJ die neuesten Hits spielt und die Kids auf und ab hüpfen. Manchmal tanzen sie auch den *Cotton-Eyed Joe*, einen *Line Dance*, bei dem sie ohne Körperkontakt, Jungs und Mädchen, nebeneinander, komplizierteste Figuren ausführen; auf einem Bein eine Pirouette drehen zum Beispiel.

So kann ich Zeuge eines ausgefeilten Rollenspiels werden. Katherina ignoriert ihren Noah bei diesen Treffen nämlich völlig. Nicht die kleinste Annäherung findet statt, nicht einmal beim *Cotton-Eyed Joe*.

Katherina ist irgendwie immer beschäftigt. Als ich sie nachher frage, ob sie mit Noah überhaupt ein Wort gewechselt habe, fragt sie ehrlich erstaunt zurück: »Nein, warum?« Aber es war offensichtlich ein fröhlicher Abend für sie.

Jetzt schreibt ihr Noah: »Diese Botschaft soll dich daran erinnern, dass ich immer an dich denke. Ich hoffe, dass du das Gleiche für mich empfindest. *Happy Valentine's Day.*«

Martina guckt ganz verträumt. Katherina aber läuft zum Spiegel im Badezimmer und hält sich die neuen Ohrringe hin.

Und ich? Ich glaube, ich verschwinde jetzt besser gleich wieder in mein Büro.

24.
True Love

Mit Laureen kann man tatsächlich über Sex reden.
Das vermag ich mit keiner anderen amerikanischen
Frau. Jedenfalls mit keiner, die ich kenne. Lukes
Mutter würde garantiert die Polizei alarmieren. Die
herzensgute Lori in ihrem schlabberigen, verwasche-
nen T-Shirt würde rot werden und auf der Stelle tot
umfallen, und Katherines Mutter Joey würde kehlig
lachen und mir eine knallen. Laureen aber liebt es.
Wie sie überhaupt alles mag, was ein wenig gegen
Konventionen verstößt. Schließlich ist sie Künstlerin.

Wir kommen darauf, weil diese Woche *Presidents'
Day* war. Liegt doch auf der Hand, da über Sex zu reden, oder? *Presidents' Day* ist der Tag, an dem die Nation ihres ersten Präsidenten George Washington ge-
denkt und überhaupt ihre Vormänner im Weißen Haus
hochleben lässt. Es ist ein Feiertag, an dem Schulen
und Behörden geschlossen sind. Das merkt man besonders in Washington, wo die Hälfte der Leute irgendein Regierungsamt bekleidet oder in einer der
zahllosen Bundesbehörden tätig ist. Sonst nimmt alles mehr oder minder seinen alltäglichen Lauf. Die
Geschäfte sind offen, und natürlich lassen sie sich die
Gelegenheit zu einem Sonder-Schlussverkauf nicht
entgehen. An diesem Tag wird er, ganz passend,
President's Sale genannt.

»Nur gut, dass dieser John Edwards es nicht geschafft hat«, sagt Laureen. »Man stelle sich nur vor, er wäre Präsidentschaftskandidat gewesen, und dann wäre das herausgekommen. Oder aber er wäre jetzt sogar im Amt. Nicht auszudenken.«

Ich gucke Laureen wohl etwas verwundert an. Sie weiß, dass ich sie nicht für prüde halte. Für sie wiederum ist es ein Zeichen von europäischer Libertinage oder jedenfalls von dem, was sie mit Europa und kontinentaler Lebensart verbindet, wenn man freimütig über Sex redet. Also redet sie mit mir darüber.

Nun schließt sie sich jedoch dem Chor all derer an, die John Edwards verdammen. Weil er als Präsidentschafts-Kandidat eine wilde Affäre hatte mit einer Marilyn-Monroe-blonden, zehn Jahre jüngeren Filmproduzentin und dabei auch noch ein Kind gezeugt hat?

Ist das nicht ein bisschen kleinlich?

Nun gut, so richtig anständig wirkt das nicht, wenn die eigene Frau zur selben Zeit mit Brustkrebs zu kämpfen hat und er ihr öffentlich Beistand schwört, sie sogar vor laufender Kamera ihr eheliches Treuegelöbnis wiederholen.

Das müssten die beiden unter sich ausmachen, gibt Laureen mir zu verstehen, und sie wüsste schon, was sie Ron, ihrem Mann, sagen würde in so einem Fall. Das alles regt sie gar nicht so sehr auf.

Es ist vielmehr Edwards' Hybris, die Laureen auf die Barrikaden treibt: die Chuzpe zu glauben, als Bewerber um das höchste Amt der Nation eine Affäre verschweigen zu können. Das, findet sie, zeuge von mangelnder politischer Reife und gnadenloser Selbstüberschätzung. Wahrscheinlich von beidem.

»Am Ende geht es bloß um Sex. Solche Sachen kommen immer raus«, konstatiert Laureen erfahrungsgesättigt.

»Wir haben alle geahnt, dass Jack Kennedy nicht nur die schauspielerischen Qualitäten von Marilyn Monroe schätzte«, doziert sie. Dann singt sie auf einmal *»Haaaapy birthday, Mr. President«* und ahmt das berühmte, mehr gehauchte als gesungene Geburtstagsständchen Marilyn Monroes für JFK nach. Danach zieht sie die Augenbrauen hoch.

Will heißen: Ihr muss man nichts vormachen. Zu ihrem Präsidenten haben die Amerikaner eine eher pragmatische Einstellung. Sie haben einen ungeheuren Respekt vor der Institution. Immerhin repräsentiert der Präsident ihr Land. Darauf sind sie sehr stolz. Patriotismus nennt man das. Das schützt den Amtsinhaber allerdings nicht vor ihrem beißenden Spott.

»O nein, was haben wir schon für Kerle im Weißen Haus gehabt! Carter, den Moralapostel! Reagan – bei dem hat Alzheimer doch schon im Amt eingesetzt. Dann Clinton«, sagt Laureen und deutet mit dem Finger wedelnd nach unten, »der hatte sein Ding da auch nicht unter Kontrolle.«

Sie redet ja mit einem Europäer. Über die beiden »Bushies« will sie offenbar nicht einmal ein Wort verlieren. Bringt in dem Zusammenhang wohl auch nicht so viel.

Wenn Edwards, für den Laureen bei den Vorwahlen gestimmt hat, es tatsächlich zum Kandidaten der Demokraten gebracht hätte und die Affäre wäre im Wahlkampf herausgekommen – es wäre das Ende der Demokraten gewesen.

»Unverantwortlich. Wir hätten jetzt wieder einen republikanischen Präsidenten. Was das in der Welt angerichtet hätte! Nicht auszudenken.«

Zu Sex in der Politik haben die Amerikaner tatsächlich ein merkwürdiges Verhältnis. Laureen würde das sofort einräumen. Bill Clinton haben die Republikaner fast aus dem Amt gejagt, weil er die Praktikantin Monica Lewinsky sehr private Dinge im *Oval Office* erledigen ließ. Dennoch ist er nach der Affäre beliebter gewesen als je zuvor. Eliot Spitzer aber, der einstige Gouverneur im liberalen New York, musste sofort gehen, nachdem er bei einer Prostituierten erwischt worden war. Es kam gar nicht gut an, dass er sich als Politiker gegen Frauenhandel stark gemacht hatte. Und Senator Larry Craig aus dem fernen Idaho war unten durch, weil er auf Männerklos den schnellen schwulen Sex suchte, im Senat jedoch wider die Homosexualität wetterte.

Laureen haut so etwas nicht um.

»Weißt du, wie drückend heiß es im Sommer in New York manchmal werden kann?«, fragt sie mich unvermittelt und schenkt mir ihr maliziös-verschmitztes Lächeln.

Ich nicke irgendwie zustimmend und wappne mich innerlich.

Dann setzt sie zur nächsten Geschichte an.

»Also es war Sommer, im August.« Ihre Augenbrauen wölben sich rasant nach oben. »Ron und ich hatten damals dieses kleine Apartment in Manhattan. Es war drückend heiß. Der Ventilator hat nur die stickige Luft bewegt. Es war nicht auszuhalten. Ich hatte Besuch von einer Freundin, und da haben wir einfach die Blusen und die BHs ausgezogen und eine geraucht. Ron war nicht da, und als er nach Hause kam, hat er ein bisschen geguckt. So war das in den sechziger Jahren. Stell dir das mal heute vor! Undenkbar!«

Der *summer of love* ist lange vergangen. In der Tat kommt einem Amerika manchmal merkwürdig verklemmt vor – und das obwohl die Menschen hier die sexuelle Revolution der Welt vorgelebt haben und die Medien sich seither manchmal geradezu wie besessen mit dem Thema Sex beschäftigen. Jeder Kabelbetreiber hat, je nachdem, welches Angebot man bucht, bestimmt ein Dutzend Pornokanäle im Programm. Im alltäglichen Leben aber tun viele Amerikaner so, als gäbe es Sex gar nicht.

Auch in den Schulen gehen sie merkwürdig verkrampft mit dem Thema um. Bei Anna steht drei Monate pro Schuljahr *health* auf dem Lehrplan, Gesundheitsunterricht, wie er genannt wird. Da geht es um die richtige Ernährung, Hygiene, Sport – und um Aufklärung. Anna verdreht regelmäßig die Augen, wenn *health* auf dem Stundenplan steht. Wer täte das nicht mit elf Jahren?

Es war früher doch nur peinlich, wenn der Biologielehrer von der Fortpflanzung mit Sporen und Pollen anfing und dann zögernd auf Männlein und Weiblein zu sprechen kam oder, noch später, wenn unter Gekicher ein Kondom herumgereicht wurde. Wir wissen stets Bescheid, wenn bei Anna Sexualkunde ansteht, weil wir dann jedes Mal ein Formular unterschreiben müssen, in dem wir uns einverstanden erklären, dass unser Kind an dieser Unterrichtseinheit teilnimmt.

Die Kinder an Annas Schule werden über Aids und Geschlechtskrankheiten informiert, über Teenager-Schwangerschaften und Verhütung, über sexuelle Gewalt und Homosexualität. Der übliche Aufklärungsunterricht eben. Außerdem werden sie ausführlich darüber in Kenntnis gesetzt, dass sie ungewollten Schwangerschaften und Geschlechtskrankheiten am sichersten entgehen können, wenn sie sich auf Geschlechtsverkehr erst gar nicht einlassen, jedenfalls nicht vor der Ehe. Das ist schon etwas ungewöhnlicher. *Comprehensive sex education* heißt das – und ist durchaus keine Selbstverständlichkeit in den USA. In jeder dritten Schule zwischen New York und Los Angeles steht selbst solch verklemmte Form von *sex ed* überhaupt nicht auf dem Stundenplan.

Denn in Amerika sind die Schulen Sache der Landkreise. Wer dort die Mehrheit hat, bestimmt auch den Lehrplan. So kommt es, dass in mehr als einem Drittel aller US-Schulen *abstinence-only sex ed* betrieben wird – dort, wo konservative Republikaner das Sagen haben. Darin wird den Kids nicht nur gepredigt, dass sie keinen Sex vor der Ehe haben sollten, sondern dass Sex krank mache. Dass Verhütung hoch unsicher und eine monogame Beziehung die einzig anstrebenswerte Form sexuellen Verhaltens sei. Dass man eigentlich erst Sex haben sollte, wenn man eine Familie unterhalten könne. So ungefähr jedenfalls steht es in einem Gesetz aus dem Jahre 1996, mit dem der US-Kongress den Anti-Sex-Unterricht in Amerikas Schulen fördern wollte. Nicht weniger als eine Milliarde Dollar hat sich das der Kongress seither kosten lassen.

Eine gigantische Fehlinvestition. Die Resultate sind verheerend. Eine Studie, immerhin auch vom Kongress in Auftrag gegeben, hat zehn Jahre danach festgestellt, dass Kids, denen im Alter von Anna Abstinenz gepredigt worden ist, später genauso früh Sex haben wie ihre Altersgenossen. Schlimmer noch. Die Zahl der ungewollten Teenager-Schwangerschaften nimmt nach einem Jahrzehnt der Förderung des *No-sex*-Unterrichts in den USA zu. Dabei gibt es schon jetzt in keinem Industrieland der Welt eine so hohe Zahl an Müttern im Kindesalter wie in den Vereinigten Staaten.

Die sexuellen Konterrevolutionäre sind indes vor allem in den Südstaaten der USA aktiv, wo es regelmäßig an den Schulen öffentliche *virginity pledges* gibt, in Gegenwart von *mom* und *dad* abgelegte Gelübde, dass man die Jungfräulichkeit bis zur Ehe bewahren wolle. Auch da haben Studien gezeigt, dass die Kids Sex haben – Gelübde hin, Treueschwüre her.

Vor allem im College lassen es die Teenager krachen. Nadia, die Tochter einer russischen Freundin, hat uns einmal davon erzählt. Sie studiert seit einem Jahr in Chicago und berichtet, dass viele Kids in ihrem Wohnheim, Männlein wie Weiblein, Strichlisten führen: Wer am meisten im Bett hatte.

Davon erfährt Anna natürlich nichts. Die ideologischen Kämpfe um den Sex vor der Ehe gehen, so oder so, an ihr vorbei. Aber eines, so erläutert sie ihren jüngeren Geschwistern beim Abendessen, habe sie schon gelernt.

»Jungs müssen einen *sixpack* haben«, sagt sie mit autoritativer Stimme – sichtbare Bauchmuskeln. Was dazu führt, dass Chris vorm Spiegel im Badezimmer die Luft anhält und Fachfrau Anna fragt, ob sein *sixpack* okay sei.

Höchste Aufmerksamkeit verwenden unsere Tochter wie auch ihre Freundinnen darauf, sämtliche der gerade erst sprießenden Härchen von ihren Schienbeinen zu entfernen.

Intensiver als jeden *health*-Unterricht verfolgt sie ohnehin das Geschehen bei *Hannah Montana*, der Teenie-Serie, in der ein Mädchen tagsüber ganz normal zur Schule geht, abends aber zur berühmten Sängerin wird. Auch Katherina ist gebannt dabei und singt manchmal in der Küche, wenn es draußen schon dunkel ist. Sie stellt sich dann so hin, dass sie ihr Spiegelbild in der Glastür sehen kann, und träumt vor sich hin. Wer ist wohl die Schönste im ganzen Land?

Chris dagegen findet *Hannah Montana* und das aufgeregte Girlie-Gekreische doof. Er geht ins Familienzimmer und schaut dort *Tom und Jerry*. Bis *mom* oder *dad* dahinterkommen.

25.
Fun, Fun, Fun

Wir fahren nach Florida. Auch wir. *Sunshine State – here we come.* Ein paar ungezwungene Tage am Strand wollen wir genießen nach einem langen, kalten, arbeitsreichen Winter.

»*Spring break*, endlich Frühjahrsferien. Wir machen es genauso wie die College-Studenten«, flachse ich, als wir unser Auto bis oben hin vollpacken.

»Ein bisschen ruhiger dürfte es bei uns dann wohl doch zugehen«, merkt Martina trocken an und gähnt betont. Wie immer wird sie recht behalten.

Die *spring break* hat in Amerika fast rituellen Charakter. Eine Woche bekommen die Studenten im März oder im April an den Colleges frei, ehe sie zum großen Endspurt antreten müssen mit den alles entscheidenden *final exams*, den Abschlussprüfungen. *Spring break* ist Kult und hat wie der Karneval im Rheinischen etwas von einer fünften Jahreszeit, nur dass es nicht ums Verkleiden geht und um Umzüge, sondern ums Ausziehen. In der *spring break* lassen die Kids wie im Karneval einfach einmal die Sau raus, nur nach neo-amerikanischem Ritus eben.

Orgiastisch trinken, kiffen und, Pardon, bumsen sie ein paar Tage lang bis zur Besinnungslosigkeit. Das, und nur das, ist der Zweck der *spring break*. Beliebter Austragungsort der Bacchanalien war in den letzten Jahren Panama City in Florida. Schätzungsweise vierhunderttausend Amerikaner im Abiturjahrgangs- oder Studentenalter treffen sich hier pro *spring-break*-Saison zu ihrem gemütlichen Beisammensein. Davor waren Daytona Beach am Atlantik und noch früher Fort Lauderdale beliebtester Schauplatz der Kult-Veranstaltung, so lange, bis die Leute dort genug hatten von dem turbulenten Treiben.

Zwar gilt auch in Florida die Altersgrenze von einundzwanzig Jahren für Alkohol. Das ist für die Kids mitunter ärgerlich und ein Grund für manche, nach Cancun oder Acapulco in Mexiko auszuweichen und sich dort um den Verstand zu trinken. Aber die Alkoholgesetze sind offensichtlich auch in Florida bis heute nicht wirklich ein Hindernis.

Heutzutage fliegen die Studenten normalerweise in Florida ein. Zeit ist schließlich kostbar. Wir indes fahren mit dem Auto – aus Kostengründen. Fünf Flugtickets zur Hochsaison nach Florida schlagen dann doch kräftig zu Buche. Zugegeben, es hat etwas von einer Gewalttour, wenn man die Strecke an einem Tag schaffen möchte. Dabei wollen wir nur nach St. Augustine, das liegt im Norden des *Sunshine State*, gleich hinter der Grenze von Georgia. Miami Beach wäre noch einmal sechs Stunden weiter.

Aber wir brauchen trotzdem vierzehn Stunden, zumal ich mir angewöhnt habe, den Tempomaten auf die erlaubte Höchstgeschwindigkeit – gut, drei, vier Meilen drüber – einzustellen. Fünfundsechzig Meilen, einhundertfünf Stundenkilometer, darf man inzwischen die meiste Zeit auf den Autobahnen fahren, jedenfalls an der Ostküste. In Texas sind sogar fünfundsiebzig Meilen erlaubt.

Eigentlich fahren alle schneller, hauptsächlich die

Trucker. Ich halte mich lieber an die Begrenzung, weil ich so oft schon Kontrollen gesehen habe. Überall stehen die *Sheriffs*, die *State Troopers*, die Polizisten von der *Highway Patrol*, oder wie sie auch heißen mögen, mit ihren Streifenwagen und einer Radarpistole und wollen nur das eine: Geld. Nach kurzer Verfolgung, die man tunlichst nicht zu lang werden lassen sollte, kassieren sie ab: zwei-, drei-, vierhundert Dollar Strafe für hundertdreißig Stundenkilometer. Das ist mir zu teuer. Ehrlich gesagt sind mir die finster dreinblickenden *deputies* mit ihren sandfarbenen Campaign-Hüten sowieso nicht wirklich geheuer.

Außer dem Tempomaten setzen wir auch sonst neueste Technik ein, um den Neunhundert-Meilen-Marathon zu überstehen: ein DVD-Gerät für die Kinder, das Endlos-Kino für die Hinterbank liefert. Ein Segen, wie sich auf jeder Fahrt wieder herausstellt. Und ein absolutes Muss, ich gebe es gerne zu. Nur, als wir unser Auto erstanden haben, hatte sich uns diese Erkenntnis noch nicht erschlossen. Wir hatten uns bis dahin auf unseren Fahrten von Hamburg zum Timmendorfer Strand mit Audio-CDs begnügt. Ritter Rosts Abenteuer habe ich bald auswendig mitgesprochen. Und mit Rolf Zuckowski kann man mich noch heute jagen.

Als wir uns das Auto für Amerika gekauft haben, ließ ich mich ja überzeugen, dass Ledersitze sein müssten. Alles andere wäre *substandard* in den USA. Auch das Schiebedach ist prima, und die automatische Abstandskontrolle zum Rückwärtsfahren, ohne in den Spiegel zu schauen, ist unerlässlich. Nicht im Mindesten aber haben wir daran gedacht, dass ein Fernsehbildschirm für die rückwärtige Sitzgalerie in den USA gleichermaßen zum erweiterten Standardpaket für Familienkutschen zählt. Robert, Neos *dad*, war cleverer und hat in seinem Van ein veritables Rückbank-Kino einbauen lassen. Das hat unsere Kids schwer beeindruckt, die sich mit einem tragbaren DVD-Gerät begnügen müssen. Aber immer noch besser als gar nichts. Ehrlich!

Anfangs habe ich noch Kopfhörer verordnet. Auch so eine unüberlegte Anweisung. Ich habe sogar extra Verteilerkabel gekauft, damit alle drei Kinder ihre Kopfhörer gleichzeitig anschließen könnten. Martina und ich, so meine Überlegung, würden dann ein bisschen Musik – Klassik zur Beruhigung der Nerven – oder Nachrichten hören oder auch ab und zu einmal ein Wort miteinander wechseln. Obwohl Martina natürlich sagt, dass ich sowieso nicht mit ihr rede, was nicht stimmt, aber das ist ein anderes Thema. In jedem Fall haben die Kinder nach kurzer Zeit einfach die Kopfhörer abgelegt und auf volle Lautstärke gedreht.

»Hey«, rufe ich jetzt nach hinten, »wir verstehen hier kein Wort von den Nachrichten.«

Keine Reaktion.

»Könnt ihr bitte wieder eure Kopfhörer aufsetzen?«

Anna bequemt sich nun zu einer Antwort. »*Dad*, so ist das einfach schöner.«

»Viel schöner«, kräht Christopher.

Ich drehe das Radio bei uns vorn im Auto ab.

So kommt es, dass ich nun nicht nur Ritter Rost in- und auswendig mitsprechen kann, sondern auch zeitlose Meisterwerke der Filmkunst wie *Ein Hund namens Beethoven*, *Hotel für Hunde* oder *Meine Frau, ihre Schwiegereltern und ich*. Bei *Kevin – allein zu Haus* lache ich schon im Voraus, wenn der kleine Kerl den beiden üblen Einbrechern in dem verlassenen Haus auflauert. Das heißt, ich kenne all die Dialoge. Die Filme selbst habe ich dagegen noch nie gesehen. Sie laufen schließlich immer nur auf den besseren Plätzen in der Galerie unserer Familienkutsche.

Unerwartet als größter Hit haben sich die Folgen von *The Brady Bunch* erwiesen, einer wunderbar angestaubten TV-Serie aus den sechziger Jahren, die in Deutschland *Drei Mädchen und drei Jungen* heißt: Die Mädchen sind Marcia, Jan und Cindy, die Töchter von Mrs Brady, einer Witwe (so ganz klar ist das nicht, vielleicht ist sie ja auch, auweia, geschieden!). Die Jungs Greg, Peter und Bobby sind die Söhne von Mr Brady, einem Witwer. Sie sind natürlich ungefähr im selben Alter wie die Mädchen. Alle tun sich zusammen und gründen eine Großfamilie. Es war die Art und Weise, wie sich Hollywood damals politisch korrekt den in die Höhe schnellenden Scheidungsraten und dem relativ neuen Phänomen der Patchwork-Familien annäherte. Irgendwie scheinen die vierzig Jahre alten Sendungen Konstanten im kindlichen Erfahrungshorizont anzusprechen: die angeborene Dummheit von Geschwistern beispielsweise, besonders des anderen Geschlechts, die plumpe Pädagogik von *daddys*, die die *moms* wieder in Ordnung bringen müssen, Eifersucht und Unsicherheit, das Bedürfnis nach familiärer Harmonie. Eigentlich ist es bei den Bradys so wie bei uns.

»Nur, dass uns Alice abgeht«, merkt Martina an. Alice ist die Haushälterin, die bei den Bradys den Laden schmeißt. Die einkauft, kocht, wäscht und bügelt und beschwichtigend eingreift, wenn der Familiensegen mal wieder schief hängt. In den sechziger Jahren war so eine gute Fee wohl noch eine Selbstverständlichkeit für amerikanische Familien der Mittelklasse – jedenfalls in Hollywood.

Wie auch immer, die Kinder haben – unterbrochen mit Pausen beim großen gelben M – die vierzehn Stunden Fahrt in den Frühling problemlos überstanden. Keine einzige Frage von Chris, womöglich noch auf dem Beltway, dem Autobahnring um Washington, wann wir denn endlich da sein würden. Höchstens der etwas dringlicher vorgetragene Wunsch unserer Ältesten, dass wir jetzt sofort und wirklich auf der Stelle anhalten müssten, stört hin und wieder den Ablauf. Sie vergisst vor lauter Rückbank-Kino regelmäßig den Gang auf die Toilette.

Vielleicht haben wir auf diese Art und Weise auch eine Pest moderner Kinder-Ruhigstellung bisher vermeiden können: Nicht einmal Christopher drängt es nach Nintendo und anderen computergestützten Spielen zur Geistesabtötung.

Martina und mir kommt natürlich noch eine andere Fernsehserie in den Sinn, je näher wir auf der *Interstate 95* der Staatsgrenze von Florida kommen.

»They call him Flipper, Flipper«, krächze ich, *»noone you see, is smarter than he.«*

Unsere Kinder, ich sehe es im Rückspiegel ganz genau, gucken mich mit großen Augen schweigend an und fragen sich vermutlich, ob ihr Vater jetzt völlig durchgeknallt ist. Nun, im Zeitalter der Simpsons und von Sponge-Bob wirken der Delfin, Porter Ricks und seine Söhne Sandy und Bud zweifellos ein bisschen altmodisch.

Florida selbst ist um diese Jahreszeit ein Traum in Türkis und Pastell. Morgens um drei sind wir bei Schneeregen in Bethesda losgefahren, abends sitzen wir im lauen Abendwind auf der Düne und schauen mit einem Gin Tonic in der Hand auf den Ozean. Die Kids laufen ganz aufgeregt am Strand hin und her, weil sie zwei Delfine im Meer entdeckt haben.

»Daran könnte ich mich glatt gewöhnen«, sagt Martina und blickt versonnen auf das dunstige Meer hinaus. »Auch mit Nichtstun kann die *spring break* ganz nett sein.«

So ganz habe ich ihr, glaube ich, noch nicht gestanden, dass ich die zweite Wochenhälfte mit einem *sightseeing*-Monsterprogramm vollgepackt habe. Wir wollen von St. Augustine nach Georgia und in die Carolinas fahren. In den Alten Süden, eine ganz andere Welt. *The Old South.* Das Amerika vor dem Bürgerkrieg. Sklaven, Baumwollplantagen, weiße Herrenhäuser. *Vom Winde verweht.* Rhett Butler und Scarlett O'Hara. »Und morgen ist ein neuer Tag«, wie es am Ende des Schmachtfetzens heißt.

Nach wunderschönen Tagen am Strand, drei weiteren Delfin-Sichtungen (und ein paar mehr Gin Tonics) brechen wir also wieder auf. Fünf Stunden, mindestens ein Dutzend *Tom-und-Jerry*-Folgen sowie zwei Filme später sind wir in Charleston in South Carolina. Es sieht wirklich so aus wie bei *Vom Winde verweht.* In Boone Hall Plantation fahren wir eine Zufahrtsallee entlang mit Bäumen, von denen Spanisch Moos herunterhängt, und es fehlt nur noch, dass Clark Gable zwischen den Magnolien hervortritt.

In Savannah, der alten Hafenstadt in Georgia, irren wir am nächsten Tag (und ein paar *Brady-Bunch*-Episoden später) über den berühmten Bonaventure-Friedhof, zwischen dichten Hecken und vorbei an Grabstätten mit Obelisken und Todesengeln, efeuumrankten Säulen und von Moos überzogenen Bäumen. Schließlich landen wir in *lot 49* vor dem Grab von

Johnny Mercer, dem Songwriter, der *Moon River* (*Frühstück bei Tiffany's!*) geschrieben hat. Direkt hinter seinem Grab fließt träge der Wilmington River vorbei. Nicht weit entfernt steht der Grabstein des Schriftstellers Conrad Aiken. Es ist eine steinerne Bank, angeblich für all die Besucher, die um Mitternacht verweilen und einen Martini schlürfen wollen.

»Bei Mondschein ist da einiges los«, hat augenzwinkernd der Wachmann am schwarzen Eingangstor zum Friedhof geflüstert und »Voodoo« geraunt.

Am nächsten Tag sind wir unterwegs ins Landesinnere. Hinten müsste jetzt anstatt der Familienklamotte *Im Dutzend billiger* mit Steve Martin eigentlich *Ray* laufen, die Film-Hommage an Ray Charles, der aus dieser Gegend stammt. Rote Erde, grüne Hügel, so weit das Auge reicht. Vor hier kommen im Sommer die dicken, saftigen Pfirsiche bei Giant, deren Blüten jetzt die Bäume weiß färben. Hier ist es, wo die Erdnüsse gedeihen, die als *peanut butter* drei Viertel aller Amerikaner verschlingen. Der Markenführer Jif bringt hundertzwanzig Millionen Kilogramm pro Jahr unter die Leute. Die Werbeleute der Firma haben ausgerechnet, dass dies einer Menge entspricht, die auf einen Fußballplatz geschmiert einen achtzehn Meter hohen Wabbelberg ergäbe. Ganze sieben Stockwerke!

Auf dem Land im Süden ist die Welt immer noch zweigeteilt. Die Schwarzen leben draußen am Rand der Weiler und kleinen Städte, entlang der schnurgeraden Straßen und Feldwege, in baufälligen Bruchbuden und Wohncontainern. In den Ortschaften selbst wohnen die Weißen, auf gepflegten Grundstücken, wo akkurat der Rasen gemäht wird. So wie in Plains, Georgia.

Aus diesem Kaff mit sechshundertsiebenunddreißig Einwohnern kommt bekanntlich Jimmy Carter, der Unglückspräsident, der es so gut gemeint, aber kaum etwas richtig angepackt hat. Nach seinen vier Jahren im Weißen Haus hat er sich wieder auf seine Erdnussfarm zurückgezogen. Heute schreibt er Bücher (bisher fast zwei Dutzend) und reist munter in der Weltgeschichte herum. Vor allem aber unterrichtet er in der Sonntagsschule der kleinen Baptistengemeinde von Plains, der Maranatha Baptist Church.

Weswegen die Kirche mit ihren vielleicht zweihundert Plätzen regelmäßig gerammelt voll ist. Insbesondere an diesem sonnendurchfluteten Ostermorgen. Ein predigender Präsident ist schließlich eine Attraktion – zumal Jimmy Carter sich geduldig mit allen Besuchern fotografieren lässt, wie ich vorher herausgefunden habe. Deshalb fahren auch wir bei der schlichten weißen Holzkirche vor. Um die Kirche herum stehen Geländewagen mit getönten Scheiben – der *Secret Service*. Nie ist der Expräsident unbeobachtet. Selbst während des Gottesdiensts schieben die Personenschützer Wache. Allein drei der gedrungenen Kerle mache ich in der kleinen Kirche aus. Zwei neben dem Hauptportal, einer am Nebeneingang. In ihren schwarzen Anzügen sind sie schwer zu übersehen. Ab und zu flüstern sie unauffällig in ihr Handgelenk, wo sie ein Sprechfunk-Mikrofon haben, und drücken den Knopf im Ohr noch ein bisschen fester rein.

Chris ist schwer beeindruckt vom *Secret Service*. Weniger dafür von den erbaulichen Worten des Präsidenten.

»Wann ist es endlich vorbei?«, flüstert er viel zu laut seiner Mutter ins Ohr. Da sind vielleicht gerade einmal fünf Minuten vergangen. Für ihn ist das Ganze eine Tortur. Immer wieder kriecht er vor unseren Füßen umher, klettert mal zu mir, mal zu Martina. Überall wird er von Eltern-Gesichtern begrüßt, die ihn zischelnd ermahnen, leise zu sein und nicht so herumzutoben.

Carter ist ein bauernschlauer Typ. Er weiß, dass die Leute nur scharf sind auf das Foto mit ihm und nicht wirklich auf das, was er zu sagen hat. Deshalb lässt er die Fotos erst nach dem Gottesdienst machen. So müssen wir zwei Stunden auf der hölzernen Kirchenbank ausharren.

Die Foto-Session ist dann ziemlich professionell organisiert. Jeder bekommt ein einziges Erinnerungsfoto. Die Kamera muss man vorher so einstellen, dass ein bereitstehender Kirchenvorsteher nur noch auf den Auslöser zu drücken braucht. Wir stellen uns an. Klick. Klick. Mit jedem Mal rücken wir näher. Klick, wir stehen vor *Mr. President* und *First Lady* Rosalyn. Er lacht noch genauso freundlich wie früher, mit gebleckten Zähnen, das typische Erdnussfarmer-Lächeln.

»Wie heißt denn du?«, fragt er höflich Anna, die wir nach vorn geschickt haben. »So, aus Deutschland kommt ihr. Das ist ein weiter Weg.«

Wir nehmen Aufstellung. Der Präsident legt seine Hände auf die Schultern unseres Kleinen. Jimmy Carter lächelt breit. Auch unser Junge lächelt auf einmal breit. Ausnahmsweise. Das tut er sonst nie für Fotos. Klick.

»*Thank you*«, sagt da der Präsident. »*Have a nice day.*«

Für den Anlass hat Martina uns selbstverständlich herausgeputzt. Die Mädchen haben ihre rosafarbenen Sonntagskleidchen an, sie selbst trägt weiße Bluse und Rock. Ich habe meinen Interview-Blazer übergeworfen. Christopher aber hat sein blaues Lieblings-T-Shirt anziehen dürfen. Das mit dem Sternenbanner vorne auf der Brust. Ist doch angemessen, wenn ein Präsident mit einem um die Wette strahlt, oder?

26.

This Land Is Your Land

Es gibt ein paar festgefügte Gewissheiten. Zum Beispiel die, dass ein Auslandskorrespondent das Leben wahlweise aus dem Starbuck's oder aus der Perspektive der Hängematte verfolgt. Ich weiß, dass die Kollegen in München sich das mit Vorliebe so vorstellen. Da räkelt sich der Kerl träge den lieben langen Tag, wirft ab und zu mal einen Blick in seinen Laptop, den er bald aber wieder lässig neben sich ins Gras gleiten lässt, und schaukelt sich ansonsten durchs Leben.

Ich sollte ihnen besser gar nicht erzählen, dass wir uns im letzten Sommer tatsächlich ein solches Teil in den Garten gestellt haben: im Internet geordert, nach zwei Tagen war es da, vom freundlichen UPS-Boten vor die Tür geschleift. Tipptopp ist es: ein mattgrünes Metallgestell, zwischen dessen Enden man mit massiven Karabinerhaken die grün-weiß gestreifte Stoffbahn spannt. Der einzige Nachteil besteht darin, dass man jede freiliegende Hautzone und am besten auch noch die T-Shirts mit Mückenspray benebeln sollte, weil die Washingtoner Moskitos einen im Sommer sonst zerfleischen. Aber ich will nicht klagen. Ich gebe zu, das ist ein lösbares Problem. Ansonsten kann es schon sehr angenehm sein, einen Meter über dem Gras schwebend durch grüne Blätter hindurch in den blauen Himmel zu blinzeln.

Natürlich gibt es diese herrlichen Momente in der Hängematte. Leugnen zwecklos. Doch meistens ist es vertrackterweise so, dass ausgerechnet dann die Redaktion anruft und die als Bitte getarnte Order erfolgt, dass man mal eben schnell noch einen Kommentar schreiben möge. Da habe sich eine Lücke aufgetan, und was der Vizepräsident zu diesem oder jenem Thema gesagt habe, sei ohnehin so wichtig, dass ein paar meinungsstarke Zeilen durchaus gerechtfertigt seien – oder nicht? Hängematte ade, Schreibtisch, *here I come.*

Oder man freut sich nach einer turbulenten Woche auf ein ruhiges Wochenende, und ausgerechnet dann braut sich irgendwo da draußen in der Karibik ein Sturm zusammen, der geradewegs auf eine Millionenstadt zuhält. Und schon sitzt man im nächsten Flugzeug.

Ganz gewiss hat dieses Leben privilegierte Seiten. Ich komme an Orte, die Traumziele sind. Welcher andere Job kann das einem bieten? Ich war zur Recherche am Strand von Santa Barbara und am Golf von Mexiko. In Aspen habe ich Interviews unterhalb der Pisten geführt. Und, zugegeben, nach getaner Arbeit war ich joggen in den Rocky Mountains und in den Urwäldern am Pazifik. Mich hat es beruflich nach Miami verschlagen und nach Las Vegas, nach Chicago, Hollywood und New York City sowieso.

Man erlebt Skurriles – schwule Cowboys in Texas, die auf Stieren reiten. Man entdeckt Merkwürdiges – einen Schweizer in Alaska, der Schlittenhunderennen fährt. Und man sieht so viel abgrundtief Trauriges. Die stumpfe Niedergeschlagenheit in den Augen von Hurrikan-Evakuierten. Die stille Wehmut eines Vaters, dessen Tochter an 9/11 die Trümmer der Twin

Towers in New York zermalmt haben. Die roten Narben eines jungen Mannes, der eine Bombe im Irak überlebt hat, aber ein halbwegs normales Leben nie mehr wird führen können.

In Washington sagen sie immer, man müsse den *beltway* verlassen, um das wahre Amerika zu erleben. Ich kann es bezeugen.

Der *beltway* ist der sechs- bis zwölfspurige Autobahnring, der die Hauptstadt umschließt und morgens, mittags und abends, also eigentlich immer, verstopft ist. Bethesda befindet sich übrigens noch innerhalb des *beltway*, auch wenn es für echte *Washingtonians* weit draußen irgendwo in Richtung Mittlerer Westen liegt.

Der *beltway* gilt in Amerika als Sinnbild. Und zwar für nichts Gutes. Dafür nämlich, dass die Leute innerhalb dieses Autobahnrings nichts wahrnehmen, was mit den Menschen jenseits der Ringstraße passiert.

Aber manchmal lohnt es sich durchaus auch, sich in Washington selbst ein bisschen umzuschauen. Ich meine jetzt nicht den Politbetrieb, also das politische Geschäft, das hier vierundzwanzig Stunden, sieben Tage die Woche betrieben wird.

Neulich haben wir vielmehr Laureen in ihrem Atelier besucht.

Laureen malt und bildhauert, in letzter Zeit vor allem gigantische Fische. Sie ist fasziniert vom Leben unter Wasser. Eine Begeisterung, die ich nicht unbedingt teile. Aber, was nützt es, wenn ich ihr das auseinandersetze? Sie würde mich glatt auf einen ihrer Ausflüge ins Aquarium nach Baltimore mitschleppen. Es ist das größte in der Welt. Dann würde sie auf die Haie zeigen, die mich sofort fressen würden, wäre nicht das dicke Glas zwischen uns, und sagen: »Reymer, siehst du diese Eleganz der Bewegung?« Also höre ich ihr lieber in ihrem Atelier aufmerksam zu. Da kann ich jedenfalls nicht gefressen werden. Und ihre blauen Farbtöne sind wirklich schön.

Wo haben echte Künstler ihr Atelier? In einem Loft, in einem Hinterhof oder eben, wie Laureen, in einer ausgedienten Fabrikhalle. Nun stellt sich aber die kompliziertere Frage: Wo finden sich in Washington alte Fabrikhallen? Es ist eine Stadt der Büros und Anwaltskanzleien. Hier wird regiert, nicht produziert. Indes ist Washington auch eine zweigeteilte Stadt, wie es einst Berlin war. Nur dass die Mauer nicht in Beton gegossen dasteht, sondern in den Köpfen zementiert ist. Sie existiert, ob man will oder nicht. Im wohlhabenden Westen leben die Weißen, im Osten die Schwarzen. Nur entlang der unsichtbaren Demarkationslinie mischen sich die Rassen. Ausschließlich im Osten stehen ein paar Fabriken – oder ehemalige Fabrikhallen. Den Kindern fällt der Unterschied zwischen Ost und West sofort auf.

»Sind die Häuser aber klein«, sagt Katherina, als wir uns an einem ausnahmsweise einmal regnerischen Sonntag der Künstlerkolonie nähern – der weißen Künstlerkolonie in einem schwarzen Wohnviertel.

»Wie viele Bäder haben die denn?«, fragt Chris besorgt, der mit dem üblichen Wohlstands-Barometer, mit dem in Amerika Häuser taxiert werden, mittlerweile bestens vertraut zu sein scheint. In den USA wird die Häusergröße üblicherweise nicht nach Quadratmetern oder besser Quadratfuß bemessen, sondern nach der Zahl von *bed rooms* und *bath rooms*, also von Schlafzimmern und Bädern. Vier Schlafzimmer, vier Bäder wäre ganz ordentlich. Unser Haus mit vier Schlafzimmern und zwei Bädern ist Durchschnitt. Na ja, was man hier sieht, ist ziemlich mickrig, jedenfalls aus Chris' Expertenfrage zu schließen.

Tatsächlich sind die Häuser winzig und oft nicht gut in Schuss. Das kennen die Kinder aus Bethesda nicht. Bei uns blättert nirgendwo die Farbe von den Hauswänden. Da lässt niemand Gärten verwildern. Kinder spielen auf dem gepflegten Rasen vorm Haus und nicht auf dem Asphalt. Das hier ist eine andere Welt für unsere drei, gerade einmal sieben, acht Meilen von ihrem Zuhause entfernt.

Auch heute noch wachsen schwarze und weiße Kinder in Washington und im Rest des Landes in getrennten Welten auf. Bunt machen Katherinas oder Annas Schulen Kids, deren Eltern aus China oder Indien, Pakistan oder Korea stammen, aus Lateinamerika oder Europa. Schwarze Gesichter sieht man kaum in ihren Klassen. Mal ein Kind, mal zwei Kinder. Das mischt sich natürlich mehr in den Schulen, wo schwarze und weiße Wohnbezirke ineinander übergehen. Aber meist herrscht in Washington wie früher schlichtweg Rassentrennung.

Vor einer Weile ist ein alter Freund Martinas, ein weißer New Yorker, durch Zufall in unser Viertel gezogen. Er ist mit einer Kenianerin verheiratet, und sein Sohn sieht aus wie der junge Barry, Barack Obama. Aber Familien wie diese fallen auf in Bethesda. Selbst im heutigen Multikulti-Amerika sind sie noch immer die Ausnahme.

Neulich habe ich Laureen danach gefragt. Sie hat nur mit den Achseln gezuckt und, wie sie es oft tut, die Augen verdreht.

»Reymer«, hat sie leichthin gesagt, »das ist eben so. Wir sind eine geteilte Gesellschaft. Nach wie vor.«

27.
Glory Days

Gentlemen, sagt der Coach. »Gentlemen, ihr müsst euch konzentrieren. Ihr müsst den Ball im Auge behalten. Nicht vergessen, auf welcher Position ihr seid.« Der Coach macht eine Pause. »Der Gegner ist stark, aber wir sind stärker. Gentlemen, ich will, dass wir heute gewinnen.«

Der Ball, das ist eine feste weiße, von roten Doppelnähten zusammengehaltene Lederkugel: der Baseball. Er bedeutet in Amerika die Welt. Nichts weniger als das.

Für Chris ist ein Traum in Erfüllung gegangen. Seit April zählt er zu einem echten Baseballteam – und ich nun irgendwie auch. Seitdem wir am Zaun vom Ballpark der Whitman High School gestanden haben, habe ich das Unheil kommen sehen. So wie einen *homerun*-Ball, der sich im weiten Bogen langsam in die Zuschauerränge senkt. Chris hat nicht mehr aufgehört von Baseball zu reden. Plötzlich tauchten die Baseball-Quartett-Karten auf, wer weiß woher. Dann kam die Wurfmaschine. Immer wieder erzählte er, dass James und Neil und Mark, ach überhaupt alle, Baseball spielten und nur er nicht.

Eines Tages rief seine Mutter kurzerhand bei Coach Casten an. Ohne mit mir darüber zu reden, versteht sich. Coach Casten sagte spontan, Chris solle einfach mal vorbeikommen zum Training. Er durfte gleich bleiben bei den *Bethesda-Chevy-Chase Athletics*. BCC steht nun in gelben Lettern vorne auf seiner froschgrünen Baseballmütze.

»Ich mag, wie konzentriert er bei der Sache ist«, brummte der Coach mir nach dem ersten Spiel zu, als er Schläger, Bälle und Wurfmaschine zusammenpackte. Das war ein großes Lob. Von Mann zu Mann.

Der Coach ist genau so, wie man sich einen amerikanischen Baseball-Trainer aus dem Baseball-Bilder-Sammelalbum vorstellt: Schnauz- und Kinnbartträger, breit, massig, schwer, Typ Bär. Einer mit einer rauen Schale und einem großen, weiten Herzen. Er legt Wert auf Manieren. Gentlemen – das sind die sieben-, achtjährigen Steppkes, die mit ihren grünen Baseballkappen, den Schirm aus der Stirn geschoben, aufgeregt zappelnd auf einer schmalen Metallbank vor dem Feld sitzen. *Dugout* heißt das, so wie einst, als die Spieler wohl in Gräben am Spielfeldrand saßen, damit sie die Sicht für die Zuschauer nicht versperrten.

Coach Casten ist einer der Hobby-Trainer, ohne die all die Baseball- und *soccer*-Mannschaften, die Basketball- und Hockey-Teams, die nachmittags die Sportplätze an den Schulen bevölkern, gar nicht auskämen. *Volunteering* gehört zum amerikanischen Leben dazu wie *peanut butter* und *jelly* zum amerikanischen Frühstück. Jeden Tag sind Eltern (meist sind es noch immer die Mütter, aber keineswegs nur) als Freiwillige unterwegs. Sie organisieren Klassenpartys, regeln den Verkehr an den Schulen, helfen bei der Hausaufgaben-Betreuung oder reparieren einfach in der Schulbibliothek Bücher.

Das Corps der *volunteers* ist groß. Die meisten leitet der Drang, der Gesellschaft etwas zurückgeben zu wollen, einfach, weil es ihnen gut ergangen ist im Leben. So bepflanzen Freiwillige jeden Donnerstag zum Beispiel Beete im Lincoln Park unterhalb der Golden Gate Bridge in San Francisco. Sie besetzen die Ausgabestellen vor *food banks*, der Tausenden von Suppenküchen quer durch das ganze Land, ohne deren selbstlosen Einsatz arme Menschen in den USA verzweifeln müssten. Viele versehen ihren Dienst an der Gemeinschaft wie selbstverständlich eben im Sport. Als Coach. Als Schiedsrichter. Als Team-Koordinator.

»Vielleicht sollten wir auch etwas tun«, schlägt Martina eines Nachmittags vor. Mit dem Wir war eindeutig ich gemeint. So unrecht hat sie gar nicht.

»Was soll ich denn im Sport machen?«, frage ich sie etwas hilflos. »Ich hab doch von Fußball keine Ahnung. Hier glaubt mir das zwar keiner, weil sie denken, alle Deutschen werden mit einem Fußball geboren. Aber ich wüsste nicht, wie ich die Kids trainieren soll.«

Martina unterbricht die Litanei und mustert mich belustigt.

»Coach Kluever klingt doch gut. Oder Coach Ray. *Go ahead*. Mach was.«

Ich verziehe keine Miene.

»Basketball geht auch nicht«, lamentiere ich weiter. »Ich bekomme keinen Ball in den Korb, kenne keine einzige Regel. Und Baseball geht schon zweimal nicht.«

Martina grinst mich weiter an. Wahrscheinlich stellt sie sich mich gerade im ballonseidenen Trainingsanzug vor. Sehr lustig, denke ich und schaue missmutig vor mich hin. Meine Frau lässt nicht locker. Ich merke schon, dass unsere Diskussion nicht wirklich zu einem Ergebnis führen wird.

»Lass dir was einfallen«, dekretiert sie nur – und lässt mich mit dieser Herausforderung allein. Coach Kluever! Dass ich nicht lache.

Nun, zum Coach bringe ich es nicht, dafür aber zum *pitcher*-Gehilfen. Jeden Sonntagmorgen stehe ich nun hinter der *Seven Locks Elementary School* an der Ballwurfmaschine und lege die Bälle ein. Flopp macht es, und sie fliegen in Richtung auf die kleinen Baseball-Spieler. *Batting practice* nennt sich das. Die Kids sollen üben, mit ihrer Alu-Keule den Ball zu treffen.

Natürlich fiebere ich mit, wenn unser Kleiner an der Reihe ist und nach dem Ball schwingt, den Schirm seiner Baseball-Kappe tief in die Stirn gezogen, in beiden Händen den roten Aluminium-Schläger – Marke Diablo, neunundzwanzig *inches* lang, das ist bald halb so groß wie der ganze Junge. Wenn er nicht getroffen hat, ruft sein Coach: »*Good swing, kid.*« Er steht direkt hinter dem kleinen *batter*, leicht nach vorn gebeugt, die Pranken auf die Oberschenkel gestützt, und fischt mit seinem Lederhandschuh all die Bälle aus der Luft, die der Mini-*batter* nicht erwischt hat, so, als wären es Fliegen. Wenn Chris oder einer seiner kleinen Freunde trifft, der Ball aber nicht ins Feld, sondern ins Aus kullert, lobt er aufmunternd: »*Nice hit.*« Hat der Kleine drei Mal hintereinander danebengeschlagen, dann heißt es, immer positiv: »*Good try.*« Das ist die Baseball-Version des olympischen Mottos »Dabei sein ist alles«.

Das Höchste aber ist ein röhrendes »*Go, go, go*«, wenn der kleine Mann mit dem großen Schläger trifft.

Dann muss er nämlich losrennen, damit er rechtzeitig die *first base* erreicht, die erste Station bei dieser amerikanischen Variante des guten alten Brennball-Spiels. Dann kommt das größte Lob, das die Brust unseres Sohnes bis zum Platzen anschwellen lässt: *»Great job, buddy«*, ruft der Coach mit seiner Bärenstimme, und die *daddys* in ihren Campingstühlen halten die Daumen nach oben. Auch ich tue das. Allmählich erlerne ich ein paar Regeln, wenn ich auch, zugegeben, noch längst nicht alle Abläufe begriffen habe.

Aber Staub habe ich jetzt schon reichlich geschluckt. Auf dem *diamond*. Das ist das Sandkarree, an dessen Ecken die vier *bases* liegen, die vier Stationen, die ein *batter* ablaufen muss, hat er erst einmal die weiße Lederkugel getroffen.

Auf dem *diamond* in unserer Nachbarschaft sind wir jetzt regelmäßig anzutreffen. Wir – das sind Chris, Dakota und ich und die Crème de la Crème der Baseball-Spieler. Sozusagen die *Hall of Fame* des Baseball ist versammelt in unserem kleinen Ballpark hinter der Schulturnhalle von Whitman High, zumindest die, die Chris kennt. Am liebsten schlüpft er in die Rolle von Babe Ruth. Wenn er dann gegen seinen *dad* und Dakota einen *homerun* läuft, ist das der Himmel auf Erden für ihn. Ich habe gegen Babe Ruth aus Bethesda natürlich keine Chance. Höchstens Dakota erwischt ihn manchmal mit hängender Zunge. Aber meistens gilt das nicht, weil Chris »Babe Ruth« Kluever noch gerade mit der Zehenspitze auf die Base schlittert. Nach so einem *homerun* sind die Hosen reif für die Waschmaschine. *»That was awesome«*, krakeelt Chris dann. »Das war toll.«

Babe Ruth ist in der Tat noch immer unsterblich in

Amerika, und jeder amerikanische Junge, der ein bisschen was auf sich hält, verehrt ihn. Der kurzbeinige Babe Ruth nimmt als *homerun*-König einen Ehrenplatz in Amerikas Heldenmythologie ein, auch wenn andere seine Rekorde längst eingestellt haben. Dass er nicht mit Baby Ruth zu verwechseln ist, wissen wir inzwischen auch.

Baby Ruth? Sie war die Tochter von Präsident Grover Cleveland und damit eine frühe Vorläuferin von Sasha und Malia Obama: Schon damals, Ende des neunzehnten Jahrhunderts, haben die Zeitungen ausführlich über das Kind im Weißen Haus berichtet – und eine Zeitlang zumindest war sie populärer als ihr Vater. Der ist der einzige Präsident Amerikas, der beides geschafft hat: abgewählt und dann, vier Jahre danach, noch einmal vom Wahlvolk erhört und ein zweites Mal ins Weiße Haus geschickt zu werden. Jahre später, da waren der Präsident und seine leider stets kränkelnde Tochter längst tot, hat eine Süßigkeiten-Firma einen Schokoriegel nach ihr benannt. Jedenfalls hat sie das behauptet, obwohl, Zufälle gibt's, im Jahr zuvor Babe Ruth zu erstem nationalen Ruhm gekommen war, nachdem er in der Saison vierundfünfzig *homeruns* geschafft hatte. Baby Ruths Schokoriegel gibt es heute noch. Sie werden inzwischen von Nestlé vertrieben.

Coach Casten übrigens hat zum Ende der Saison jedem seiner kleinen Spieler keine Süßigkeit, sondern einen Baseball in die Hand gedrückt, versehen mit einer persönlichen Widmung. »*Just a Great Baseball Player*«, einfach ein großer Baseball-Spieler, hat er mit schwarzem Kugelschreiber auf der weißen Kugel notiert, die er Chris überreichte, und das »*great*« sogar noch unterstrichen. Da war Chris mächtig stolz.

Ich gebe es zu, sein *daddy* auch. Die Kugel liegt seither bei Chris im Regal. Gleich neben dem Stapel mit den Quartett-Karten von Amerikas Baseball-Größen.

28.

It's My Party

Jetzt werde ich es ihnen zeigen. In der Post war die Einladung. Das Weiße Haus in blauem Stahlstich auf milchweißem Büttenpapier. Augen werden sie alle machen, die Kollegen in München. Wie haben sie nicht schon gespottet. Die meisten sprechen den Vornamen des Präsidenten auch noch falsch aus. Betonen ihn deutsch auf der ersten Silbe. BArack. Dabei liegt der Akzent auf der zweiten. BaRACK. Mit einem kurzen, knappen Singsang beim A.

Doch das sind Feinheiten.

Nun werde ich sie ein für allemal zum Schweigen bringen. Bestimmt. Denn wer kann das schon von sich behaupten: eine Einladung zu haben zum *dinner* mit dem Präsidenten der Vereinigten Staaten von Amerika? Sie werden alle vor Neid erblassen. Ich male mir meine Rache in den buntesten Farben aus, ich meine, den Ton ihrer Gesichtsfarbe: bleich-grün, bläulich-blass. Natürlich werden sie nach dem Gespräch in den Hörer beißen.

Martina weckt mich einige Tage vor dem großen Ereignis aus meinen Tagträumen: »Du brauchst unbedingt einen neuen Smoking.«

Wie immer hat sie recht. Beim letzten großen offiziellen Termin in Deutschland, dem Bundespresseball in Berlin, wollte ich mir schon einen zulegen.

»Wenn du den alten Hochzeitssmoking mit den Schulterpolstern anziehst, kannst du alleine hingehen«, drohte sie mir damals. »In dem siehst du aus wie ein Clown im *Vintage look*. Die Schulterpolster sind peinlich ohne Ende.« Weil ich abends in Hamburg nicht mehr rechtzeitig zum Smoking-Shoppen kam, zwang mich das deutsche Ladenschlussgesetz bei dem deutschen Presse-Event in meinen dunklen Anzug. Was bei solch festlichen Anlässen dann doch nicht so schön ist wie ein gediegener Smoking.

So etwas würde einem hier gewiss nicht passieren. Die Läden haben täglich bis in die späten Abendstunden auf, sogar samstags und sonntags. Wie überhaupt die langen Öffnungszeiten der Läden das Leben ungemein erleichtern.

Was, das Klopapier geht mitten in der Nacht aus? Kein Problem, die CVS, der Drogeriemarkt in Bethesda, hat vierundzwanzig Stunden geöffnet.

Die Milch geht zur Neige, aber morgen früh wollen garantiert alle drei, Anna, Katherina, Christopher, Müsli essen und sonst gar nichts? Okay, da fahre ich eben noch einmal rasch zu unserem Giga-Supermarkt, mit dem Auto fünf Minuten entfernt. Dort kaufe ich sowieso am liebsten nach neun Uhr abends ein. Da ist es stiller, und man wird sogar schneller fertig als tagsüber. Außerdem vermitteln die Verkäufer an der Kasse den Eindruck, als freuten sie sich tatsächlich, dass auch zu dieser Zeit bei ihnen ein paar Kunden vorbeischauen. Wenn sich die Freiheit einer Gesellschaft nur am Ladenschluss ablesen ließe – in Amerika wäre sie grenzenlos.

Diesmal gibt es also keine Ausreden für mich. »Apropos kleines Schwarzes«, sage ich da etwas unbeholfen, nachdem die Smoking-Frage diskutiert ist, um dem Eindruck entgegenzuwirken, es gehe allein um meine Garderobe. »Brauchst du nicht auch etwas Neues?«

Martina winkt ab. »Ich finde schon was.« Will heißen: Kümmere du dich lieber darum, dass du ordentlich aussiehst.

Weil man bei einem Smoking nicht so schrecklich viel falsch machen kann, hat sie mich allein zu Macy's gelassen, einer Bekleidungs-Kaufhauskette, bei der man wirklich alles bekommt. Zum Beispiel ein halbes Dutzend verschiedener Smoking-Fabrikate allein in meiner Durchschnittsgröße. Hätte ich das geahnt, hätte ich Martina doch mitgenommen. Am Ende entscheide ich mich für einen Klassiker. Bloß keine Experimente, denke ich, melierende Streifen mit violettbläulichem Schimmer etwa. Das gibt es alles. Auch bei der Fliege nehme ich das unauffällige Modell und nicht die schwarze Riesenkatzenpfote oder den samtroten Propeller. Barack Obama ist ebenfalls immer sehr klassisch angezogen. Da sind wir verwandte Geister, der Präsident und ich.

Das *dinner* ist für Samstag im Washingtoner Hilton angesetzt. Amerikas Präsidenten verkehren regelmäßig im Hilton, einem Riesen-Kasten an der Connecticut Avenue in Washington. Das weiß man spätestens seit dem Attentat auf Ronald Reagan, der, kaum im Amt, auf dem Trottoir vor dem Hilton niedergeschossen worden ist. Doch an so etwas denken wir jetzt nicht, sondern eher an die Preise in der Parkgarage am Hilton, die satte zwanzig Dollar nimmt. Tröstlich ist da nur der Gedanke, dass die Parkgaragen rund ums Weiße Haus auch nicht viel billiger sind – und oft viel zu früh, nämlich mit Büroschluss, am Abend dichtmachen.

Selbstverständlich sind auch die scharfen Kontrollen an der goldfarbenen Drehtür zum Hotel, wo man sonst einfach durchspazieren kann. Schließlich hat sich der Präsident angekündigt. Da kennt der *Secret Service* keinen Spaß.

Wir sind ein bisschen früh dran. Martina – schwarzes Cocktailkleid, schwer schick, wie ich finde – und ihr Begleiter entscheiden sich für ein Gläschen Schampus. Schließlich trifft man so oft keinen Präsidenten. Das muss man feiern. Um uns herum entdecke ich eine ganze Reihe bekannter Gesichter.

»Wir sind wohl nicht allein«, merkt Martina an, als sie die vielen Menschen sieht. Richard Holbrooke ist da, der rüpelhafte Sonderbeauftragte des Präsidenten. Aber hier gibt er sich ganz manierlich. Und ist das da drüben nicht Steven Spielberg? Was macht denn der hier? Auch Eva Longoria-Parker, die verzweifelte Hausfrau, ist da. Nun gut, das Hilton ist ein riesiger Kasten. Da können einem schon mal ein paar Promis über den Weg laufen.

Dann endlich ist *POTUS* da. Michelle Obama oder *FLOTUS (First Lady Of The United States)* trägt eine kurzärmelige Bluse. »Sie nimmt ihr Recht auf freie Oberarme in Anspruch«, witzelt ihr Mann. Damit spielt er auf eine der typischen Debatten in Washington an. Nicht Kriege oder Krisen werden am heftigsten diskutiert. Am leidenschaftlichsten werden vielmehr Fragen wie zum Beispiel diese hin und her gewendet: Darf eine First Lady T-Shirts und ärmellose Blusen tragen, obwohl es noch nicht Sommer ist?

Es wird ein angeregter Abend. Obama ist gut aufgelegt. Natürlich sind die Kinder ein Thema. »Sasha und Malia müssen heute Abend zu Hause bleiben. Schließlich können sie nicht ständig eine Spritztour mit der *Air Force One* machen. Das müssen sie schon lernen«, sagt er augenzwinkernd.

Dann erzählt er noch ein bisschen aus dem Weißen Haus. Die Obamas haben wie wir einen Hund bekommen – Bo genannt. Das verbindet. Er ist so »anschmiegsam, loyal und enthusiastisch«, erzählt der Präsident, »man muss ihn nur an der kurzen Leine halten.« Als Pointe setzt er hinzu: So wie Joe Biden. Das ist sein Vizepräsident.

»*Mr. President*« – so redet man ihn an; schließlich muss man, auch wenn er Witze macht, Respekt zeigen – berichtet auch von Hillary Clinton. Als sie eingesehen habe, dass sie ihn nicht versenken könnte, so scherzt er, habe sie einfach sein Boot geentert. Er erinnert daran, dass morgen Muttertag ist – und guckt ganz verträumt zu seiner Michelle. Dann aber drängt er zum Aufbruch.

Wenn der Präsident sich erhebt, tun das die anderen Gäste im Saal auch. Das gehört zur amerikanischen Etikette. So stehen Martina und ich auf – und die dreitausend anderen Tischgäste ebenfalls, die mit Barack Obama gemeinsam zu Abend gegessen haben. Es ist das *White House Correspondents Dinner*. Eine der Pflichtveranstaltungen im Washingtoner Jahr. Der Präsident und seine Frau kommen da stets hin. Eine Geste für die Journalisten in Washington ist es, die gewiss nicht immer ganz im Sinne des Weißen Hauses über das politische Geschehen in der amerikanischen Hauptstadt berichten.

Auf dem Billett mit dem blauen Stahlstich des Weißen Hauses, der Einladungskarte zum *dinner*, ist mit schwarzem Filzstift unsere Platznummer notiert: Tisch 201 steht darauf und *Ballroom West Entrance*, der Ballsaal, Westeingang. Von Tisch 201 aus sind es bestimmt zwanzig, dreißig Meter Luftlinie bis zum Podium, wo der Präsident und seine Gattin gesessen haben. Locker. Der Ballsaal ist ziemlich groß. Aber das ist an diesem Abend egal. Wann hat man schon mal die Gelegenheit, mit Barack Obama zu Abend zu essen? Im neuen Smoking!

29.

Moon River

Am *Memorial Day* beginnt der Sommer. Immer, auf
den Tag genau, egal, wie das Wetter ist. Das ist so geregelt in Amerika. Rettungsschwimmer steigen an den
Stränden und in den Pools zum ersten Mal wieder auf
ihre Hochsitze. Teenager laufen fortan nur noch in
Shorts und Flipflops durch die Gegend, auch wenn es
morgens früh noch allemal für eine Gänsehaut reichen
kann. Auf der I-95, der Autobahn, die sich von oben in
Maine bis unten nach Florida parallel zur Atlantikküste zieht, bilden sich nun wie alle Jahre wieder un-
ausweichlich die Mega-Staus der Kurzausflügler. Und
bei Ben & Jerry's haben sie bestimmt eine extra Eis-
sorte für die neue Saison erfunden. Phishfood zum
Beispiel oder eine ähnliche süße Scheußlichkeit, eine
Kombination von überzuckertem Schokoladeneis,
klebrigem Karamell und zäher Marshmallow-Masse.
»Yummie, yummie«, um in Christophers Wortschatz
präzise die Geschmacksrichtung zu umschreiben. Alle
lieben Phishfood: Anna, Katherina, Christopher, Martina. Alle also. Man kann sicher sein, dass in unserem
Tiefkühlschrank stets gleich mehrere Becher gebun-
kert sind.

So wie Thanksgiving, der große Familienfeiertag
der Nation, immer auf den vierten Donnerstag im
November fällt, so liegt der *Memorial Day* stets auf

dem letzten Montag im Mai. Das war nicht immer der Fall. Erst vor vier Jahrzehnten hat der Kongress den *Uniform Holidays Bill* erlassen und per Gesetz das verlängerte Wochenende im Wonnemonat eingeführt. Das war so ungefähr das letzte Gesetz, das die Zustimmung von beiden Parteien gefunden hat.

Eine ziemlich angenehme Einrichtung ist es, weil das lange Wochenende sich bei schönem Wetter wunderbar für einen Familienausflug, einen Abstecher ans Meer oder die erste Grillabendserie der Saison eignet. So ist *Memorial Day* für die meisten Amerikaner keineswegs mehr das, als was er einmal gedacht war: ein Volkstrauertag, ein Gedenktag für die vielen Toten der vielen Kriege, die dieses Land schon geführt hat, sondern das erste Freiluft-Freizeit-Wochenende im beginnenden Sommer.

Auf den Friedhöfen im Land sieht man überall kleine Sternenbanner auf den Gräbern der Gefallenen und Veteranen. Allein im Nationalfriedhof von Arlington, wenig mehr als ein Steinwurf vom Weißen Haus entfernt, stecken eintausendzweihundert Soldaten der dritten US-Infanterie am Donnerstag vor *Memorial Day* ein Fähnchen neben die gut zweihundertsechzigtausend Grabsteine. Aber das ist auch das Einzige, was, sehr zum Missfallen der Veteranenverbände, den durchschnittlichen Amerikaner noch an die ursprüngliche Funktion des Tages erinnert.

Sonst beginnt für die allermeisten eigentlich nur ein langer, heißer Sommer. Herrlich für die Kinder, eine mittlere Katastrophe für die Eltern, zumindest für berufstätige. Denn vierzehn Tage nach dem *Memorial-Day*-Wochenende machen die meisten Schulen erbarmungslos einfach zu, für nicht weniger als zehn Wochen Ferien am Stück. Also praktisch für immer. Die lieben Kleinen wollen jedoch beschäftigt sein. Weshalb in vielen Familien die Planungen für den Sommer spätestens zu Weihnachten beginnen, Planungen, die pro Kind locker ein paar tausend Dollar verschlingen können.

Summer camps sind eine typisch amerikanische Institution. Ach was, sie sind eine Notwendigkeit des Lebens, ohne die der Sommer nicht zu überstehen wäre. Elf Millionen Kids verbringen jedes Jahr ein paar Wochen im *camp*, das ist ein Viertel aller Kinder in den USA. Eine amerikanische Kindheit ohne *camp* ist praktisch nicht vorstellbar. Es sind immer dieselben Klischeevorstellungen, die seit Generationen nun schon bedient werden wollen: Die Kids wohnen in Stockbetten in einfachen Holzhütten. In der Mitte zwischen den Hütten befindet sich ein Lagerfeuerplatz. Meist liegen die *camps* idyllisch an einem kleinen See, wo die Kinder Kanu fahren und baden können.

Summer camps sind der romantische Nachhall einer Zeit, da das Leben in der Neuen Welt noch einfach, aber glücklich verlief. Damals, als die Amerikaner Siedler waren, die ihre Existenz ihrer Hände Arbeit zu danken hatten und nur der Natur trotzen mussten. Und ab und an ein paar Tomahawk schwingenden Indianern. Weshalb es naheliegt, dass die Hütten in den *camps* oft nach Indianer-Stämmen benannt sind. Hopi oder Cheerokee oder Apache. Das *camp* ist sozusagen die uramerikanische Erfahrung, leichtgemacht.

Wir haben uns für Camp Rim Rock entschieden. Davon hat uns Laureen erzählt. Sie hat schon ihre Tochter Leah, heute eine Ärztin, für mehrere Sommer in Folge dorthin geschickt. So haben wir immerhin den Namen Rim Rock gekannt, als wir im Internet nach einem Camp suchten.

»O ja«, ruft Leah den Mädchen über den Gartenzaun zu, als sie von unseren Plänen erfährt, »das hat mir Riesenspaß gebracht. Da kann man den ganzen Tag reiten.« Anna und Katherina reiten nicht. Sie wollen es auch nicht lernen. Mithin ist das Camp genau das richtige für uns.

Camp Rim Rock liegt mitten in den tiefen Wäldern West Virginias an einem kleinen Flüsschen, das sich irgendwann in den Shenandoah ergießt. Von Washington aus erreicht man es nach knapp dreistündiger Fahrt, zuletzt auf einer schmalen, gewundenen Landstraße, immer den mäandernden Fluss entlang, dann durch eine kleine Furt, und schon steht man an einem großen Farmzaun: dem Eingang zum *camp*. Es ist ein nach amerikanischen Maßstäben uraltes Sommerlager. Denn Camp Rim Rock gibt es bereits seit einem halben Jahrhundert.

So sieht es auch aus, finde ich, als wir am Sonntagmorgen gegen elf Uhr dort eintreffen. Aber natürlich sage ich nichts, während ich Anna in die Holzbaracke der Shawnees mitten im Wald begleite und dort auf einem Hochbett ihren Schlafsack ausrolle: An den Seiten sind Fliegengitter der einzige Schutz, die Holzbohlen auf dem Fußboden haben Generationen pubertierender Teenager und möchtegern-pubertierender *preteens* ausgetreten, die erst noch das reife Alter von dreizehn Jahren erreichen müssen. Auf einem kleinen Brett hinter dem Kopfkissen kann Anna einen Wecker aufstellen oder ein Buch hinlegen. Handys, iPods, Nintendos – das alles ist (wohlweislich) im Camp verboten.

Anna hat das letzte von einem Dutzend Betten bekommen. Daran sieht man schon, dass wir Greenhorns sind. Routinierte *summer camper* sorgen dafür, dass ihre Eltern am Anreisetag frühmorgens mit ihnen eintreffen, damit sie sich die beste Koje aussuchen und vielleicht schon erste Freundschaftsbündnisse für die elternlose Freizeit schließen können. Versprochen, nächstes Jahr stehen wir eher auf. Anna, die unbedingt ins *camp* wollte, ist mittlerweile ganz still geworden.

»*Welcome*«, ruft ihr ein blondes, vielleicht neunzehnjähriges Mädchen entgegen, »willkommen bei den Shawnees.«

Die Shawnees waren offenkundig auch einer der massakrierten Indianer-Stämme, die nun in Camp Rim Rock ein Nachleben finden. Das blonde Mädchen spricht betont munter. Sie weiß warum.

»Ich heiße Shana und bin dein *unit leader*.« In Deutschland müsste man Gruppenführer sagen, und keiner hätte sich getraut, ein solches Wort in den Mund zu nehmen. In den USA sind sie da unbefangener. In jedem Fall ist es nun Shanas Job, einen Haufen heimwehkranker Mädchen über die nächsten Tage als Shawnee-Squaws zu bringen. Shana, ein echter College-*freshman*, weiß aber offenbar, wie das geht: Sie war selbst früher als *preteen* in diesem Camp.

»Hast du einen Spitznamen?«, fragt Shana Anna als Nächstes.

Meine Tochter guckt sie mit großen Augen an. Und meint: »Anna.«

Sie hat keinen Spitznamen. Da sagt, Gott sei Dank, das Mädchen unten links, direkt neben der Eingangstür, dass ihr Spitzname Annie sei. Das sei ja lustig, fügt sie hinzu und zeigt gleich zwei Fotos, die sie auf ihr Brett gelegt hat. Ihre *mom* und ihren *dad*, und das sei ihr Pony, dessen Namen ich mir leider nicht gemerkt habe.

»Hi«, flüstert unsere große Tochter nur und guckt mich wieder mit flehenden Augen an.

»Okay, Anna«, sage ich da, »ich glaube, jetzt ist es Zeit. Ich muss noch mal gucken, wo Katherina abgeblieben ist.«

»Oh, ich komm mit«, ruft sie ganz schnell, als ich mich auf den Waldpfad hinab zur Hütte der Catawba mache, dem Stamm, dem unsere Kleine für die nächsten vierzehn Tage angehören wird.

Auf halbem Weg kommen uns Martina und Christopher entgegen. Mein Gesicht muss offenbar ein einziges Fragezeichen sein. Kein heimwehkrankes Mädchen an ihrer Seite?

»Oh, kein Problem«, sagt Martina, »Katherina sitzt am Tisch in ihrer Hütte und bastelt *friendship bracelets* mit zwei anderen Mädchen.«

Freundschafts-Armbänder sind eigentlich eine Pest, weil nach einer Weile überall die bunten Fäden herumfliegen. Auf dem Fußboden, wo sie der Hund zerfleischt. Im Waschbecken, wo sie den Abfluss verstopfen. Jetzt aber liebe ich Freundschaftsbänder. Sie sind eine segensreiche Erfindung.

Nun müssen wir nur noch unsere Große wieder in ihre Gefangenschaft bei den Shawnees führen. Shana überblickt die Situation sofort und fragt Anna, ob sie nicht mit Annie deren *yearbook* anschauen wolle. *Yearbooks* gehören zum Schuljahr wie *camps* zu den Ferien. Jedes Jahr geben die Schulen ein Jahrbuch heraus mit den Fotos aller Schüler, geordnet nach Jahrgangsstufen, und – mindestens so interessant für die Kids – mit den Bildern aller Lehrer. Bisher standen Jahrbücher bei mir ungefähr so hoch im Kurs wie

Freundschaftsbänder, und ich habe sie nur als Ausgabeposten betrachtet, so etwa vierzig Dollar pro Jahr und Kind. Jetzt aber eröffnet sich mir ihr wahrer Wert, als ich Anna und Annie auf der Bettkante sitzen sehe und sie plötzlich zu kichern anfangen – offenbar sorgt ein Junge für Heiterkeit.

Das jedenfalls gibt uns die Gelegenheit, die Welt der Shawnees und Catawbas und wie sie alle heißen mögen wieder hinter uns zu lassen, auf der langen, gewundenen Straße den kleinen Fluss entlang. Wir sind froh, als wir Winchester erreicht haben, das nächstgrößere Städtchen, zwanzig Meilen entfernt. Da haben unsere Handys endlich wieder Empfang.

Zwei E-Mails pro Woche dürfen die Mädchen am *camp*-Computer an ihre Eltern schreiben. Schon am nächsten Tag taucht die erste auf unseren Monitoren auf. Von beiden. Oje, denke ich, und Martina schaut mich mit einem Blick an, der zwischen »Ich hab es dir ja gleich gesagt« und »Hoffentlich ist nichts passiert« liegt.

»Liebe Mama und Papa, stellt euch vor, wir sind geritten«, schreiben beide gleichlautend. Offenbar haben sie sich abgesprochen. »*Horseback riding* bringt so viel Spaß. Aber wir brauchen unbedingt Helm und Stiefel. Das ist hier Vorschrift. Könnt ihr die Sachen besorgen?«

Was hat Anna noch gesagt? Auf das Bogenschießen freue sie sich und aufs Tennis. Nein, auf Reiten habe sie keine Lust. Ganz bestimmt nicht. Und Katherina? Aufs *tubing* war sie scharf, im großen Reifenschlauch auf dem Flüsschen zu fahren, und auf die Tanzstunden. Nun also doch Reiten.

Kein Problem, vor allem, wenn Eltern erleichtert sind, dass die Kleinen vor lauter Heimweh nicht gleich wieder nach Hause wollen. Im Camp kennen sie das offenbar schon. Jedenfalls vermitteln sie uns sofort ein Sportgeschäft im nächstgelegenen Nest, das gegen Preisgabe unserer Kreditkartennummer nebst Prüfziffer zwei Paar Reitstiefel und zwei Helme noch am selben Tag ins Camp expediert.

Als wir die beiden Mädchen nach zwei Wochen abholen, schwärmen sie nur. Ihre Pferde, deren Namen ich schon wieder vergessen habe, waren natürlich sooo süß. Ihres, erzählt Katherina noch ganz aufgekratzt, sei einmal im Fluss stehen geblieben: »Einfach so, stell dir das mal vor, *daddy*.« Vom *camp song* berichten sie, der von einem *little boy* und einem *little girl* handelt, die gemeinsam im Kanu sitzen, während der Mond so schön glitzert. Und vom *candle float* am letzten Abend, bei dem sie einer nach der anderen eine kleine brennende Kerze ins Flüsschen gesetzt haben, als ihre *unit leader* ihre Namen aufgerufen haben. Dabei haben sie sich geschworen, ein Leben lang Catawba zu bleiben oder Shawnee, zumindest aber, nächstes Jahr wieder zu kommen.

Was sie im Camp Kim Rock offenbar zu schätzen wissen. Schon Anfang September kommt per E-Mail das Anmeldeformular fürs nächste *summer camp*.

278

30.
Hello, It's Me

Katherina braucht ein Handy. Unbedingt und sofort. Nicht irgendeines. Am liebsten hätte sie natürlich gerne ein iPhone, so eines, wie Mama und Papa es haben und mit dem sie ständig herumspielt.

Wie warm wird es heute? Kein Problem. Katherina hat, schwupps, die Wettertaste gedrückt und die Daten für Bethesda aufgerufen.

»Darf ich Mama eine E-Mail schicken?« Schon fliegen ihre Finger, ohne die offizielle Einwilligung abzuwarten, über den kleinen Touchscreen.

Eine Partie *Tic Tac Toe* gefällig?

»Was, *daddy*, du hast die App noch nicht runtergeladen? Ich mach's gleich.«

Keine fünf Minuten später spielen Katherina und Anna das Mini-Strategiespiel auf dem Handy. Auf meinem Handy.

Selbst unser Kleiner fragt ständig, ob er mein oder Mamas iPhone ausleihen könne, weil er ganz dringend auf Youtube Pete Seegers »*This Land Is Your Land*« anhören will. Solange es bei Pete Seeger bleibt, soll es mir recht sein. Aber noch merkt man ohnehin sofort, wenn er das Telefon in Händen hatte. Der klebrige Schmierfilm überführt ihn eindeutig.

»Hey, wie war das mit dem Händewaschen?«, höre ich mich sagen. Aber irgendwie muss der Kleine aus dem Tonfall heraushören, dass er die Frage getrost ignorieren kann. Außerdem unterbricht seine Schwester sofort den Wortwechsel.

»Daddy«, schmeichelt sie, und ihre grünblauen Augen schauen herzerweichend drein, »bitte, *daddy*, kann ich auch so ein iPhone haben? Dann kann Christopher auf meinem spielen.« Sie ist schon hartnäckig und wendig, was ihre Argumentationsführung angeht. Für sie ein iPhone, damit der Bruder die Eltern nicht mehr nervt! Auch nicht schlecht.

Doch diesmal wollen wir standhaft bleiben. Ein eigenes iPhone kommt nicht in Frage. Es ist ein zu teures Spielzeug und außerdem sehr empfindlich. Martina und ich waren jeder mindestens schon dreimal mit unseren iPhones im Apple-Shop. Hinter dem klinisch weiß gehaltenen Tresen an der Stirnseite des Ladens sitzen Kids, die nur ein paar Jährchen älter sind als unsere Kinder. Wir haben ihnen jedes Mal bedeutet, wie ärgerlich wir es finden, dass das teure Gerät nun schon wieder einen schwarzen Bildschirm hat oder eingefroren ist oder den Akku nicht mehr auflädt.

»Kein Problem«, meinten die Computer-Genies an der Apple-Theke.

Tatsächlich haben sie die Sache entweder innerhalb von fünf Minuten im Griff. Oder, wenn das nicht ging, zogen sie, schwupps, ein neues iPhone aus einer großen Schublade in ihrem Tresen und drückten es uns in die Hand, mit der Bemerkung, wir mögen bitte unsere *back-up*-Daten zu Hause vom Computer wieder auf das Handy laden.

Wie auch immer, Katherina hat allmählich kapiert, dass es mit dem iPhone nichts wird für sie. Auch wenn sie unsere Gründe mal wieder für echten elterlichen Blödsinn hält. Daher hat sie ihre Strategie geändert. Denn aus unseren abschlägigen Antworten hat sie eines ganz genau herausgehört: dass wir nicht grundsätzlich gegen ein Handy für sie sind. Also bearbeitet sie uns weiter.

Sie beginnt damit, dass sie mir ein paar Handy-Modelle im Internet zeigt, die sie gut findet.

»Aber das sind doch keine *pay phones*«, sage ich ganz entgeistert.

»Nein, natürlich nicht«, antwortet Katherina, und dem Mienenspiel ihres kleinen Gesichts ist ihre Fassungslosigkeit ob der geistigen Schwerfälligkeit ihres Vaters anzusehen. Nein, so ein lahmes Teil, wie ihre ältere Schwester es besitzt, will sie ganz bestimmt nicht.

Wir haben Anna ein einfaches Handy besorgt, als sie in die *Pyle Middle School* kam. Sie geht im Gegensatz zu ihren Geschwistern zu Fuß zur Schule. Im Notfall, etwa wenn es auf dem Nachhauseweg in Strömen regnet (oder sie mal wieder ihre Hausaufgaben auf dem Schreibtisch in ihrem Zimmer liegen gelassen hat), kann sie uns so immer anrufen. Es ist ein Kartentelefon ohne viel Schnickschnack. Wenn die Einheiten vertelefoniert oder für SMS verbraucht sind, muss sie uns das sagen. Denn um neue Einheiten aufladen zu können, braucht sie eine unserer Kreditkarten. Anna ist damit völlig zufrieden. Sie telefoniert nur hin und wieder mit ihren Freundinnen, abends, nach der Schule oder am Wochenende. Ab und zu schreibt sie wohl auch eine SMS. Aber alles sehr in Maßen. Bei Katherina wären wir uns da nicht ganz so sicher. Vor allem, sagt Anna, brauche sie ihr Telefon nicht, um ins Internet zu gehen und E-Mails zu verschicken. Sie habe ihren Laptop, den sie dafür benutzen könne. Das reiche ihr.

Katherina aber hat andere Vorstellungen. Ganz andere. Drei Modelle sind ihre Favoriten, blitzschwarze oder dunkelblaue Hightech-Geräte von Nokia und Samsung mit allen Schikanen. Vor allem aber mit Touchscreen, Internetzugang und kleiner Kamera – so wie ein iPhone. Ich blicke sie stirnrunzelnd an, als sie mir ihre Vorschläge unterbreitet.

»Aber, *daddy*«, sagt sie, »alle in meiner Klasse haben das.«

Ich muss lachen. Wie sich gewisse Dinge im Leben nicht verändern und es offenkundig Konstanten im Erziehungskampf der Generationen gibt.

»Oh, Katherinchen«, sage ich, »das habe ich meinen Eltern auch immer gesagt, wenn ich unbedingt etwas haben wollte. Es war das letzte Argument, wenn sonst nichts mehr gegangen ist. Aber gestimmt hat es meistens nicht.«

Mit so ollen Kamellen brauche ich meiner Tochter nicht zu kommen.

»Erstens«, sagt sie sichtlich aufgebracht, »weiß ich nicht, was *du* deiner Mama und deinem Papa erzählt hast. Und zweitens stimmt das, was *ich* sage.«

Tatsächlich hat Martina neulich, als sie mal wieder Chauffeurin vom Dienst war und unsere Kleine mit ihrer Freundin Katherine zu einer Geburtstagsparty fuhr, ein Gespräch auf der Rückbank im Auto mitgehört. Darin beklagte sich unsere Katherina wortreich über die Begriffsstutzigkeit ihrer Eltern. Wir würden ihr partout kein normales Handy besorgen wollen, sondern nur ein *pay phone*. Dabei hätten doch alle ein Handy, mit dem sie ungestört telefonieren könnten.

»Stimmt«, antwortete da die kleine Katherine und wog erkennbar die Optionen hin und her, »ist schon blöd. Aber besser so eins als gar keins.«

Vor diese Alternative will ich Katherina nun gar nicht erst stellen und lasse die Sache zunächst einmal im Vagen. Was meiner mittleren Tochter natürlich gar nicht gefällt.

Unsere Mittlere ist in diesen Dingen recht anspruchsvoll. Ganz anders als die Große. Das zeigt sich mal wieder, als Martina mit den beiden Mädchen in die Mall fährt.

Bewusst geht sie zuerst bei Old Navy in den Laden, einer Billigmarke von GAP. Nur sind die Kleider, auf denen Old Navy steht, natürlich nicht so cool wie die Sachen, auf denen weithin sichtbar GAP oder – noch besser, ja Klassen besser – Abercrombie prangt. Auch wenn die T-Shirts und Shorts und *skirts* und *slacks* alle gleich geschnitten sind.

Anna sucht sich also bei Old Navy ein paar Sachen heraus. Katherina aber findet nichts. Partout nichts.

»Die hat nichts angeguckt«, wird mir Martina nach ihrer Rückkehr grinsend erzählen. »Sie ist nur durchgegangen und hat den Kopf geschüttelt.« Mäkelnd wie die Prinzessin auf der Erbse. Das ist Katherina.

Danach gehen die drei zu Abercrombie, der Kultmarke für die Kids. Auf der Stelle wird Katherina fündig. Na klar!

»Mama, ist das T-Shirt nicht *cute*? Und guck mal hier, die Shorts finde ich toll.«

Anna findet auch das eine oder andere. So ist es nicht. Aber obwohl Katherina zwei Jahre jünger ist, dürfte bei ihr das Markenbewusstsein um einiges deutlicher ausgeprägt sein. Allerdings, so wird ihre Mutter bei ihrem Bericht hinzufügen, hat sie sich nur die preiswerteren Sachen der Nobelmarke ausgesucht.

Bei Kleidern können wir noch ein wenig steuern, was unsere Mädchen anziehen. Doch was, wenn wir ihnen ein Handy in die Hand geben mit der (fast) unbegrenzten Möglichkeit zu telefonieren und zu texten, wie simsen auf Englisch heißt?

»Dann verlieren wir jede Möglichkeit zur Kontrolle«, gebe ich bei einem abendlichen Glas Weißwein zu bedenken, »und das bei Katherinas ungebremstem Mitteilungsbedürfnis.« Das ist jedenfalls meine eine unmittelbare Befürchtung. Ich gebe zu, dass ich da natürlich schon die Telefonrechnungen vor Augen habe.

Doch es gibt da noch eine andere Überlegung. Ein bisschen zögern lässt uns ein Zwischenfall an Annas Schule, sogar in ihrem unmittelbarem Freundeskreis. Nun gut, fast in ihrem Freundeskreis. Die Sache hat in der Lokalpresse einige Schlagzeilen gemacht.

Ein paar früh entwickelte Mädchen aus ihrer Schule und aus der Highschool haben sich nackt fotografieren lassen. Das heißt, sie haben sich nicht nur einfach unbekleidet ablichten lassen, sondern eindeutig pornografische Posen eingenommen. Die Bilder kursierten unter ihren Mitschülern, von Smartphone zu Smartphone. Einer der jungen Kerle, der die Fotos versandte, kam auch noch auf die glorreiche Idee, dafür einen Dollar von den anderen Kids zu verlangen. Das fand der Schulleiter dann nicht mehr ganz so toll. Er rief die Polizei.

Sexting nennt man das Phänomen. Es ist in den USA mittlerweile ziemlich verbreitet. Wie zu allem und jedem in Amerika gibt's auch dazu eine Umfrage. Wenn man der Glauben schenken darf, hat ein Fünftel aller Teenager zwischen Los Angeles und New York schon mal ein digitales Nackedei-Bild von sich versandt. Mehr als ein Drittel hat eine SMS mit eindeutig zweideutigen Anspielungen verschickt.

Nicht nur, dass es ziemlich dümmlich ist und sich die Kids ein bisschen zu wenig Gedanken darüber machen, was sie da tun. Denn jedes dieser Bildchen kann auf ewig irgendwo gespeichert sein. Irgendwann, wenn sie längst vergessen haben, dass sie sich da mal haben fotografieren lassen, in einem unüberlegten Moment, in zehn, zwanzig Jahren, wenn sie super erfolgreich in einer Anwaltskanzlei untergekommen sind oder sich um ein öffentliches Amt bewerben – dann taucht eines dieser nicht ganz unschuldigen Fotos auf. Nicht auszudenken. Aber das ist nur das eine.

Die Justizbehörden Amerikas haken *sexting* nicht als Dummen-Jungen-Streich ab, der ein bisschen aus dem Ruder gelaufen ist. Sie ermitteln vielmehr wegen des Verdachts auf Verbreitung von Kinderpornografie. Was insofern stimmt, als dass die Mädchen alle minderjährig sind. Das kann für die beteiligten Kids unabsehbare Folgen haben. Im schlimmsten Fall landen sie im *sex-offender*-Register, in einer zentralen Datei der Sexualstraftäter, die jeder in den USA einsehen kann.

Wo immer sie wohnen, müssen sie sich so registrieren lassen. Und sie lassen sich einfach finden. In Maryland geht man da auf die Webseite des *Department of Public Safety and Correctional Services*, gibt seine Postleitzahl ein, und schon spuckt der Computer Namen und Adresse verurteilter Sexualstraftäter aus, die nach Verbüßung ihrer Strafe eine Unterkunft in unserer Nachbarschaft gefunden haben.

Martina packt eines Tages die Neugier.

»Schau mal, gleich zwei«, sagt sie, und ihre Augenbrauen schießen nach oben, als sie den Grund der Verurteilung liest: *child molesting*.

»Das sind Kinderschänder«, ruft sie. »In unserer Nachbarschaft!«

Tatsächlich muss auch ich schlucken, und ganz wohl ist einem bei dem Gedanken gewiss nicht, auch wenn im Register quasi beruhigend dabeisteht: *compliant*, was bedeutet, sie leisten den gerichtlichen Anordnungen Folge.

Dennoch sind sie gebrandmarkt fürs Leben, selbst wenn sie sich nach einem Fehltritt nichts mehr zuschulden kommen lassen. Dasselbe gilt für Kids, die wegen ein paar Nacktaufnahmen verurteilt werden. Inzwischen gibt es in einigen Bundesstaaten immerhin schon Gesetzesinitiativen, die solch drakonische Auslegung des Kinderpornografie-Verbots ihrerseits ein wenig einschränken wollen – solange nur Kids untereinander die Bilder verschicken.

»Vielleicht ist Katherina wirklich noch ein bisschen jung für so ein Handy«, gibt Martina nun zu bedenken und lenkt unsere Diskussion wieder auf ihren Ausgangspunkt zurück.

Ich glaube, wir müssen uns in puncto *sexting* bei Katherina nun wirklich noch keine Gedanken machen. Mich hat etwas anderes eher nachdenklich gestimmt. Vor ein paar Tagen bin ich im *RideOn*-Bus, dem öffentlichen Nahverkehr, zur Metro-Station in Bethesda gefahren. Ich nehme den Bus regelmäßig. Er hält praktisch vor unserer Haustür. Zehn Minuten später sitze ich in der *Red Line*. Eine Viertelstunde danach steige ich am Weißen Haus wieder aus. Es ist wirklich eine bequeme Art und Weise, zu meinen Terminen in DC zu kommen. Wenn die Schule gerade aus ist, steigen immer auch ein paar Schüler ein. Neulich habe ich mal gezählt. Es waren zehn Leute im Bus, fünf Kids, fünf ältere Herrschaften (mich eingeschlossen). Wir anderen hatten ein Buch oder eine Zeitung vor der Nase (wobei meine Sitznachbarin sich mit der Comic-Seite der *Washington Post* vergnügte). Alle Kids aber hatten Kopfhörer auf und ein *touch phone* in Händen. ALLE. Sie hörten Musik oder spielten an ihren Handys herum. Ohne Handy geht nichts.

Lange, so dämmerte es mir da, können wir uns dem Trend nicht mehr entgegenstemmen. Sonst würde es uns am Ende so ergehen wie den Eltern meines Sandkastenfreundes Klaus. Die weigerten sich, einen Fernseher anzuschaffen, vor nun bald einem halben Jahrhundert eine neumodische Erfindung. Wahrscheinlich aus ähnlichen Gründen, wie wir uns heute gegen *touch phones* aussprechen.

»Wer weiß, was du da zu sehen bekommst!«

»Größte Zeitverschwendungsmaschine der Welt!«

So kam es, dass damals der kleine Klaus immer ganz wild aufs Fernsehen war, wenn er zu uns zum Spielen kam – es war das Zeitalter von *Lassie* und *Sport-Spiel-Spannung*. Während ich, der ich öfters vor die Kiste durfte, lieber im Sand spielen wollte. Das hat sich mir tief eingeprägt. Seither habe ich mir gesagt, dass ich später einmal nicht so blöd sein will, wie es die Eltern meines Sandkasten-*buddies* waren.

Also, ich gebe es zu: Heute Nachmittag steht Katherina wieder bei mir unten im Büro und zeigt mir das Samsung a877 im Internet, so ein cool-schwarzes Teil mit einer Tastatur wie bei einem Mini-Laptop. Anna findet das – etwas bescheidenere – Samsung a777 nicht schlecht, aber bitte in glänzend Rot.

Daraufhin nehme ich mir ein Herz und ändere den Vertrag mit unserem Mobiltelefon-Unternehmen.

Zwangsläufig. Wir haben jetzt einen *family plan*, einen Vertrag für die ganze Familie. Eintausendvierhundert Telefonminuten zum selben Grundpreis wie für unsere beiden Hardys. Warum macht ein Telefonunternehmen so etwas? Sie wissen, dass Teenager ein ungeheures Mitteilungsbedürfnis haben. Ein Mitteilungsbedürfnis, für das eintausendvierhundert Minuten im Monat kaum ausreichen dürften. Befürchte ich einmal.

31.
Let the Sunshine in

O nein, wir sind nicht die Einzigen, die an die Küste wollen. Dabei stellen wir es doch besonders schlau an. Finde ich. Fahren schon am Freitagmittag los. Gut, da sind bereits ein bisschen viele Autos auf den fünf Spuren der Autobahn unterwegs, die von DC aus Richtung Norden führt. Aber das ist der ganz normale Wochenend-Wahnsinn. In der Gegenrichtung staut es sich viel mehr. Immerhin kommen wir abends in unserem kleinen Hotel in Rye nördlich von New York an. Nach sechs Stunden Fahrt, anderthalb Stunden länger als normal. Aber das macht nun auch nichts mehr. Morgen früh werden wir ausgeschlafen sein und zügig durch in die Sommerfrische auf Cape Cod fahren.

Das ist unser ersehntes Urlaubsziel für die nächsten zwei Wochen: vierzehn Tage nichts als Sonne, Sand und Ben&Jerry's-Eiscreme. Die kommt aus Neuengland. Wir haben es vor der Abreise extra im Internet gecheckt: Die Lieblingsfirma unserer Kinder hat drei *scoop shops*, wie ihre Eisdielen heißen, strategisch auf der Halbinsel verteilt: je einen an der Nord- und Südspitze und einen in der Mitte, ziemlich genau dort, wo wir uns ein Sommerhäuschen gemietet haben. Beste Voraussetzungen also.

Cape Cod muss man sich ein bisschen so wie Sylt

vorstellen: ein schmaler Sandstreifen, über den meist
ein kräftiger Wind hinwegfegt, das Meer hat ordentlich Brandung, und der Atlantik ist genauso mörde-
risch kalt wie die Nordsee (das liegt am Labrador-
Strom, der Polarwasser aus dem kanadischen Norden
heranwälzt). Nur sind auf Cape Cod die Dimensionen
etwas gewaltiger als auf Sylt: Die Strände sind länger, die Dünen mächtiger, die Kliffe höher. Vor allem
sind die Tage (und die Nächte) deutlich wärmer und
sonniger als auf den friesischen Inseln – was den
Aufenthalt umso erstrebenswerter macht.

Wir, das ist die »ganze Familie«, wie Katherina und
Christopher sich gern ausdrücken. Also nicht nur wir
fünf, an die ich spontan denken würde. Das ist für die
Kids nur die halbe Familie. Um die Familie komplett
zu machen, gehört eindeutig Dakota dazu. Gleichbe-
rechtigt. Der Hund soll auf allgemeinen Kinder-
wunsch mit in die Sommerferien, weswegen für ihn
erstens hinten im Kofferraum ein Platz freigeräumt
werden muss. Was zweitens unweigerlich zur Folge
hat, dass wertvoller und dringend benötigter Stau-
raum verloren geht. Für Bälle aller Art, Schaufeln,
Strandeimer und ausgesuchte Brettspiele wie Mo-
nopoly und Life (falls es doch mal regnen sollte).
Schlichtweg also für urlaubsnotwendigste Gegen-
stände.

Das mündete schon Wochen vor Beginn der Ferien
drittens in der Erkenntnis, dass umgehend ein
schwarzer, sargähnlicher Aufsatz eines nordischen
Autotransport-Koffer-Produzenten im Internet geordert werden müsse – nebst Montage-Set für unseren
schwedischen Großraum-Familien-Transporter.

Der schwarze Plastikkoffer befindet sich jetzt
oben auf dem Auto. So schwer ist es selbst mir nicht

gefallen, ihn dort zu installieren. Nur ab und zu noch schiebe ich verstohlen die Klappe zum durchsichtigen Schiebedach zur Seite, um mich zu vergewissern, dass das Trumm sich weiterhin dort oben befindet und keinen *Multimillionen-Dollar-Crash* auf der Interstate verursacht hat.

Dakota jedenfalls fährt gerne Auto. Und das allein zählt. Sie hat es sich bequem gemacht und schläft die meiste Zeit zwischen den beiden großen Familienkoffern, den Rucksäcken der Kinder, den beiden Campingstühlen, dem Sonnenschirm und dem Karton, in dem sich die Kaffeepresse, das Olivenöl, der Balsamico-Essig, ja und eine Flasche Wein für den ersten Abend befinden. Nur ab und zu, wenn neben uns im Stau ein Auto mit ebenfalls einem Hund im Kofferraum zum Stehen kommt, dreht sie ein bisschen durch. Dann bellt sie wie verrückt. Ich brülle dann dazwischen: »*Stop that*, Dakota.« Schließlich ist sie ein amerikanischer Hund und lediglich des Englischen mächtig. Hören tut sie trotzdem nicht. Sie stutzt nur kurz – und bellt weiter.

Martina grinst bloß über den Hund, oder besser gesagt, über meine Disziplinierungsversuche.

»Jetzt lass Dakota doch bellen«, sagt sie. »Wahrscheinlich kann sie die anderen Hund nicht ausstehen. Ist vielleicht ein so blöder Kläffer wie die Riesenpudel aus der Robinwood Road.« Stimmt. Dakota ist regelmäßig auf hundertachtzig, wenn die schwarzen Ungeheuer aus der Nachbarschaft an unserem Haus vorbeispazieren. Ich kann die Viecher auch nicht leiden. Aber das ist noch lange kein Grund, gleich so loszubellen. Ein bisschen Hundeerziehung sollte schon sein.

Leider bin ich der Einzige in dieser Familie, der so

denkt. Alle anderen haben sich auf die Bestechungsmethode verlegt. Hier ein Hundeküchlein, ein *treat* – und schon kommt Dakota angeflitzt. Der Hund ist ja nicht blöd. Ohne *»Multi-flavored Biscuits«* oder *»Chicken Recipe Jerky Shack Sticks«* läuft gar nichts.

»Papa, Dakota mag das eben«, sagt Katherina regelmäßig, wenn ich zart anmerke, dass fünf *treats* oder so nun erst einmal genug seien.

An diesen Samstagmorgen kommen wir bei strahlendem Sonnenschein nicht ganz so frühzeitig weg, wie ich es gedacht habe. Das liegt diesmal nicht an Dakota. Vielmehr hat das Hotel einen kleinen Pool und außerdem einen Fitnessraum, und den müssen unsere drei erst einmal inspizieren. Dakota, immerhin, bleibt auf dem Zimmer. So ist die Küstenautobahn, die wir nehmen müssen, am späten Vormittag ein einziger langer Parkplatz.

»Halb New York muss unterwegs sein«, brumme ich. Was natürlich heißen soll: Wären wir nur früher losgefahren, wie ich es wollte. Aber auf mich hört ja keiner.

Martina zückt ihr iPhone, als könnte sie so die dräuenden dunklen Wolken über meiner Ferienlaune vertreiben, und ruft die Wegbeschreibung mit allen Staumeldungen auf. Doch Fluch der modernen Satelliten-Verkehrsortung: Die ganze Autobahn ist schreiend rot: Stau! Stau! Stau!

»Lass uns die Küstenstraße nehmen, der Highway 1 verläuft parallel zur Autobahn«, schlägt sie vor. Warum nicht, denke ich, und meine Laune bessert sich, je näher wir zur nächsten Abfahrt kriechen. Das ist *smart* gedacht, finde ich. Was dann nicht zuletzt dadurch bestätigt wird, dass mindestens hunderttausend andere Autofahrer auf dem langen Treck in die Ferien dieselbe Idee haben.

Schnell bin ich wieder versöhnt mit der Welt. Wir lernen so immerhin ein paar entzückende Küstenortschaften in Connecticut kennen. Eine gepflegte Idylle. Die nach amerikanischen Standards uralten Holzhäuser mit sauber gestrichenen weißen Fassaden und Vorgärten voller üppig blühender Blumen. Hier wohnen Leute, die Geld besitzen, aber es nicht nötig haben, mit Drei-Garagen-Auffahrten und Monster-Mega-Palästen zu prahlen.

»Das ist ja Bilderbuch-Amerika. Hier kann man es schon aushalten«, sage ich bewundernd.

»Stimmt. Vielleicht sollten wir einfach hierbleiben«, meint Martina, als wir mal wieder an einer Kreuzung anhalten müssen. Wir haben in der Tat Muße, alles ganz genau zu studieren: Es geht nur im Schritttempo voran.

Irgendwann gelangen wir dann doch zu den zwei Brücken, die hinüber nach Cape Cod führen. Auch die sind im Sommer immer verstopft, außer vielleicht zwischen zwei und vier Uhr morgens. Aber warum soll es auch im Land der unbegrenzten Möglichkeiten anders zugehen als auf deutschen Autobahnen oder der *Autostrada del Sole* im Sommer? Auf gut neun Stunden taxiert Google die Fahrt von Bethesda nach Wellfleet, unserem Ziel auf Cape Cod. Wir schaffen es in lächerlichen fünfzehn Stunden.

Der August ist *der* Ferienmonat in Amerika. Also sind auch wir in Urlaub gefahren. Schließlich gehört der Ausflug an die Küste zumindest im Osten des Riesenlandes fest zum familiären Sommerritual. Viele scheuen weite Wege, wie wir ihn nach Cape Cod zurücklegen (sie wissen warum), und fahren lieber in die alten Strandbäder die in zwei, drei Stunden Entfernung von den großen Städten liegen, von Washington und Baltimore, Philadelphia und New York natürlich. »*Down the shore*« heißt es zum Beispiel, wenn man in New Jersey in einen der Küstenorte will, runter zum Strand

Die meisten dieser Orte mit wohlklingenden Namen wie Bethany Beach, Point Pleasant oder Avon-by-the-Sea haben noch einen *boardwalk*, so wie schon vor hundert Jahren. Das sind die auf Holzbohlen aufgebockten Strandpromenaden, manchmal mehrere Meilen lang, gesäumt mit Eissalons, Zitronenlimonade-Buden und Shops für Muschelketten. Auch gibt es überall miniaturisierte Nummernschilder mit den gängigsten Vornamen, polierte Steine und sonstige Gebrauchsgegenstände, die man dringendst benötigt. An manchen Orten finden sich sogar die nostalgischen Überbleibsel einer Zeit, als Ferienunterhaltung noch unschuldig war: Minigolfplätze, Buden zum Dosenwerfen, Spiegelkabinette, wunderschöne alte Kinderkarussells mit Drehorgelmusik oder das fünfundvierzig Meter hohe Riesenrad in Ocean City in New Jersey. So sehr verkörpern diese *boardwalks* das gute alte Amerika, dass sie bei Disney World in Florida sogar eine Strandpromenade nachgebaut haben, inklusive der Buden – so wie Schloss Neuschwanstein oder den Eiffelturm.

Cape Cod aber ist anders. Kein *boardwalk*, kein Riesenrad. Schon gar nicht in Wellfleet, einem früheren Walfängerdorf, wo wir unser Häuschen in einem Krüppelkiefer-Hain gemietet haben. Wellfleet ist ein Weiler für windzersauste Individualisten, die einen weiten Bogen um die Segnungen des amerikanischen Massentourismus machen wollen.

Was man nicht zuletzt an Mac's Seafoodbar an der Hafenpier des Ortes sieht, die wir an diesem wunderbaren Sommerabend in Wellfleet entdecken. Eine Fischbude mit ein paar grob zusammengezimmerten Tischen davor, wo man *fish and chips* bekommt oder Cape-Cod-Austern, die angeblich so gut sind, dass Queen Victoria sie einst speziell in Wellfleet orderte. Dazu gibt es Zitronenlimonade oder das in den USA ebenso verbreitete Root Beer, eine schrecklich süße Limonade, die ursprünglich aus einem Baumrindenextrakt gewonnen wurde. Weil das nun wirklich nicht zum Essen passt und, nebenbei, auch keinen Alkohol enthält, hat jeder Gast sein eigenes Fläschchen Wein in der Tasche dabei, um abends den kitschigen Sonnenuntergang über der Bucht angemessen bewundern zu können. Oder die Austernfischer, die zum Hafen zurückkehren in der hereinfallenden Nacht.

In dem Moment holt Martina ein kleines gelbes Buch hervor. »Guck mal, was ich da gefunden habe. Walt Whitman. *Grashalme.* Das hab ich seit dem Studium nicht mehr angeschaut.«

Die drei kleinen Gesichter um sie herum mustern sie erstaunt.

»Das ist ein berühmter amerikanischer Dichter«, sage ich schnell.

Martina beginnt, ein Gläschen Wein vor sich, ein paar Zeilen zu deklamieren: »Oh auferzogen zu sein an Meeresbuchten, Lagunen, Schluchten oder am Küstenrand/Der feuchte Salzgeruch, das Gestade, der Tang, der zur Zeit der Ebbe bloßgelegt wird.«

»Hä?«, sagt Christopher nur, und auch die Mädchen schauen ratlos drein. Er kommt auf naheliegendere Dinge zu sprechen: »Kann ich auf die Boje am Strand klettern?«

Anna und Katherina sagen, ohne unsere Antwort abzuwarten, fast im Chor: »Wir kommen mit.«

Das sind wohl die Momente, wenn Eltern ihren Kindern reichlich seltsam vorkommen. Etwas *cuckoo*, wie sie sich ausdrücken würden. So etwa, wenn ich ihnen mal wieder von den Stones vorschwärme oder Martina ihnen von Emily Dickinson erzählt, ihrer amerikanischen Lieblingsdichterin, die ungefähr zur selben Zeit wie Walt Whitman gelebt hat.

Da sind sie eigentlich immer ganz lieb und hören geduldig zu. Aber Whitman war nun vielleicht doch ein bisschen viel. Immerhin hat es einen Vorteil: Während sie nun in der hereinbrechenden Nacht am Strand herumtollen, kann ich Martina wenigstens ungestört von dem Anschlag erzählen, den ich im Wellfleeter Informationsbüro gesehen habe. Denn tatsächlich gibt es hier eine Dichter-Werkstatt im Sommer, für die man sich mit eingesandten Gedichten (als Word-Anhang in einer E-Mail) bewerben kann. Vierhundert Dollar kostet der Workshop. Bewerbungen werden noch angenommen – für nächstes Jahr. Tatsächlich haben immer wieder berühmte amerikanische Schriftsteller ihre Sommerferien auf Cape Cod verbracht: John Dos Passos oder Sinclair Lewis, Mary McCarthy oder Norman Mailer. Jetzt könnte man Michael Cunningham oder Alice Hoffman am Strand begegnen.

»Irgendwie scheint die Atmosphäre hier ganz poetisch zu sein«, spöttele ich und wedele mit dem gelben Whitman-Bändchen vor ihrem Gesicht hin und her.

Martina blitzt mich kurz an. »Nein, hier kann ich endlich mal ein Buch einfach so zur Hand nehmen. Zu Hause bleibt dafür keine Zeit.« So viel zur etwas prosaischeren Wirklichkeit

»Guck mal«, sagt Martina wenig später, als wir nach unserer abendlichen Speisung zu fünft über den Hafenparkplatz schlendern, Whitmans *Grashalme* wieder im Rucksack – und den Korkenzieher ebenfalls. Sie weist auf die geparkten Autos vor uns. Ich starre auf die SUVs und Geländewagen und schaue sie fragend an. »Ich meine die *bumpersticker*«, sagt sie.

Tatsächlich klebt auf fast jedem Wagen ein blauer *Obama-08*-Aufkleber oder ein ebenso azurblauer *Yes-we-can*-Sticker. Die Demokraten sind hier eindeutig in der Überzahl, was man mühelos an den Autos erkennt. Wer Volvo fährt, legt in der Regel ein politisches Bekenntnis ab: Ich bin ein Demokrat. Hier stehen außer unserem auffällig viele Volvos herum – von den BMWs, Mercedes und Land Rover ganz zu schweigen.

Das ist natürlich ein Wohlstands-Phänomen. Aber an den Automarken kann man zweifellos die politische Grundfärbung festmachen: In den Küstenregionen – im Westen wie im Osten – sind europäische Fabrikate weit verbreitet. Bei den Wahlen sind das die Regionen, die in den Ergebnisanalysen blau gefärbt werden, blau für eine demokratische Mehrheit. Je weiter man ins Landesinnere kommt, desto weniger Autos aus Europa sieht man auf den Straßen. Dafür aber Pick-ups und viele alte Schleudern aus Detroit: GM, Chevy, Ford. Das sind die Gegenden, die bei den Wahlen rot gefärbt werden – rot für die Republikaner. Nur die billigen japanischen Autos fahren sie überall.

»Das sind dann die Wechselwähler«, spottet Martina über meine automobilisierte Wahlanalyse.

Es ist tatsächlich so: Auf Cape Cod und den vorgelagerten Düneninseln Nantucket und Martha's Vineyard macht das amerikanische Äquivalent zur Toskana-Fraktion Urlaub. Ein bisschen windzerzauster mögen sie sein als die rotweinliebenden Italien-Wallfahrer deutscher Provenienz, aber genauso aufs Wohlleben aus wie ihre europäischen Gesinnungsgenossen.

Im Catch of The Day, unserem Favoriten unter den *lobster shacks* – das sind die etwas besseren Fischbuden, die überall auf dem *Cape* zu finden sind –, gibt es nicht nur Hummer satt aus heimischen Gewässern, den berühmten *red lobster* aus dem Atlantik. Muscheln werden per *bucket* angeboten, im wahrsten Sinne eimerweise. *Eastham Mussels* kann man ordern oder *Chatham Steamers* oder *Nauset Scallops*. Die Herkunft können offenkundig Feinschmecker herausfinden. Als Verbeugung vor den mediterran geschulten Gourmets aus New York und Boston gibt es *Littlenecks Barcelona* und Knoblauch-Calamari. Paradiesisch.

Früher waren auf dem Cape und den Inseln die Republikaner in der Mehrheit. Das ist seit Jahrzehnten vorbei. Auf Martha's Vineyard hat inzwischen die demokratische Prominenz sogar ihre Sommerresidenz aufgeschlagen. Jackie Kennedy hat hier ein Häuschen besessen, Bill Clinton hat Ferien auf der Insel gemacht. Jetzt kommt auch Präsident Obama gelegentlich dorthin.

Morgen wollen wir die Fähre nehmen, von Hyannis Port unten an der Südküste von Cape Cod hinüber zum Vineyard, wie die Insider die Insel hier nennen. Wir wollen nur mal so gucken. Vielleicht laufen wir den Obamas ja zufällig über den Weg. So von Familie zu Familie. Vielleicht gibt er mir dann endlich das

Interview, um das ich das Weiße Haus schon so lange gebeten habe. Ganz spontan. Weil Ferien sind. Nur der Präsident und ich.

Thank you so much

Diese Formulierung ist so oft schon so arg strapaziert worden. In diesem Falle aber entspricht sie schlicht der lauteren Wahrheit: Ohne meine Frau, ohne ihre Hilfe und Kritik wären dem unendlichen Fluss der Ereignisse in unserer Familie nie diese kleinen Geschichten entstiegen. Ihr gilt daher vor allem und an erster Stelle mein Dank. *Thank you so much.*

Dann möchte ich Katharina Trebitsch danken für das generöse *Exile On Main Street.* Ein Großteil dieses Buches ist mit freiem Blick auf die Brooklyn Bridge und Lower Manhattan entstanden.

Den Lektorinnen beim Ullstein Verlag bin ich zu großem Dank verpflichtet für Ideen und Anregungen, für Rat, Tat und Hilfestellung.

Nicht zuletzt möchte ich den drei kleinsten der handelnden Personen in diesem Buch eines sagen: *You are awesome.*

Das gilt natürlich auch für den Hund.

Wolfgang Koydl

Bitte ein Brit!

Neue Abenteuer auf der Insel
Originalausgabe

ISBN 978-3-548-28176-6
www.ullstein-buchverlage.de

Seit über einem halben Jahrzehnt lebt Wolfgang Koydl
unter Briten, doch »reif für die Insel« fühlt er sich keineswegs. Wie soll er das auch – in einem Land, das Exzen-
triker am Fließband produziert und in dem ein bizarres
Abenteuer das nächste jagt? Ganz zu schweigen vom
Autofahren auf der falschen Seite, den phantasievollen
Preisen und dem phantasielosen Wetter. Wer in England
überleben will, stellt Koydl fest, muss britischen Humor
entwickeln. Besonders dann, wenn man eine russische
Frau, eine pubertierende Tochter und einen singenden
Hund an der Seite hat.

Fisch and Fritz relaoded – die Fortsetzung des
Bestsellers!

»Wer immer vor Koydl England eroberte: die
Römer, die Angeln, die Sachsen oder die Nor-
mannen – keiner tat es mit so viel Laune wie er.«
Süddeutsche Zeitung

UB562

Stefan Ulrich

Arrivederci, Roma! Ein Jahr in Italien

Originalausgabe

ISBN 978-3-548-28143-8
www.ullstein-buchverlage.de

Dolce Vita in *Bella Italia*! Wovon so viele Deutsche träumen, ist für Familie Ulrich wahr geworden: Ein Leben in Rom, in einem echten *Palazzo*. Und das beinhaltet erst mal so einige Überraschungen. Als nach und nach jedoch der Alltag Einzug hält, beschließt Stefan Ulrich, im kommenden Jahr alle Regionen Italiens zu bereisen, von Südtirol bis Sizilien. Zum Glück wissen er und seine Lieben noch nicht, worauf sie sich da einlassen. Denn *Bella Figura* zu machen ist nicht immer einfach.

Die Fortsetzung des Bestsellers *Quattro Stagioni*

UB541